财政部规划教材

全国高等院校资产评估专业教材

无形资产评估

姜楠 主编

中国财政经济出版社

图书在版编目（CIP）数据

无形资产评估/姜楠主编．—北京：中国财政经济出版社，2015.4
财政部规划教材　全国高等院校资产评估专业教材
ISBN 978－7－5095－5841－6

Ⅰ.①无…　Ⅱ.①姜…　Ⅲ.①无形固定资产－资产评估－高等学校－教材　Ⅳ.①F20

中国版本图书馆 CIP 数据核字（2014）第 274627 号

责任编辑：王佳欣　　责任校对：黄亚青
封面设计：陈　瑶　　版式设计：兰　波

中国财政经济出版社 出版
URL：http：//www.cfeph.cn
E－mail：cfeph@cfeph.cn

社址：北京市海淀区阜成路甲 28 号　邮政编码：100142
营销中心电话：88191537　北京财经书店电话：64033436　84041336
北京富生印刷厂印刷　各地新华书店经销
787×1092 毫米　16 开　16 印张　399 000 字
2015 年 4 月第 1 版　2021 年 1 月北京第 5 次印刷
定价：48.00 元
ISBN 978－7－5095－5841－6/F·4723
（图书出现印装问题，本社负责调换）
质量投诉电话：010－88190744
打击盗版举报热线：010－88191661，QQ：2242791300

编　委　会

序

Preface

我国资产评估行业经过二十余年的发展，走出了一条适合中国特色的评估服务专业之路，创立了一套符合中国市场经济的评估理论体系，培养了一支讲道德、有能力的专业服务队伍，成为市场经济体系不可或缺的现代专业服务业。

党的十八大明确提出要推动服务业特别是现代服务业的发展壮大，十八届三中全会对经济体制、政治体制、文化体制、社会体制、生态文明体制和党的建设制度改革进行了全面部署，财政部发布的资产评估行业发展规划对我国资产评估行业未来一个时期的发展提出了目标和要求。资产评估行业迎来了前所未有的发展机遇，资产评估行业人才的基础性、专业性和战略性作用日益凸显。培养一支具备资产评估专业知识、具有创新实践能力的高层次、应用型人才，是资产评估行业适应新形势、新要求，实现可持续发展的根本保障。

为适应我国市场经济发展对资产评估专业技术人才的迫切需求，2010 年，国务院学位委员会审议通过了包括资产评估在内的 19 种专业学位设置方案，批准设立资产评估硕士专业学位。从 2011 年开始，全国共有 68 所高等院校取得了资产评估硕士专业学位举办资格，这是资产评估学历教育发展的里程碑，是国家重视和扶持评估行业发展的重要体现。随着设置评估专业的院校日益增加，对统一的评估专业硕士教材的需求愈加迫切。为切实提高资产评估硕士学位研究生的培养质量，财政部组织相关学者和行业专家编写了资产评估专业硕士系列教材。这是资产评估学科建设中的一件大事，填补了资产评估专业系列教材的空白，对资产评估专业的教学具有重要的引领和示范作用，必将为我国资产评估高层次应用型人才的系统、科学培养奠定坚实基础。

这套资产评估专业硕士系列教材，是资产评估行业管理者、执业者、理论研究者等集体智慧的结晶，为指导评估教学和实践提供了有益的参考，为推进中国资产评估学科发展做了一项扎实的基础建设工作。希望能够为资产评估专业硕士的培养提供教学工具，发挥好教材的基础性和系统性作用。

财政部部长楼继伟十分重视和关心资产评估工作，近期指出，市场经济发展需要资产评估，资产评估前景广阔，要进一步发挥资产评估在市场经济及财政管理中的基础作用，对行业发展寄予厚望。资产评估行业要将贯彻落实十八大和十八届三中全会精神作为重大使命，立足于服务经济社会发展，努力实现评估行业转型升级，积极为国家“五位一体”建设全面服务。

资产评估行业学科建设和人才培养，肩负着服务国家经济社会建设的光荣使命，是行业实现转型升级的基础保障。让我们不断探索，努力前行，以高层次后备人才培养为抓手，共同创造资产评估行业美好的明天，实现中国资产评估行业的中国梦。

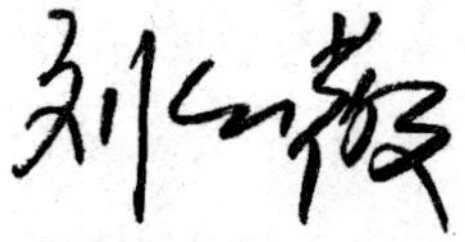

2014 年 12 月

编写说明

Written description

本书是财政部规划教材，财政部教材编审委员会组织编写并审定，作为全国高等院校资产评估专业教材使用。

经历了约20个月的辛勤劳动，在所有参编人员的不懈努力下，《无形资产评估》终于完成了。尽管教材编写的整个过程十分辛苦，但所有参编者都为自己能将无形资产评估理论研究成果和实践经验奉献给这本教材而感到自豪。

本教材共分八章。其中，第一、二、五章由东北财经大学姜楠教授编写；第三章由山东财经大学张志红副教授编写；第四、六章由连成资产评估有限公司刘伍堂总经理编写；第七章由中南财经政法大学文豪副教授编写；第八章由东北财经大学常丽副教授和姜楠教授共同编写。本教材由姜楠教授担任主编并负责总纂。全书由纪益成教授审稿。

《无形资产评估》在编写过程中得到财政部干部教育中心相关领导以及中国资产评估协会领导的大力支持和帮助。中国财政经济出版社的领导和编辑以及资产评估实务界的许多同仁和朋友对本教材的写作也都提出了许多宝贵意见，这些支持和帮助对于本教材的完成起到了很好的作用。在本教材出版之际，编者向他们表示衷心的感谢！

由于编写时间仓促加之编者水平有限，书中错误在所难免，恳请广大读者朋友批评指正。

编　者

2015年2月

目 录
Contents

第一章 无形资产评估概述

【学习目的与要求】

通过本章的学习，掌握无形资产及其无形资产评估中的基本概念，特别是无形资产的内涵、外延、资产特征、分类和评估特点等，熟悉无形资产价值影响因素，应该对无形资产和无形资产评估有一个概括性的认识，为学好无形资产评估建立起基本的概念框架和认识基础。

在当今世界经济发展的过程中，知识创新和技术创新已成为经济增长的关键因素。伴随着知识创新和技术创新，世界各国，尤其是市场经济发达国家的劳动力结构和产业结构已发生明显变化。体力劳动者的比例不断下降，脑力劳动者的比重日益上升，劳动力密集型和资金密集型产业不断向知识和技术密集型产业转变，第一产业、第二产业不断向第三产业转化。根据社会经济和科学技术的发展趋势，可以预见，以知识和技术为主体的无形资产的投资将会日益增大，无形资产作为一种新的生产力将会广泛进入企业生产经营和社会经济生活的各个领域，无形资产必将成为发展社会生产力、提高经济效益的关键所在。

伴随着无形资产的广泛利用，无形资产转让、投资、交易、质押等活动也会变得越来越活跃，需要维护各类无形资产业务当事人合法权益的事项也会越来越多，无形资产评估的重要性也越发突出。

第一节 无形资产评估的发展

一、国际无形资产评估的发展

（一）无形资产法律制度的起源与发展

文艺复兴时期，无形资产开始在一些组织内部兴盛起来，这些组织是现代企业的雏形。在这一时期，工匠个人在商品制造和提供服务中，运用其专业技能及商业秘密，为他们提供了竞争优势。但工匠企业局限性也比较明显，他需要自己制造生产工具、自己寻找原材料，独立或在家庭成员的帮助下完成整个生产过程。

当人们意识到"独角戏"带来的经济限制时，学徒制产生了。一般而言，学徒要经过7年的时间，可以从一个初入门者逐渐成长为熟练工，如果在其技艺和财富许可的早期时期，一名手艺精良的工匠，失去了对其专有技术的排他性使用，却得到了额外的劳动力及更多数量产品带来的经济利益。随着生意越做越大，工匠的市场能力也增强了，而这些人如果技术达到了一定水平，则很可能到其他地方建立自己的企业，因此工匠需要采取必要的保护措施。只要技术以一个相对缓慢的速度进步，交通和通信也能使市场维持在一个较小的本地化规模，那么学徒制就能一直发挥作用。

在最初的时候，对无形资产的法律保护是缺失的，尽管无形资产通过同业公会被非正式地保护起来。在行会体系中，商标被认为是工匠的"标志"，特别是在金银货物上，这样的标志通常是一些字母组合或特殊的图标，从这以后，无形资产开始接受严格的法律保护。无形资产评估，是与其转让、许可以及侵权赔偿密切联系的。

无形资产法规的制定始于中世纪手工业较为发达、商品经济起步较早的西方国家。在专利立法方面，1474年威尼斯共和国制定了世界上第一部《专利法》，开始授予某些机械装置的发明人以10年的独占经营权。15世纪末，威尼斯共和国授予印刷商冯·施贝叶在威尼斯印刷出版的专有权，有效期5年，这被认为是西方第一个由统治政权颁发的、保护翻印之权的特许令。在商标权立法方面，1803年法国颁布了《关于工厂、制造厂和作坊的法律》，其中规定了对商标权的确认和保护问题。1857年，法国又颁布了《关于以使用原则和不审查原则为内容的制造标记和商标的法律》，更为系统地规定了商标权的确认和保护问题，特别是首次确立了商标注册制度，因而被认为是第一部《商标法》。在著作权立法方面，1709年，英国颁布了《为鼓励知识创作而授予作者及买主就其已印刷成册的图书在一定时期内之权利法》（简称《安娜法》），首先以法律形式确认和保护作者对作品的权利。19世纪中后期，伴随着全球贸易、投资、技术与文化交流的扩大，无形资产的国际保护问题逐渐被提到议事日程，1883年由法国等11个国家发起签订了第一个保护无形资产的多边国际公约——《保护工业产权巴黎公约》。进入20世纪，特别是第二次世界大战结束以后，新技术革命的浪潮不断涌现，并成为推动各国经济以及国际经济迅速发展的强大动力，无形资产作为一种重要财富逐渐被世界各国广泛认同，无形资产的保护更加必要和重要。因此，20世纪末，世界绝大多数国家具有了保护无形资产的国内立法，建立起各自的无形资产法律保护制度，与此同时新的国际公约不断出现。而1994年签署的《关税与贸易总协定》（GRTT）"乌拉圭回合"一揽子协议之一的《与贸易有关的知识产权协议》（Agreement on Trade - Related Aspects of Intellectual Property Rights，TRIPS）（以下简称《知识产权协议》）对无形资产的国际保护具有划时代的意义。相比其他国际公约，TRIPS对无形资产的保护范围最广、保护水准最高、实施程序最为系统、争端解决措施最为明确。

1. 版权的产生

由于15世纪中叶印刷技术的应用，引发了图书制作与销售的结构调整，才产生了对于版权制度的需要。一般认为，在1710年《安妮法》正式确立现代意义的版权制度之前，英国曾存在两种功能上类似的制度以保障出版商某种形式的垄断，一种是英国国王以法令形式特别授予出版商的印刷专利；另一种是图书出版公会内部发展的一种管理图书出版的制度，即《安妮法》正式确认的成文法上版权制度的前身。要明确的是先于《安妮法》颁布的许多图书印刷出版许可法大多已经确认了出版商的版权，作者的权利也已通过图书贸易中作者的财产权利和某些非财产权利得到承认。《安妮法》虽不是历史上第一部版权法，但是版权法在表达上的一个转折点，在作者、出版商和读者之间达成一种法律意义下的平衡。其通过版权制度的建立，确立了图书贸易规则的框架和体系。1710—1774年的书商之战对版权法的影响意义深远，使法院在版权法的发展过程中起到了不可替代的作用。文字的描述者经历了从写者（writer）到作者（author），最终使作者成为版权法的表达，作品（works）也同时成为版权法的核心概念之一，从19世纪伊始，作品这一概念在英国版权法中逐渐成熟，开始关注作品本身的使用和抄袭问题，版权也从原来意义上的版本增印权（right of multiplying the copies）发展到作品复制使用权（right to copy）。

2. 许可

许可这个概念已经发展了数百年，但在大约40年前，许可还仅在市场上占有次要地位。许可最早的案例可以追溯到中世纪，那时，罗马教皇委任或许可当地的企业主在罗马征税和征收许可使用费。譬如1913年Teddy Roosevelt许可将他的名字用在Teddy玩具熊上以获得许可使用费，这笔费用支持他去建立一个全国的公园网络。1928年沃特·迪斯尼将米老鼠引入美洲。1932年Herman Kamen建立了迪斯尼的许可项目并确定了迪斯尼在行业中的领导地位。1955年迪斯尼在电视角色Davy Crockeet建立了完整的许可体系。直到20世纪70年代，许可行业成为主要行业。在20世纪80年代，许可呈现出新的气象——它成为一种科学。

3. 专利

1787年9月5日，美国宪法制定特别小组向宪法代表大会提出，国会应具备以下权力："通过保护著作者和发明者各自对其作品和发明在限定时间内的独有权利，促进科技与有益的艺术的发展。"这些规定被纳入《宪法草案》中。美国不是第一个承认发明者拥有特殊权利的国家。专利制度是由中世纪的威尼斯共和国建立的，在1474年他们以包含了当今专利法律中所有主要特征的法律形式，确立了专利权制度：制度中包括了要求专利方式是新颖的，在实际中是能够推行的（即常规操作）和能够为公众所操作的。其制度还要求专利是能够考察的（虽然此类考察有时会流于形式），有一个限制独占权的时间期限，以及对侵权是能够进行纠正的。威尼斯的法令最后还强调，发明者必须教授他人如何进行该发明操作以及如何通过给予补偿获得专利的独占权。

法国也是依靠专利促进了制造工业的革命并推动了本国的发展。其第一个确定的专利法规，是丝绸同业公会为鼓励这一行业的创造性而制定的，这一法规在1711年得到通过。新大陆的英国移民带来了英国的专利实践，从而在马萨诸塞州（1641）、康涅狄格州

(1672) 和南卡罗来纳州 (1691) 编制专利法律。托马斯·杰斐逊在1973年创立《专利法》确定了专利制度的航向。

虽然专利带来了一个国家的富强，但不是所有的事情都是有利于专利的。专利授予时的排他性以及反垄断的法律都将导致减少专利的权利。对于专利所有者授予的限制与仅允许单一企业获得类似的专利，似乎都是在竞争性经济环境中的限制。但同时对专利侵权放任的态度得到收敛，专利的权利和美国财政部都阻碍了一些涉及重要专利和商标的收购。

美国无形资产法律中增加的新内容都是对竞争环境予以鼓励的一些补充。而美国司法部也是比以往更乐于见到无形资产的竞争力得到增强。首先，专利的法律促进了企业的研究、开发以及对新产品和能以更有效的方式提供的服务的商品化。此外，法律鼓励信息的披露。通过许可，这些信息得以共享，且能得到最有效形式的开发。由于授予许可的决定与其限定不会被机械地认为是障碍或与反垄断的法律相冲突，专利价值将因此状态再一次得以提高，专利的许可费也将因其价值的提高而提高。

（二）无形资产评估的发展

从20世纪五六十年代以后，市场经济发达国家的商业和法律环境发生了根本性的变化，从一个关注有形资产的社会转变成更多关注无形资产的拥有、扩张和未来发展的社会，无形资产已经成为大部分企业中的主导资产。同时，无形资产也已经成为市场的主要交易对象之一。Ocean Tomo公司是一个知识产权综合性投资的服务集团。其对美国最大的企业进行了分析，发现标准普尔500指数中企业的专利、商标、著作权及其他无形资产，从1975年占其整个市场价值的16.8%，爆炸式地增长到了2005年的79.70%（见图1-1）。企业的市场价值不再依赖于资产负债表中的现金与固定资产。在当今，股票价值体现的是包括专利、商标、著作权和行业机密在内的无形资产的价值和价格。无形资产的突出表现并不仅与高新技术企业相关。图1-2显示了多个行业无形资产的突出表现。对于许多行业，无形资产的突出表现是很容易理解的。可以预料，医疗保健、电信、可选消费品行业拥有大量的技术和商标。但对于另一些行业，如公共事业企业，并没有期待其具备突出表现的无形资产，然而目前的状态是，所有行业的发展都依仗着大量的无形资产。

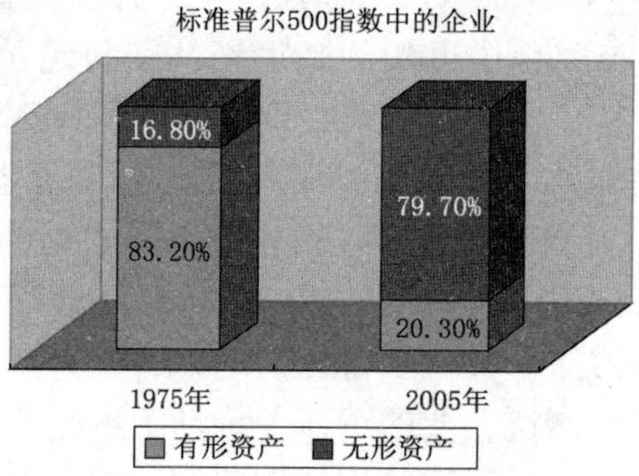

图1-1 有形资产与无形资产

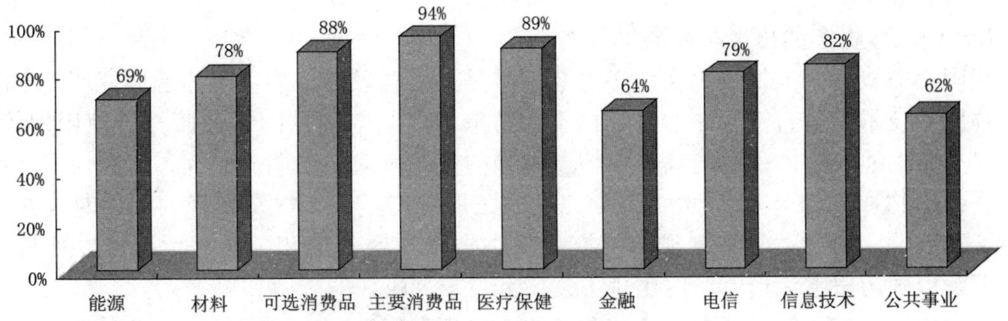

图1－2 2005年各行业全部市场价值中无形资产价值占据的百分比

在竞争性的市场经济环境中，利润最终将被平均化，参与到市场中的投资者，通常能够获得一定的投资回报。长期而言，超过平均水平的利润是不能持久的，因为竞争者会很快发现并进入高利润的市场，而使利润率平均化。但拥有核心无形资产的投资者却可以通过拥有无形资产而维持超高盈利。竞争能够将利润率平均化，同时竞争也促进了新的技术等无形资产的研发以及无形资产的转让、特许使用、投资、质押融资等的普及。在无形资产转让、特许使用、投资和质押融资等经济活动的普及过程中，解决信息不对称问题的重任落在了资产评估的肩上。无形资产评估应运而生，并随着无形资产交易品种及范围的进一步扩大而迅速发展起来。

（三）国际无形资产评估业务

国际无形资产评估业务是从为无形资产产权交易提供专业咨询意见起步，逐步向无形资产法律诉讼、无形资产质押融资、无形资产会计核算等方面扩展的。无形资产产权交易涉及无形资产的所有权转让、投资、无形资产特许他人使用等经济活动，以及由此引起的无形资产所有权价值评估和无形资产许可权价值评估。无形资产法律诉讼涉及专利权侵权法律诉讼、商标权侵权法律诉讼、著作权盗版侵权诉讼等事项，以及由此引起的无形资产侵权赔偿数额的评估。无形资产质押融资活动主要是在中小创新企业实物资产少，资产抵押融资相对困难的情况下出现的一种新的融资模式，中小企业以其创新的知识产权作为质押物进行融资。为了保证融资企业和金融机构双方的合法权益，知识产权质押评估应运而生。当会计准则及会计核算业务引入公允价值计量属性之后，无形资产会计核算发生了一系列变化。企业合并对价分摊中的可辨认无形资产的公允价值计量、可辨认无形资产及商誉的减值测试，都需要借助于资产评估来完成。无形资产会计核算成为无形资产评估的重要领域，成为以财务报告为目的的评估的重要组成部分。

二、国内无形资产评估的发展

我国的无形资产评估是随着我国的无形资产交易、转让、投资、维权等经济活动的广泛开展而产生和发展起来的。改革开放和推进市场化引发的无形资产交易、转让、投资和维权等经济活动的活跃，是开展无形资产评估的基础和先决条件。

（一）无形资产的出现与发展

我国历史上的四大发明以及众多的老字号是大家耳熟能详的。虽然无形资产并不能与有关物质和技术发明直接等同起来，也不能简单地将其与商品图标或商号的使用划等号，但是，有关物质和技术发明与商品标识及商号的使用确实是发明专利权和商标权等无形资产产生的“物质基础”。关于我国最早出现的无形资产是什么以及出现的确切时间并不容易考证，但是，通过“官方”颁布的有关保护技术发明等的相关法规，也可以从另一个侧面了解中国历史上无形资产的出现、发展和发展速度。

早在公元前 119 年时就有了比较完备的盐铁酒专卖制度，形成了维护当时官方利益的一种特许经营权制度。版权保护则与印刷术密不可分，由于版权保护的对象即图书是依赖于造纸和印刷得以出版的，因此在宋代有了活字印刷术后而随之产生了对刻板印刷品和翻版的保护。我国商标的使用历史也很久远，早在北宋时期就有山东济南刘家功夫针铺将“兔儿为记”的图文组合商标用在其所生产和销售的商品上。1898 年颁布了第一部保护发明创造的法律《振兴工艺给奖章程》，1902 年和 1910 年分别颁布了《商标注册试办章程》和《大清著作权法》等。

1927 年国民党政府设立全国商标注册局，并于 1930 年 5 月公布了《商标法》。

新中国成立以后，中央人民政府于 1950 年颁布了《商标注册暂行条例》和《保障发明权与专利权暂行条例》，1963 年颁布了《发明奖励条例》和《技术改进条例》等无形资产保护法律法规。客观地讲，在我国进行了经济体制改革之前，尽管政府出台了一些保护无形资产的法律法规，但因受制于当时计划经济体制的制约和对无形资产作用认识的不充分，我国无形资产研发的速度和利用范围并不明显，无形资产的交易、转让、投资活动也并不活跃。20 世纪 80 年代，基于改革开放国策的实施和市场经济的发展以及人们对无形资产在社会经济生活中的作用认识的逐步提高，无形资产研发、交易、转让和投资活动才真正进入了活跃时期，无形资产法律保护制度的建设和作用发挥才真正进入到了实质性阶段。在经济体制改革及其权责利落实的推动下，以及无形资产保护的逐步到位，我国的无形资产无论在数量上还是在质量上都有了飞跃的发展。到了 21 世纪的第一个 10 年以后，我国的专利技术授权和商标注册数量等已经进入到了世界的前列，成为世界专利权和商标权大国。

（二）无形资产评估的发展

我国的无形资产评估是伴随着我国改革开放，以及无形资产交易、转让、投资活动的兴起而发展的专业经济活动。确切地讲，直到 20 世纪 80 年代末，伴随着国有企业产权变动，出现了国有资产，特别是国有无形资产的流失情况（日趋严重），需要利用资产评估维护国有资产权益时，无形资产才被作为企业中的一类要素资产随同企业一起纳入评估范围。到了 21 世纪初，随着我国无形资产交易、转让、投资活动的广泛开展，无形资产已经成为产权交易中的最重要的标的，无形资产评估需求逐步增大，无形资产评估迅速普及。随着我国市场经济的迅速发展，以及知识创新和技术创新的普遍开展，无形资产越来越被企业所重视，无形资产研发、转让、特许他人使用、投资、质押融资、财务核算，以及诉讼和损失补偿等经济事项与日俱增，无形资产评估活动也变得更加频繁。从我国“十二五”社会发展规划中可以看到，经济转型、知识和技术创新将是我国今后社会经济发展的主基调。为了适应经济转型，鼓励和保护知识创新和技术创新的开展，除了要大力加强与无形资产相关的法律法规建设以外，大力并高质量地发展无形资产评估也是今后需要我们努力完成的一项重要工作。

第二节 无形资产的界定

关于无形资产的概念，迄今为止尚未有统一的说法，可以说是仁者见仁、智者见智。尽管如此，会计准则的制定机构和资产评估自律管理机构从各自处理业务需要的角度，对无形资产的概念及其内涵和外延都进行了一定的规范。参考会计准则制定机构和资产评估自律管理机构对无形资产的概念和相关规范，有助于我们进一步认识和把握无形资产。

一、无形资产及其内涵

（一）无形资产的概念

无形资产是一个使用范围非常广泛，使用频率很高的一个概念。在会计学、经济学、资产评估等学科和专业里，都广泛使用“无形资产”的概念。由于不同学科和专业的学科视角及专业视角的差异，不同学科及专业对无形资产概念的内涵及外延的定义存在着趋同和差异并存的局面。了解不同学科和专业的无形资产定义，对于全面理解和把握无形资产是有一定帮助的。

1. 无形资产的会计定义

《国际会计准则第38号——无形资产》对无形资产的定义是：无形资产指为用于商品或劳务的生产或供应、出租给其他单位、或管理目的而持有的、没有实物形态的、可辨认非货币资产。

我国《企业会计准则第6号——无形资产》中对无形资产的定义是：企业拥有或者控制的没有实物形态的可辨认非货币性资产。

2. 无形资产的资产评估定义

《国际评估准则》（the International Valuation Standards，IVS）中对无形资产的定义是：一种能通过经济属性来证明其自身价值的非货币性资产。它不具备实物形态，但能为所有者带来权利和经济利益。

我国《评估准则》对无形资产的定义是：无形资产是指特定主体所控制的，不具有实物形态，对生产经营长期发挥作用且能带来经济利益的资源。

不同学科及专业对无形资产概念的表述各不相同，人们需要通过对这些定义做进一步的分析来了解和把握无形资产的内涵及其本质特征。

（二）无形资产的内涵及其基本属性

1. 无形资产的内涵

虽然目前并没有统一的无形资产定义，但不论是会计界、评估界还是在经济学界，对于无形资产的内涵却能基本达成一致或趋同的结论，即特定权利主体拥有或控制的，能够为其带来未来经济利益的没有物质实体的经济资源。也有人用：无形资产 = “无形” + “资产” 来概括。

中国著名会计学家杨汝梅先生于1926年完成的《无形资产论》中对无形资产定义如下：“吾人得一原则，谓无形资产价值乃属一特定企业所具额外收益能力之表示。”目前人们已经把无形资产与超额收益能力联系在一起，一个企业能够获得超过行业同类企业的收益水平，通常是因为该企业存在着专利技术等无形资产。一个商品能够获得超过同类商品的收益水平，通常与该商品的品牌或商标有关。作为一种没有物质实体的资产，它的存在一定会以为其拥有者或控制者带来超过有形资产一般收益水平的能力表现出来。其实，无形资产也是一种资产，它的运营和使用应该得到正常的回报，由于无形资产的无形性，无形资产带来的收益通常需要通过相关的资产的收益表现出来，表现为它所依附的商品、服务或企业获得的收益之上的收益，形成了承载无形资产的有形资产的收益叠加——超额收益。因此，无形资产并不是一个神秘的东西，它与有形资产一样都是能够为其权利主体带来经济利益的经济资源。只是由于它的无形性以及对相关资产的依附性，无形资产的效益性通常会通过超额收益表现出来。

其实，无形资产的超额收益能力是个形象或相对的概念，由于无形资产“看不见摸不着”的特性，类比的方式是人们判断无形资产是否存在的一种有效途径。如LV在箱包服饰行业，微软在软件行业，耐克在体育用品行业，通过对比，它们的盈利能力都超过了同行或同类商品的正常水平，证明了LV、微软和耐克承载着无形资产。LV和耐克的超额收益能力应该是其品牌无形资产的作用体现，微软的超额收益能力则最大可能是专利技术和非专利技术等无形资产组合的作用结果。相对于没有品牌、技术等无形资产附着之上的有形资产而言（如普通商品、服务或企业），拥有超额获利能力的商品、服务或企业一定存在着有形资产以外的“物质”——无形资产。

无形资产通常通过其所依附的商品、服务或企业的正常获利能力之上的额外收益表明它的存在，正常获利相当于有形资产的外在表现；而超额收益则是无形资产的外在体现。有人可能会以亏损企业也可能存在着无形资产来质疑超额收益是无形资产存在和发挥作用的本质特征。如果这种质疑成立的话，同样的理由也可以质疑“有形资产是能够带来未来经济利益的经济资源”这一资产本质描述的准确性和合理性，因为亏损企业也一定拥有许多有形资产。

我们强调超额收益是无形资产存在和具有价值的根本所在，正是基于无形资产的无实体性，以及无形资产发挥作用时与有形资产的相互关系的视角做出的判断。这种本质归纳和突出无形资产超额收益能力的特征，有助于评估师识别、把握和评估无形资产。总之，超额收益既是无形资产存在并且具有价值的外在表现，也是对无形资产本质的集中概括。

2. 无形资产的基本属性（含无形资产价值和价值识别等内容）

无形资产作为一类资产有着反映其内涵的基本属性，主要有：

（1）无形资产也是一种经济资源，即能够给拥有者或控制者带来经济利益，这一点与有形资产具有共同之处。

（2）无形资产有别于有形资产的标志性特征是它不具有具体的实物形态，更多地表现为一种权利、优势、良好关系和“垄断”地位等。

（3）无形资产的使用可以在与其配合使用的有形资产的正常获利能力基础上获得超额收益，能够带来超额收益是证明无形资产存在以及具有价值的根本所在。

（4）有相当一部分无形资产需要借助于法律确权和保护才能得以存在和发挥作用，如专利权、商标权和著作权等知识产权类无形资产。法律保护是这类无形资产存在的重要组成部分。

二、无形资产外延及其资产特征

无形资产的外延或无形资产的范围亦可以理解为无形资产的具体表现形式。在无形资产的外延边界上，不同国家和地区以及不同学科之间并不完全统一，或多或少都存在着一定的差异。但在表示或表达无形资产外延的形式方面，列示的方式则是各个学科或相关组织通常采取了重要形式之一。

（一）会计视角的无形资产外延

会计界对无形资产涉及内容范围的表达，基本上采取的是对无形资产进行具体分类和细化列示的方式。在国际范围内，比较具有代表性的通过较为详细列示无形资产的有美国财务报告准则委员会（FASB）。FASB 是按照无形资产与市场、与客户、与艺术以及基于合同和技术的关系，大致将无形资产划分为 5 大类 29 种无形资产。其中与市场相关的无形资产有 5 种，与客户相关的无形资产有 4 种，与艺术相关的无形资产有 5 种，基于合同的无形资产有 9 种，基于技术的无形资产有 6 种。

我国的《企业财务通则》《企业会计准则》和《企业会计制度》等也是通过列举的方式来界定无形资产边界的，如我国会计学科和实务界将专利权、商标权、著作权、土地使用权、非专利技术等界定为无形资产。

由于受到会计准则和制度对无形资产确认标准的限制，实务中，会计视角下无形资产的外延边界与无形资产的定义或内涵有着一定的差异，即并不是所有能为企业或特定权利主体带来未来经济利益的非实体性及货币性资源都属于无形资产。即便是会计学界认可和列举出来的无形资产，如专利权、商标权和非专利技术等，如果这些无形资产是企业自创的，至少在会计账面上是不被作为无形资产对待和处理的。也就是说，会计无形资产的外延边界可能存在着理论边界和实务边界两种情况，所谓理论边界是以无形资产定义涉及的范围为准。而实务边界则以会计资产确认标准为依据，即同时满足现金流入企业和能够可靠计量成本的无形资产才能被会计确认为无形资产。对于只满足了无形资产定义或内涵要求而没有达到能够可靠计量成本的无形资产，并不被会计认可，即不被作为无形资产处理。基于会计资产确认标准，通常是通过外购形成的无形资产能够被确认，而自创的无形资产大部分是不予以确认的。

（二）资产评估视角的无形资产外延

资产评估视角的无形资产外延与无形资产定义涉及的范围并没有实质性的差异，即资产评估视角的无形资产外延与其内涵是保持一致的。当然，在资产评估领域也就不存在无形资产外延的理论边界与实务边界的区分了。尽管如此，从世界各国各地区的无形资产评估实践情况看，世界各国各地区具体的无形资产种类和细化程度界定的也并非完全一致，这种差别与世界各国及各个地区的经济发展水平、市场化程度以及法律制度等的差异有着紧密的关系。一般而言，无形资产的细化程度与经济发达程度、市场化程度以及法律建设程度呈正相关关系。在经济高度发达、市场化程度高的国家和地区，无形资产的细化程度就高，表现为无形资产的具体种类就多。相反，在经济欠发达、市场化程度低的国家和地区，无形资产细化的程度就低，表现为无形资产的种类相对较少。例如在市场经济发达国家，“有组织的员工队伍（配套员工 assembled workforce)”通常是被单独作为一种无形资产对待，是作为一种独立的无形资产。而在市场化程度低、市场经济欠发达的国家和地区，“有组织的员工队伍”通常是包含在商誉之中并不单独作为一种独立的无形资产存在。又如，在计算机还不很普及的时候，计算机软件是包含在著作权无形资产之中的。随着计算机使用的普及以及计算机软件的重要性及其交易频率的加快，计算机软件作为一种独立的无形资产存在的可能性大大增强。从这个意义上讲，无形资产外延具有动态性，随着社会发展和市场的细化而发生改变。

当然，由社会经济发展水平及市场化程度差异引起的不同国家和地区的无形资产细化程度差异，以及无形资产具体种类及数量上的差异，并不构成无形资产外延边界界定的实质性差异。随着世界各国和各个地区经济发展水平和市场发展程度的接近，无形资产细化差异将逐步缩小。

基于资产评估动态视角的无形资产外延可能并没有固定的边界，人们可以通过列举的方式，或归类的方式将经济生活中和评估实践中的无形资产列示出来，以帮助人们形象地认识无形资产。无形资产外延或边界的提出，主要起着给人们某些提示的作用，结合无形资产定义和内涵来更好地把握无形资产。

从无形资产评估实践的角度，美国评估公司曾将无形资产细化并归纳为流通领域无形资产（促销型无形资产）、生产领域无形资产（制造型无形资产）和其他领域无形资产（财务/金融型无形资产）。这种细化和归类并不一定科学合理，也不一定是目前最具权威、最全面的列示，更不等于是无形资产外延的全部，但这种列示却可以让人们大致了解一下无形资产的具体存在情况和分布。

1. 促销型无形资产（marketing assets）

   商号/商标（trad ename /trade mark）

   顾客名单（customer lists）

   包装（packaging）

广告材料（advertising material）
特许权（franchises）
货架空位（shelf space）
许可证（licenses）
经销网（distribution network）

2. 制造型无形资产（manufacturing assets）
专利（patents）
配方（formulas）
经营秘密（trade secrets）
专有技术（know-how）
非专利技术（unpatented technology）
图纸（drawings）
供应合同（supply contracts）
新产品开发（new product development）

3. 金融型无形资产（financial assets）
优惠融资（favorable financing）
配套员工（assembled workforce）
软件（software）
版权（copyrights）
核心存款（core deposite）
不竞争合同条款（covenants-not-to-compete）
租赁权（leasehold interests）
雇佣合同（employment interests）
数据库（data base）
超额年金计划（overfulfilled pension plants）
解雇率（unemployment ratings）
商誉（goodwill）

需要说明的是，不论是美国财务报告准则委员会（FASB）列示的无形资产清单，还是美国评估公司列举的具体无形资产，都可能没有穷尽具体的无形资产。用尽可能把无形资产列示出来的方式来表现无形资产的外延，只是相关组织或机构为人们认识和把握无形资产提供的直观的提示。这些列示或清单并不能涵盖无形资产外延的全部，人们还必须结合对无形资产内涵的理解与把握来认识无形资产。

基于会计的视角了解和把握无形资产，需要注意无形资产的理论外延边界和实务外延之间的差异，应当清楚理论外延边界明显少于实务外延边界的原因。

基于资产评估的视角，需要注意在我国现行法律框架下某些在外在形式上满足无形资产定义要求的权利型资产，如土地使用权、矿业权、林权和海域使用权等，在资产评估中通常并不作为无形资产对待，而是将这些权利型资产作为其权利所依附的有形资产处理，如土地使用权归并为土地或地产评估范畴，矿业权归并为矿产资源资产评估，林权归并为森林资源资产评估，海域使用权归并为海洋资源资产评估等。

（三）无形资产的资产特征

作为一类资产，无形资产具有以下特征：

1. 无形资产无物质实体却需要借助于实体资产发挥作用

无形资产无物质实体性是对无形资产存在形式特性的一个基本描述。作为一类资产以及具有获利能力的事实，通常是需要通过一定的实体资产的配合使用才能发挥出来的。如专利技术或非专利技术的优越性及其获利能力通常需要借助于单台设备、机组、生产线及其工艺发挥出来；商标及品牌的知名度和市场影响力及其获利能力通常需要借助于商品或服务表现出来；著作权无形资产的获利能力通常需要借助于影视作品、小说、图书、软件等物质载体表现其客观存在；而商誉则需要通过整体企业的经营管理水平和效益体现。无形资产虽然是一种独立的且没物质实体的资产，其发挥作用及其价值体现却与其相关实体资产或载体有着密切的关系。无形资产需要借助于实体资产发挥作用的特点，通常被概括为无形资产的依附性特点。

2. 无形资产可以被多个主体同时使用

排他性的占有是所有资产存在的一个充分必要条件，无形资产也并不例外。当然，这里的排他性占有指的是资产所包含的权益的归属是排他的。对于实体性资产而言，不仅资产所包含的权益的归属是排他的，实体资产的使用也具有排他性，即实体资产不能同时被多个不同主体使用。但对于无形资产而言，无形资产是可以同时被多个不同主体使用，即无形资产的权利主体在使用其拥有的无形资产的同时，可以特许他人同时使用该无形资产。无形资产可以同时被多个不同主体使用的特点，既是无形资产具有的明显特点之一，即共享性特点。同时，也是无形资产价值评估需要考虑的重要因素之一。无形资产共享性的特点表明，无形资产的权益边界并不是固定的。

3. 无形资产的研发投入（取得成本）与无形资产的产出对应性弱

众所周知，不论是技术类的无形资产，还是其他类的无形资产，其研制开发都有很大的不确定性。这种不确定性，一方面表现在研发投入与研发成果之间的投入产出关系的不确定；另一方面表现在研发投入的数量与研发成果质量之间的不确定。无形资产价值的高低最终是由无形资产的获利能力决定的，而无形资产的获利能力则是由无形资产的功能及效用决定的。虽然无形资产的功能及效用与无形资产的研发投入或成本相关，但无形资产的功能及效用并不完全取决于它的研发成本或投入的数量，无形资产价值与其研发成本之间的弱对应性是比较明显的。

4. 无形资产具有明显的个别性特征

对于大部分无形资产而言，主要是采取个体研发、量身定做，很难通过重复性批量生产。因而，大部分的无形资产都具有明显的个别性和独特性。无形资产的个别性特征也就决定了大部分无形资产之间缺乏可比性，包括功能、研发成本和交易的可比性。

由于无形资产研发的个体性和强调其独特性，即使是同种类的无形资产也难以保证其功能上的一致。由于不同企业在开发能力、管理水平、员工素质、市场开拓能力等诸多因素的差异，即使研发类似无形资产，其投入的研发费用和取得的无形资产（研发成果）质量及其未来的获利能力等也可能相差甚远。因而，在公开市场上找到可以作为参照物的同类或类似无形资产是非常困难的。所以，无形资产的个别性特征决定了大部分无形资产缺乏可比性。

5. 无形资产获利能力具有较大的不确定性

无形资产获利能力即产生未来收益受到的影响因素及影响程度远远超过有形资产。影响无形资产获利能力的因素，除了与无形资产自身的技术水平、市场影响力有关以外，还与其附着的有形资产的匹配程度、企业的经营管理水平以及相关法律法规相关。无形资产自身的技术水平和市场影响力会受到技术进步速度和市场需求变化等因素的影响而影响其获利能力。无形资产的应用以及发挥效用与其附着的有形资产的质量、规模及其匹配程度都有直接或间接的关系。由于无形资产权益的可扩散性，拥有无形资产的特定主体的经营管理水平对无形资产的利用程度及其获利能力的影响程度也远大于该因素对有形资产获利能力的影响程度。社会的发展会不断地产生新的知识和技术而替代了原有的知识和技术，新的市场需求会不断地替代了旧的市场需求，更新的营销模式经常要取代传统的营销模式等，所有这些变化都会影响无形资产的获利能力，甚至是无形资产本身。因此，无形资产有着更快的更新替代速度，这一特性表明无形资产虽然有着较强的获利能力，但也存在着获利能力不稳定的一面。在无形资产评估过程中且不可顾此失彼。

6. 无形资产具有明显的法律属性

无形资产明显的法律特性是指许多无形资产依据法律而形成，依据法律保护而存在，依据法律保护来维权。特别是无形资产的核心部分——知识产权以及权利类的无形资产，就是依相关知识产权法律而形成的资产，例如专利无形资产是依据专利法的规定而形成的独占权利；商标无形资产是依据商标法的规定而获得的专属权利；著作权类无形资产则是依据著作权法的规定而拥有的排他权利；租赁权主要是依据合同法的保护而成为无形资产等。无形资产的法律特性也决定了这些依据相关法律规定和保护而形成的无形资产，其权利和权益具有明显的时间性和地域性，以及对法律保护的依赖性。在正常情况下，这些无形资产是由法律赋予权利人在一定区域和特定时间内对该项权利和权益的独占和垄断，超出法律规定的保护区域和保护时间，上述权利人将失去对该权利和权益的独占与垄断。对于像知识产权及其权力型无形资产，法律保护是这些无形资产获得超额经济收益的保证。因此，这些无形资产的价值与其法律保护程度和强度以及维权能力具有强对应性。

第三节

无形资产的分类

无形资产其实是一个非常综合性的概念，它包含的或涉及的具体无形资产有很多，虽然从本质特性方面那些没有物质实体且能够带来超额收益的资产都归结为无形资产，但这些无形资产的具体存在形式、发挥作用方式和作用空间等还是有着区别的。为便于理解和把握各种具体无形资产的存在形式、作用方式、作用空间和价值影响因素等，有必要根据不同的标准和视角将各种无形资产进行必要的分类。

对无形资产进行必要的分类，一方面是便于识别和把握各种无形资产，另一方面也便于了解各种具体无形资产的属性、作用方式和作用空间，以便进一步掌握无形资产的价值变化规律。无形资产分类可以按照多种不同的标准划分，其中学科标准和资产评估细化标准进行分类较为常用。无形资产的学科分类主要有会计学的分类和资产评估的分类。

一、会计学的分类

FASB 的规定将无形资产与商誉区别开来。FASB 提供了鉴定无形资产的具体指南，任何无法确认的无形资产都将归入商誉范畴。为了给可辨认无形资产的确认提供指南，FASB 将无形资产分为五类，并给出每种类别下符合确认标准从商誉中分离出来的具体无形资产。以下清单所列示的无形资产并非是所有的无形资产，很有可能某一项无形资产满足本准则的确认标准但并没有被包含在该清单中。因此，所列无形资产清单仅仅是为了给可辨认无形资产的确认提供指南。清单中带*的资产是因为其满足合同法律标准，所以要从商誉中分离出来单独确认；带◆的资产并非产生于合同或其他法律权力，但是因为它们满足可分离性标准，所以也要从商誉中分离出来单独确认。某项特定的无形资产是否符合本准则的确认标准需要从商誉中分离，应当基于每个企业的实际情况和具体环境来确定。

（一）与市场相关的无形资产

（1）商标、商品名称*。

（2）服务标识、联合标识、认证标识*。

（3）商品外观（独特的颜色、形状或包装设计）*。

（4）报纸报头*。

（5）竞业禁止协议*。

（二）与客户相关的无形资产

（1）客户清单◆。

（2）订单或待办业务*。

（3）客户合同和相关客户关系*。
（4）非合同性客户关系◆。

（三）与艺术相关的无形资产

（1）戏剧、歌剧、芭蕾舞*。
（2）书籍、杂志、报纸和其他文学作品*。
（3）音乐作品，如曲调、歌词、广告节拍*。
（4）图片和照片*。
（5）视频和视听材料，包括影片、音乐磁带录像和电视节目*。

（四）基于合同的无形资产

（1）许可证、专利、固定的协议*。
（2）广告、建筑、管理、服务和供给合同*。
（3）租赁协议*。
（4）建筑许可证*。
（5）特许经营权*。
（6）运营和广播权*。
（7）使用权，如土地、钻探、水、空气、矿藏、林木采伐、道路通行等*。
（8）服务合同，如抵押借款服务合同*。
（9）雇员合同*。

（五）基于技术的无形资产

（1）专利技术*。
（2）计算机软件和掩膜作品*。
（3）互联网域名*。
（4）非专利技术◆。
（5）数据库，包括产权书库◆。
（6）商业秘密，包括机密的公式、程序和诀窍*。
表1－1提供了一个扩展的但未分类的无形资产清单。

二、资产评估的分类

在无形资产的资产评估分类中，各国的资产评估准则，以及各国的学术界都有各自的划分标准和分类方法。将无形资产的资产评估分类进行概括，大致有以下主要划分方法和标准以及分类。

（一）按无形资产的性质和属性分类

按照无形资产的性质和属性分类，无形资产大致可分为：知识型无形资产、权利型无形资产、关系型无形资产和其他类型无形资产。

表1-1　　通常进行评估和经济分析的无形资产和知识产权的示例表

广告活动和节目	着陆权（对于航空公司）
协议	租赁资产
机场登机口和停机位	租赁权益
评估资料库（文件和记录）	许可证——执业、商业等
判决和裁定（法律上的）	文学作品
银行客户——存款、贷款、信托、信用卡等	诉讼判决和损害赔偿
设计蓝图和图样	贷款组合
图书和其他公开出版的藏品	坐落位置的价值
品牌名称和标识	管理合同
广播许可证（收音机、电视等）	人工（相对于自动的）数据库
买卖协议	手绘图
卫生保健机构许可证	市场营销和促销资料
化学方程式	外罩和模板（用于集成电路）
索赔权（对保险公司等）	医用（和其他专业）图表和记录
计算机软件（包括内部开发和外部购买）	采矿权
计算机数据库	音乐作曲
合同	自然资源
合作协议	报纸名人肖像文件
版权	非竞争公约
信用信息资料	不分立协议
客户合同	开放式运输客户订单
客户清单	选择权、担保、许可、权利——与证券相关
客户关系	矿产储量
设计、外观、图表、概要、技术图样	专利申请
开发权	专利——产品和程序
分销网络	许可
分销权	个人合同
钻探权	药物处方文件
在他人土地上的通行权	奖品和奖励（与职业认证相关）
雇员合同	程序手册及相关文件
机械制图和相关文件	产品储备
环境保护的权利（及豁免）	产品设计
与无线电波段相关的FCC许可证（蜂窝式无线通信系统电话，无线寻呼等）	不动产使用权
	提出的建议，与合同、客户等相关
优惠融资	专有程序——及相关技术文件
电影胶片藏品	专有产品——及相关技术文件
食品调料和食谱	专有技术——及相关技术文件
特许权协议（商业）	监督机构的批准（或监管要求的豁免）
特许权协议（政府）	零售场所
持续经营价值（以及立即使用价值）	皇家特许协议
商誉（机构的）	股东协议
商誉（个人的）	请求权
商誉（职业的）	赞助名单（对于杂志、服务等）
政府合同	供应合同
政府规划	技术性和专门化藏品（书籍、录音、绘画等）
政府注册（和豁免）	技术文件
历史文件	技术分享协议
HMO登记清单	产权书库
保险终止	商业秘密
保险	经过培训并组合在一起的员工
联合投资	商标和商品名称
技术诀窍和相关程序文件	训练手册和相关的教育材料、课程和程序
实验室笔记	使用权——空气、水、土地

1. 知识型无形资产

知识型无形资产通常是指通过人类智力劳动创造形成的成果，以及包含、凝结和体现人类智力劳动成果的无形资产。例如，知识产权范畴的无形资产，通常包括工业产权和著作权。工业产权主要包括专利权、商标权、非专利技术等。

2. 权利型无形资产

权利型无形资产是指特定当事人经由政府、企业或他人授权，并通常会通过书面（或非书面）契约的形式，以特定当事人付费（或非付费）为代价，获得的能给特定当事人带来超额收益的相关权利。例如租赁权、特许经营权和专卖权等。

3. 关系型无形资产

关系型无形资产是指特定主体通过提高企业经营管理水平、商品质量、服务质量和商业信誉等建立起来的，与相关业务当事人之间的非契约性信任关系所形成的经济资源。关系型无形资产虽然没有契约保证，但特定主体与相关业务当事人之间的信任关系，可以为特定权利主体带来经济利益。能够持续给特定权利主体带来经济利益的非契约型商业信任关系，构成了关系型无形资产的基本内容。例如，销售网络、客户关系和专家网络等。

4. 其他类型无形资产

其他类型无形资产本身就是一个边界比较模糊的无形资产概念。从数量关系上讲，其他类型无形资产相当于从企业价值中扣减掉所有可辨认资产价值后的部分，或从无形资产总价值中减去可辨认无形资产价值后的部分。其他类型无形资产通常被认为是商誉，即包含了所有难以单独存在或难以独立辨识，且又难以归并到上述各种类型的无形资产。从其他类型无形资产的组成内容上看，其他类型无形资产是各种难以独立存在和辨识的无形资产的总和，例如属于企业管理和企业文化范畴的无形资产，像合理的企业组织体系和管理制度、企业文化、企业信誉和人力资源等。随着社会经济的发展，科技水平的提高，以及市场化程度的提高，包括在其他类型无形资产（商誉）中某些过去难以单独存在或难以辨识的无形资产，有可能会转变为可以独立存在或可以辨认的无形资产。这些无形资产会从其他类型无形资产（商誉）中逐渐分离出来，成为一个独立的可以辨认的无形资产，例如人力资源无形资产等。从一个较长的时间周期来看，其他类型无形资产（商誉）的边界并不确定，其他类型无形资产（商誉）具有动态变化的特点。

按照无形资产的性质和属性分类，有利于对无形资产性质的认识，有利于评估人员根据不同性质无形资产的价值影响因素进行价值评估。

（二）按无形资产能否辨认及独立存在分类

按照无形资产是否可以辨认及独立存在划分，无形资产分为可辨认无形资产和不可辨认无形资产。

1. 可辨认无形资产

无形资产可能是可辨认的，也可能是不可辨认的。如果一项无形资产满足以下两个条件之一，则可被视为可辨认的无形资产。

（1）该项资产是可分割的，即能够从实体企业中分离或拆分出来，并且可以单独进行或与一个相关的合约、一项可辨认资产或负债共同出售、转让、许可使用、租赁或交换，而无论该实体企业是否愿意这样做。

（2）该项资产来源于合同性权利或其他法律权利，无论这些权利是否可以从企业或其他权利和义务中转让或者分离。

可辨认无形资产的主要类别如下：

①营销相关类无形资产，主要用于营销或推销产品或服务。例如：商标、商号、独特的商业设计、互联网域名以及非竞争性协议。

②客户或供应商相关类无形资产，源自于与客户或供应商之间的合作关系。例如：服务或供货合同、许可协议或特许使用协议、订单册、雇佣协议和客户关系。

③技术相关类无形资产是一类合约约定性或非合约约定性无形资产，源自于使用某项专利技术、非专利技术、数据库、配方、设计方案、软件、工艺流程或秘密处方的合同性或非合同性权利。

④艺术相关类无形资产来自于某些可以产生收益的权利以及非合同性的版权保护，其中，受益的权利来自于诸如戏剧、书籍、电影、音乐等艺术作品的许可。

上述各种资产类别中的无形资产可以是有合同性约定的，也可以是没有合同性约定的。

2. 不可辨认的无形资产——商誉

商誉是源于一个企业、企业中的一项权益或使用一个不能分割的资产组所形成的未来经济收益。应当指出的是，在不同的财务报告或税收制度下，商誉会被赋予不同的定义；在按照这些不同的目的进行评估时，可能需要将所采用的商誉的定义在报告中披露。

反映在商誉中的收益，包括如下方面：

（1）一项企业合并完成后所产生的公司特定协同效应，例如：营运成本的减少或规模经济，这些价值没有体现在其他资产的价值中。

（2）增长机会，例如：市场拓展。

（3）机构组织资本，例如：来自于组合化网络的利益。

将无形资产划分为可辨认无形资产和不可辨认无形资产，可以提示评估师在评估两类无形资产时需要考虑不同的价值影响因素。由于可辨认的无形资产可以独立存在、单独转让，可以作为独立的评估对象并具有独立价值影响因素和单独的评估价值。不可辨认无形资产不能独立存在，不能单独转让，其价值包含在企业整体价值之中，其价值影响因素与企业价值的影响因素融为一体，不可辨认无形资产的评估通常是不能抛开企业整体而单独进行的。

（三）按无形资产取得的渠道分类

按照无形资产取得的渠道分类，通常是以企业为无形资产持有的特定主体，无形资产可分为自创无形资产和外购无形资产。

1. 自创无形资产

自创无形资产是指企业通过自行研究、开发、设计或在生产经营活动过程中形成的无形资产，如自创专利权、自创商标权、自创技术秘密及客户关系等。

2. 外购无形资产

外购无形资产是指企业从外部购入或接受投资形成的无形资产。个别情况下，企业也有接收捐赠无形资产的可能，企业接收的捐赠无形资产也归并到外购无形资产之中。

企业外购的无形资产是指以货币资产或可以变现的其他资产相交换，或以承担债务方式从企业外部获得的无形资产，如外购专利权、商标权、技术秘密、特许权、著作权等。

接受投资的无形资产，是指投资者以投资方式将持有的无形资产如专利权、专有技术、商标权等投入企业而形成的无形资产。

按照无形资产取得的渠道分类的意义在于能够给评估人员提供某种提示：企业无形资产可能包含了两部分——账面无形资产和账外无形资产；不同获得方式下的无形资产价值在企业账面上的反映有较大的不同。根据现行会计准则及制度，企业自创无形资产有可能并不反映在企业账面上，或者入账价值只反映了自创无形资产全部价值中的一部分。如自创专利权，反映在企业账面上的价值部分可能只是专利申请费用和律师费用（研发费用全部当期费用化），这并不是自创专利权价值的全部。但是，外购无形资产的取得成本一定会通过企业账面反映出来，而且是以实际取得成本作为入账价值。

（四）按无形资产是否有专门法律保护分类

按无形资产是否有专门法律保护分类，可分为有专门法律保护的无形资产和无专门法律保护或法律不保护的无形资产两种。

1. 有专门法律保护的无形资产

有专门法律保护无形资产是指那些有专门法律保护的各种无形资产，如专利权、商标权、著作权和租赁权等。

2. 无专门法律保护或法律不保护的无形资产

无专门法律保护或法律不保护的无形资产是指那些没有专门的法律保护或法律不予保护的无形资产，如非专利技术、技术秘密和经营秘密、客户关系等。

按无形资产是否有专门法律保护分类，将无形资产划分为有专门法律保护无形资产和无专门法律保护或法律不保护无形资产两种，目的在于提示评估人员注意，对于有专门法律保护的无形资产的评估，需要关注专门法律、法规的保护条款和约束条件。如果失去了法律保护，这些无形资产将失去其资产属性和价值。所以，评估人员应当关注企业是否已经依法及时获取法律保护，这是此类无形资产具有价值的先决条件。如我国《商标法》规定商标权保护期为10年且可以续展，但需要企业提前提出续展申请，如果企业没有在规定的时间提出续展申请，将被视同企业放弃续展权。对于没有专门的法律保护或法律不予保护的无形资产，评估人员应当关注无形资产拥有主体对无形资产的保护程度，这将决定没有专门的法律保护或法律不予保护的无形资产是否有价值以及价值量的大小。

（五）按无形资产权益类别分类

按照无形资产的权益类别分类，通常是以企业为无形资产持有的特定主体，无形资产可分为所有权无形资产和使用权无形资产两种。由于同一无形资产的所有权与使用权可以分离，而且又可以被不同权利主体同时使用的特性，对于特定权利主体拥有和使用无形资产的角度，无形资产既可以是所有权无形资产，也可以是只拥有使用权的无形资产。不论是拥有所有权的无形资产，还是只拥有使用权的无形资产都可以成为交易、转让和投资的标的，也都可以成为评估对象。

1. 所有权无形资产

所有权无形资产是指特定权利主体对其占有、控制、使用的无形资产拥有所有权。如某大型企业拥有的自创专利权、商标权和非专利技术等。

2. 使用权无形资产

使用权无形资产是指特定权利主体对其占有、控制、使用的无形资产只拥有使用权。如某微型企业通过他人特许授权获得的专利使用权、商标使用权、特许经营权，以及非专利技术使用权等。

从资产评估的角度讲，按照无形资产的权益类别进行无形资产分类的意义在于，明确评估对象无形资产的权利类别，以及不同权益类别无形资产的权益边界、价值影响因素和评估要点。例如，所有权无形资产的权利人首先要履行所有权人的义务，维护无形资产权益的有效性，如专利权要缴纳年费、商标权到期要申请续展，否则无形资产的权益将不复存在。使用权无形资产的拥有者需要根据特许授权协议规定的地域和产品服务领域范围合理合法地实施无形资产使用权，并按照协议规定支付特许使用费用，不可以违约扩展无形资产的使用权益或损害无形资产的所有权权益。

无形资产还可以按照其他标准进行分类，如按照无形资产构成内容分为单项无形资产和无形资产组合；按照无形资产发挥作用的领域，可以将无形资产划分成在流通领域发挥作用的无形资产、在生产领域发挥作用的无形资产和在其他领域发挥作用的无形资产；按照无形资产是否有明确的存续期限，可以将无形资产划分为有明确存续期限无形资产和无明确存续期限无形资产等。

第四节 无形资产价值影响因素及其评估特点

无形资产作为资产中的一类，其价值影响因素与其他资产的价值影响因素具有相同及相似性。从共性的角度看，不论是有形资产及其包含在其中的机器设备、不动产等，还是无形资产及其包含在其中的专利权、商标权等，在价值影响因素方面都具有资产的共同特征——获利能力和独占性。如果从个性和差异性的角度说，不同种类的资产又都有其自身的特殊特点，不仅其价值影响因素可能存在着差异，即使是相同的价值影响因素，其影响的程度也并不完全相同。无形资产作为一类资产也包含了各种具体无形资产，虽然这些具体的无形资产存在形式、作用方式和盈利模式各有不同，它们的价值仍然受某些共同的因素与条件的影响，从总体上认识和把握无形资产的价值影响因素，对于更好地认识和把握各种具体的无形资产及其价值具有很大的帮助，至少可以提供一个认识和把握各种具体无形资产及其价值的整体视角。

一、无形资产价值影响因素

由于无形资产的非实体性以及发挥资产作用需要与其他资产发生联系，也使影响无形资产价值的因素要比实体性资产更加复杂，而且这些影响无形资产价值的因素之间相互作用和影响，需要人们综合认识与把握。本章对无形资产价值影响因素的阐述主要集中在直接影响无形资产集中的因素上，并从以下两个层次综合说明：一是从影响所有资产价值的因素的角度来介绍对无形资产价值的影响；二是侧重说明影响无形资产价值的整体性因素或共性因素。对于影响具体无形资产价值的个别因素此章不做重点讨论，影响具体无形资产价值的个别因素将会在以后相关章节中详细阐述。

（一）无形资产的获利能力

根据资产的定义，获利能力是所有资产得以存在的基本条件，也是决定资产价值的最重要的因素，无形资产当然不能例外。虽然获利能力是所有资产价值的影响因素，但是，由于无形资产往往需要借助于实体性资产或与其他资产构成资产组合体来发挥作用，无形资产的获利能力通常表现为一种超额收益。虽然有些无形资产的超额收益可能会比较直观或易于观察，而大部分无形资产的超额收益并不直观，往往需要借助于较为复杂的分析和估算来判断。例如，驰名商标的超额收益可能会比较直观地反映在驰名商标所标识的商品的销售价格、销售数量及销售利润率上。而大部分无形资产的超额收益就相对隐晦，包含在与其共同发挥作用的实体性资产或资产组合体的收益之中。当然，不论无形资产获利能力的表现形式——超额收益是否直观，无形资产能为特定权利主体带来多少未来经济收益是决定其价值高低的最重要的因素之一。无形资产的获利能力强，其价值和评估价值就高，否则，其价值和评估价值就低或无。

当然，无形资产的获利能力本身又是一个较为综合的概念和指标。因为，能够影响无形资产获利能力的因素又有很多。例如，无形资产自身的功能大小、发挥作用的载体的质量与规模、发挥作用的方式、作用空间的大小、发挥作用时的外部环境等等。事实上，估值人员在充分认知获利能力是影响无形资产价值的最重要的因素的基础上，还需要根据具体的无形资产细化获利能力价值影响因素。例如，对于发明专利无形资产，技术水平可能是影响其获利能力的最重要的因素之一。而对于商标无形资产，市场知名度和信誉可能是影响其获利能力的最重要的因素。当然，无形资产获利能力的影响因素还可以分解为无形资产受法律保护期间的长短、技术类无形资产的先进和成熟程度、未来技术发展趋势以及市场应用程度和接受程度，等等。

（二）无形资产的经济寿命

无形资产产生效益的时间，也即无形资产的经济寿命也是影响无形资产价值的一个重要因素。在相同的获利能力下，无形资产的经济寿命越长，无形资产的价值就越大，反之，无形资产的价值就低。

在判断无形资产的经济寿命时，需要区分无形资产的自然使用寿命、法定寿命和经济寿命。无形资产的自然使用寿命也可以理解为无形资产可以使用的寿命，或称“自然寿命”，即从能够被利用到不能再被使用为止的期间。无形资产的法定寿命是指无形资产受法律保护的期限，如发明专利的法律保护期限为20年，以及租赁权益的合同有效期等。无形资产的经济寿命是指无形资产可以带来超额收益的实际年限，它可能等同于无形资产的自然寿命或法定寿命，但也可能并不等同于自然寿命或法定寿命。例如某项发明专利可以在未来的10年期间带来超额收益，尽管该项发明专利的法律保护年限还有15年，自然寿命还有18年。无形资产的经济寿命也是一个相对比较综合的因素，除了受无形资产的功能、性能等自身因素影响之外，竞争、外部环境的变化等都会影响无形资产的经济寿命。例如，对于技术类无形资产尽管其技术水平比较高，但当出现新的发明和替代技术，会使该技术无形资产失去技术优势而使其经济寿命减少或缩短。

（三）无形资产的再取得成本

无形资产的再取得成本是指在现实时点为获取无形资产所支付的代价或费用。具体地讲，无形资产的再取得成本包括了所有权无形资产的再取得成本和使用权无形资产的再取得成本两种。从无形资产的再取得成本路径的角度，无形资产的再取得成本又可以分为市场重置（外购）成本和研制开发（自创）重置成本两类。

1. 无形资产市场重置成本

如果存在活跃的无形资产交易市场，不论是所有权无形资产还是使用权无形资产的市场重置成本信息都相对容易获得，无形资产的市场重置成本一般比较容易确定。总的来讲，无形资产的市场重置成本也会受到许多因素的影响，例如无形资产的研发成本，相同相似无形资产的供求关系，与无形资产相关的产品或服务的市场需求和市场趋势等。搜集相关无形资产的交易信息是合理确定无形资产市场重置成本的基础，把握相关无形资产的供求关系和发展趋势是准确确定无形资产市场重置成本的关键。

2. 无形资产研发重置成本

这里所谈的无形资产研发重置成本不是狭义的无形资产研发成本，而是站在无形资产形成渠道的角度，泛指通过自创形成无形资产的现实成本，包括从无形资产设计到形成超额收益能力全过程的必要投入及其费用。在考虑无形资产研发重置成本对无形资产价值的影响时，需要注意两个方面的问题，其一是无形资产研发重置成本的构成；其二是构成无形资产研发重置成本的各个费用项目量的合理性及“社会必要性”。构成无形资产研发重置成本的内容和费用项目很多，包括设计费、研制费、加工费、测试费、鉴定费、推广宣传费、管理费、注册费、法律保护费等。构成无形资产研发重置成本各个费用项目的数量及其合理性和“社会必要性”则需要相关专业人员通过一定的方式方法来把握。

从构成的角度把握无形资产研发重置成本主要需要考虑以下项目：

（1）狭义的无形资产研发成本。狭义的无形资产研发成本对于不同的具体无形资产，其成本构成并不完全一样。以知识技术类无形资产为例，研究成本的项目需要考虑以下内容：为获得新知识而进行试验的研究费用；为取得新的研究成果而申请支付的调查费用；新产品或新工艺的设计费用；调查和评估新产品和新工艺的费用；变更修改产品或工艺的费用；设计制造以及样机、机品的试验费用；为研究新技术而支付的工具、模具、模型等费用；为适应预定的技术特征及生产准备等发生在设计之前的工程费用等。上述费用需要剔除失败或超出社会劳动的平均成本部分。

（2）与法律保护有关的成本。在无形资产的再取得成本中包括了与无形资产法律保护相关的成本。例如知识产权中的专利权、商标权等无形资产在依法取得的过程中会发生相应的费用，如公告费、注册登记费、中介代理费用、向注册登记机关缴纳的年费等。

（3）市场推广宣传成本。无形资产的市场推广宣传成本是指无形资产在其形成过程中和形成后，为了达到社会认知的目的，所进行的广告宣传，无形资产涉及的产品、服务、技术等的推介所发生的各种费用。像商标权无形资产、品牌无形资产的广告宣传费用；影视作品（著作权）无形资产的推介费用；专利无形资产的技术推广费用等。

在影响无形资产价值的诸多因素中，无形资产的再取得成本固然发挥着重要作用。但是，由于无形资产的价值与其投入的成本之间呈弱对应关系，仅仅依据无形资产的再取得成本确认无形资产价值是不严谨的。无形资产的再取得成本是影响无形资产价值的重要因素之一，但不是影响无形资产价值的决定性因素。另外，无形资产的再取得成本与特定权利主体获取无形资产的实际费用支出可能并不相同。评估人员不可以直接将特定权利主体获取无形资产的实际费用支出作为该无形资产的再取得成本，也不宜直接将反映在企业账面上的无形资产成本作为该无形资产的再取得成本。

（四）市场供求状况

无形资产作为一类资产同样存在着市场供求状况，供求规律同样影响着无形资产的交易、转让和投资，市场供求状况也是影响无形资产价值的重要因素之一。无形资产的市场供求状况是一项非常综合的经济参数，它与无形资产自身的功能、水平和适用性有关，也与无形资产相关产品/服务的市场需求量有关，还与同种类无形资产的供给及竞争有关。按照一般的市场供求规律，无形资产的价值与其市场需求量成正比，而与其市场供应量成反比。

无形资产的市场需求量，首先取决于一个国家的经济发展模式、发展水平和市场化程度。当知识创新和技术创新成为一个国家的经济发展模式，并且坚持市场化的发展方向，社会经济发展对无形资产的需求就比较旺盛。当把劳动密集型产业作为发展国家经济的主要模式，不论是否坚持市场化的发展方向，社会经济发展对无形资产的需求就不会非常旺盛。其次，无形资产的市场需求量也与无形资产的市场适用程度有关，无形资产的适用性越好，市场的需求量就越大，无形资产的获利能力就越强，其价值就相对较高。

无形资产的市场供应量也与一个国家的经济发展模式有关。首先，当知识创新和技术创新成为一个国家的经济发展模式，并且坚持市场化的发展方向，国家就会利用产业政策、财政政策和货币政策等鼓励支持知识创新和技术创新，并以法律的形式保护企业及个人的创新成果转化为生产力和获利能力。国家政策的大力支持和强有力的法律保护会刺激企业及个人勇于创新，形成较为充足的无形资产供给。其次，无形资产的市场供应量也与一国的技术发展水平、创新能力及市场化程度有关。无形资产研发依赖于国家、企业或者个人较高的教育水平、科研能力、技术水平及市场化程度。较高的教育水平、科研能力和技术水平是无形资产供给的物质基础，较高的市场化程度是将创造无形资产的物质基础转化为现实的媒介。对于具体的无形资产的市场供给而言，研发及进入壁垒的高低，以及有无替代无形资产等因素，将是决定该项无形资产供给的重要因素。因此，在无形资产的价值评估过程中，了解和把握无形资产的市场供求状况是非常必要的。

当然，影响无形资产价值的因素还有许多。例如，技术成熟程度和发展水平对于技术类无形资产的价值影响较大，法律保护强度对知识产权类无形资产的价值影响很大等等。

总之，影响无形资产价值的因素有许多，这些因素有时可能会单独发挥作用，在大多数情况下，这些因素会相互作用共同影响无形资产的价值。因此，在分析和考虑影响无形资产价值的因素的时候，不能只就某一个或某几个因素孤立地看其对无形资产价值的影响，需要结合影响无形资产的主要因素进行综合分析判断。

二、无形资产评估的特点

结合无形资产自身的资产特点和影响无形资产价值的因素，我们可以大致总结出无形资产评估具有以下明显特点：

（一）无形资产评估始终需要把握无形资产的超额收益能力

前面已经做了分析，无形资产的存在及其价值量的高低都取决于无形资产能为其拥有者带来的经济利益。而现实中，无形资产的超额收益并不都很直观，相当一部分无形资产的超额收益与其承载体资产的收益融为一体。不论被评估无形资产的超额收益是直观的还是隐蔽的，不论评估师是采用收益途径评估无形资产，还是采用其他途径评估无形资产，确信被评估无形资产具有超额收益能力是评估无形资产的首要环节和技术要求。

（二）无形资产评估需要结合无形资产的承载体和作用空间进行

众所周知，无形资产的作用是巨大的。但是，无形资产作用的发挥需要借助于有形资产或相关载体，而且无形资产作用的大小与其依附的有形资产及相关载体的质量、规模等有着密切的联系，无形资产价值与其附着载体以及无形资产发挥作用的空间具有较强的对应性。例如，专利权或非专利技术作用的发挥需要借助于专用的设备、特殊的工艺和特定的企业。承载技术的专用设备的数量、质量，体现技术的工艺流程的水平和合理性，以及运用技术的企业的生产经营规模、管理水平和市场营销能力等，都会影响专利权及非专利技术作用的发挥和价值的实现。因此，评估无形资产价值需要与其附着的载体及其作用空间综合考虑。

（三）无形资产评估需要充分考虑无形资产作用对象的状况

无形资产的作用对象可以近似的理解为包含特定无形资产的产品或服务。像利用特定专利技术生产出来的产品，或使用了特定商标或品牌所标识的商品或服务等。特定专利技术本身的技术水平对其价值的影响是很大的，但仅仅考虑专利技术自身技术水平评估其价值是远远不够的。必须考虑该专利技术生产出来的产品的质量及其市场供求关系。专利技术本身先进与专利技术产品市场畅销才是该专利技术价值实现的充分必要条件。同理，大力的广告宣传可以使某种商标或品牌在一段时间及其特定区域形成良好的市场影响力。但要想保持该商标或品牌持久的市场影响力和获利能力，就需要使该商标或品牌所标识的商品或服务具有良好的质量并持续保持。如果没有商标或品牌所标识的商品或服务的质量保证，即使投入再多的广告宣传费用，也难以维持特定商标或品牌的市场影响力和获利能力。因此，评估特定无形资产应充分关注与其作用对象之间的匹配。

（四）无形资产评估需要结合法律保护状况进行

在无形资产中的许多具体无形资产，其权利的存在与维持都与法律保护紧密相关。例如，专利权是依据专利法的规定而界定的权利。从专利权的权利状态与法律保护之间的关系而言，专利有三种存在形态：专利权、申请专利和申请中的专利。①专利权是指已经获得政府相关主管部门的认可和授权的专利，其权益受国家法律保护。②申请专利是指已经通过政府相关主管部门的实质性审查，但尚未获得政府相关主管部门正式授权的专利。申请专利的权益还存在着一定不确定性，这种不确定性会直接影响其价值和评估价值。③申请中的专利是指专利持有者已经向政府相关主管部门申报了自己的专利，而且已经被政府相关部门受理，正处于审核阶段的专利。申请中的专利受法律保护的程度最低，其权益也最不易确定。从资产评估的角度，上述三种不同法律状态下的专利或许都可以作为评估对象，但上述三种不同法律保护状态下的专利的权益和价值却存在着非常大的差异。另外，像商品特许经营权或技术特许使用权等无形资产的存在及其价值量与相关当事人的授权（许可）程度及其授权（许可）合同的具体条件规定有关。就相关当事人的授权（许可）程度而言，就包括了独占许可、独家许可和普通许可。即使是同样的商品或技术被许可经营或使用，也会因授权（许可）程度以及许可条件的差异影响其是特许使用权的价值和评估价值。

不论是三种不同法律状态下的专利，还是不同授权（许可）程度的特许经营权，其价值和评估价值的差异与其法律保护程度紧密相关。除了专利和特许经营权以外，其他类似无形资产还包括商标权、著作权、租赁权等无形资产。因此，在无形资产评估中要结合评估对象的法律保护状况以及由此决定的权益大小进行评估。

（五）无形资产评估广泛地运用收益法

由于无形资产具有较强的个别性特点，以及由此决定的无形资产市场的相对狭小与交易的个别性和交易价格的特殊性，使运用市场法评估无形资产受到很大的局限。又由于无形资产的研发成本与其效用和价值的弱对应性，也使成本法难以成为评估无形资产的主要方法。又因为超额收益的存在是证明无形资产存在的根本性标志，超额收益的数量是决定无形资产价值高低的决定性因素。所以，收益法是评估无形资产最为重要的技术方法，也是使用频率最高的技术方法。

根据无形资产价值的影响因素和上述无形资产评估特点，可以明显发现无形资产评估与有形资产评估存在着差异。无形资产评估与有形资产评估的区别突出表现在：①相对于有形资产而言，无形资产的作用对象和作用空间具有更大的弹性，并且对无形资产价值影响很大，无形资产的作用对象和作用空间是无形资产评估时需要考虑的重要参数之一；②相对于有形资产而言，无形资产的价值与无形资产的法律保护状况之间的相互影响程度更大，无形资产的法律保护状况是评估无形资产时需要考虑的一个重要因素；③相对于有形资产而言，无形资产的收益更加隐蔽，无形资产的成本与其价值之间的替代关系相对较弱，无形资产的市场交易价格的可比性不强，使无形资产评估在技术方法运用方面有着明显的局限性；④相对于有形资产而言，无形资产评估虽然属于单项资产评估，但其发挥作用及其价值的高低与企业经营管理和企业整体的联系更加紧密，对于相当一部分无形资产而言，充分考虑其与企业的关联是评估这些无形资产价值时需要考虑的重要因素之一。

第五节 无形资产评估需要注意的几个问题

在无形资产评估中除了需要考虑无形资产内涵、外延、资产特点、价值影响因素和评估特点以外，还有一些需要注意的问题，例如会计有关无形资产的界定和实务处理问题、名义无形资产和真实无形资产的认识和把握问题等。

一、会计有关无形资产界定和实务处理需要注意的问题

会计有关无形资产的界定和实务处理中需要注意的问题主要包括企业自创无形资产的资产属性与计量和土地使用权等相关权利的资产归属问题等。

（一）企业自创无形资产的资产属性与计量问题

企业自创无形资产是企业通过技术研发、市场开发、有效经营、诚信服务等在一个或长或短的时间里形成的无形资产，如自创专利权、商标权和著作权、品牌和客户关系等。这些无形资产在企业中发挥着巨大的作用，是企业经营中最重要的资产和资源。但是，由于会计在资产确认方面一贯秉承谨慎性或稳健性原则，对于企业在一个或长或短的时间里投入的、能否带来预期收益还不很确定的技术研发费用、市场开发费用和信誉维持费用等并不完全准予资本化，而使企业自创无形资产要么根本不体现在企业账面上，要么仅仅反映其中的一个部分。因此，企业自创无形资产通常沦为企业的“表外资产”。在无形资产评估实务中，对于企业自创无形资产经常会出现两种情况：其一可能会漏评企业的“表外无形资产”，而人为的减少了企业资产及其价值；其二可能会使企业“表外无形资产”的评估缺少了约束，人为地扩大和增加了企业资产及其价值。上述两种情况的出现似乎都与缺少必要的企业会计信息有关：没有会计记录参照，或会计记录严重失实误导。其实，上述两种情况的出现还是与人们对于无形资产的本质和内涵的认识不清有关，或者是与人们较为深刻的会计思维有关。评估人员应该充分认识到，资产及其无形资产是一个经济学的概念，特定权利主体拥有或者控制，能够产生未来经济利益是无形资产的本质，决定无形资产价值的是其能够产生的未来经济利益的数量。在此基础上，可以通过直接的或者间接的方法恰当地评估出企业自创无形资产的价值。

（二）土地使用权等相关权利的资产归属问题

按照现行会计准则的规定，土地使用权、矿业权、海域使用权等都作为无形资产进行反映、核算和管理。从形式要件上看，土地使用权、矿业权和海域使用权等都具有没有物质实体和能够给特定权利主体带来未来经济利益的条件，似乎已经满足了无形资产定义的要求。实际上，土地使用权、矿业权、海域使用权等权利资产并不完全满足无形资产的资产特性和功能特性。

其一，土地使用权、矿业权、海域使用权等并不能满足可以同时被多个权利主体使用的无形资产的资产特征，即土地使用权、矿业权、海域使用权等不可能在被一个特定权利主体使用的同时许可他人使用。

其二，土地使用权、矿业权、海域使用权等的运用是被固定在特定土地、矿山和海域之上，即它们对实体资产的依附具有固定性和一一匹配的关系。而无形资产借助于实体资产发挥作用时，无形资产与实体资产的依附关系并不是一一对应或一一匹配的关系，也不会被固定在某一特定的实体资产上。无形资产发挥作用不仅不会被固定在某一特定实体资产上，而且还可以同时借助于不同的实体资产发挥作用。从土地使用权、矿业权、海域使用权等需要固定在特定的实体资产上才能发挥资产功能的特点来看，土地使用权、矿业权、海域使用权等的资产属性更接近于固定资产而不是无形资产。

其三，土地使用权、矿业权、海域使用权等的价值只能由与其匹配的特定土地、矿山和海域所能产生的现金流量的折现值反映，而并不具有无形资产的作用和价值可以衍生和扩散的功能。例如，某特指的土地使用权的作用和价值是固定在某一宗土地上并借助这宗土地的利用体现出来，其所有者或使用者也只能从这宗土地的使用中获得纵向性收益。或者说，土地使用权的权益是纵向性的。而真正的无形资产，其所有者是可以将其拥有的无形资产自己利用而获利与多次特许他人使用并从中多次获得收益并行不悖。或者说，无形资产的权益是纵横交错的。

其四，土地使用权、矿业权、海域使用权等资产的交易只能是一次性的。当土地使用权、矿业权、海域使用权等被交易之后，原有的权利拥有者将失去土地使用权、矿业权和海域使用权。而严格意义上的无形资产的使用权交易可以是多次的，即无形资产的使用权可以被多次交易而并不影响其所有者继续拥有无形资产的所有权。

通过上述分析，可以粗略地得出以下结论：土地使用权、矿业权、海域使用权等相关资产虽然在会计核算和管理上属于无形资产，但是这些资产并不是严格意义上的无形资产，它们的资产属性更接近固定资产。在资产评估实务中，对于土地使用权、矿业权、海域使用权等的资产评估，更应该按照土地资产、矿业权资源资产和海洋资源资产的评估思维、思路和技术要求进行，而不是按照无形资产的评估思维、思路和技术要求进行。

二、关于名义无形资产和真实无形资产的认识和把握问题

关于名义无形资产和真实无形资产的认识和把握问题，通常会出现在对知识产权的认识模糊和把知识产权与无形资产等同起来。因为，人们习惯上会把知识产权当作天然的无形资产。实际上，知识产权包含了两层意思，其一，它是一种法定的权利，即法律授予知

识产权所有者排他性地占有知识产权。从这个角度讲，知识产权首先是一种法权，也是一个法律概念。其二，知识产权是一种获利能力的“承载物”，当这种获利能力的“承载物”受到法律保护之后，知识产权就成为一类无形资产。换句话说，只有当知识产权是一种获利能力的“承载物”并且受到法律保护，它才是无形资产。如果知识产权不具有获利能力而只是一种法权，知识产权就不是无形资产。例如前面已经提到过的专利权，它有三种具体存在形式：发明专利、实用新型和外观设计。其中，发明专利是要经过实质性审查通过才能依法授权。而实用新型和外观设计的法律授权并不需要进行实质性审查。从专利权具体存在形式的层面上讲，实用新型和外观设计能否带来预期经济利益并不确定，专利权是否都是无形资产也不能确定。另外，从发明专利本身的情况来看，发明专利也存在着发明专利权、申请专利和申请中的专利三种法律状态。三种法律状态下的专利是否都具有获利能力并不确定，即使是发明专利权但是否能够带来预期收益也不是一个确定的事实。专利权可以是一种法律意义上的权利，但并不一定是一种经济上的权利。只有专利权同时具备经济上的权益和法律上的权利，专利权才是真正的无形资产。如果专利权仅仅是一种法律上的权利，专利权也还仅仅是一种名义上的无形资产。类似的情况同样也会发生在商标权和著作权等其他知识产权上。

众所周知，商标权首先应当是一种注册商标（驰名商标例外）。注册商标存在的意义在于，法律保护商标所有者对该商标的排他性拥有。从法律的角度讲，商标权仅仅维护商标所有者的排他性占有，并不会保证注册商标一定能够获利。而商标转化为商标资产除了需要法律授予排他性拥有的权利以外，商标必须具有获利能力。而商标的获利能力则主要取决于商标的信誉度、美誉度和市场影响力。只有当商标权同时具备获利能力和法律保护双重权利时，商标权才真正成为无形资产。如果仅仅是一个注册商标并仅仅拥有法律保护意义上的排他拥有权，注册商标或商标权也并不一定就是无形资产。

同理，一个特定的著作权可以是一种知识产权，但也未必一定是一个无形资产。相同的情况还可能会出现在其他相关权利上，如某种商品或业务的特许经营权等。

正因为无形资产的无物质实体、超额收益能力的相对隐含性，其作用的发挥与实体性资产及相关资产的融合性，与法律保护及法律状态的紧密性，以及会计确认、核算和计量的差异性等，使无形资产的界定、名义无形资产和真实无形资产的认识和把握变得比较复杂。深刻认识和理解无形资产的本质和内涵，牢记无形资产的资产特征和功能特点是做好无形资产评估工作的基础。

思考题

1. 无形资产的内涵与本质特征是什么？
2. 无形资产是如何分类的？
3. 无形资产的资产特点有哪些？
4. 会计视角下无形资产核算范围与无形资产评估范围有何不同？
5. 名义无形资产与真实无形资产的差别是什么？
6. 知识产权等同于无形资产吗？

第二章 无形资产评估基本程序和重要评估事项界定

【学习目的与要求】

通过本章的学习，要求掌握无形资产评估的基本程序，特别是要理解明确无形资产的目的、评估报告的期望用途、评估对象与范围、评估价值前提、价值类型、评估基准日等重要事项的意义和作用，并能够掌握无形资产评估价值类型选择的技术要点。

第一节 无形资产评估基本程序

资产评估程序是指资产评估机构和人员执行资产评估业务、形成资产评估结论所履行的系统性的工作步骤。无形资产评估程序与其他资产评估程序就工作环节而言大致相同，也需要经历接受评估委托，明确相关事项；签订评估业务约定书；编制评估作业计划；资产勘察；搜集评估资料；评定估算；编制和提交评估报告和资产评估工作档案归档。由于无形资产评估程序与其他资产评估程序基本相同，本章将根据无形资产本身的特点着重介绍无形资产评估程序中的明确无形资产评估基本事项、鉴定评估对象、搜集数据资料、评定估算（价值分析判断）以及撰写评估报告等重要环节和步骤涉及的内容。

一、明确无形资产评估基本事项

明确评估基本事项是进行无形资产评估需要首先解决的关键问题。明确无形资产评估基本事项的主要内容包括明确委托方与相关当事方的基本状况，明确无形资产评估目的及评估报告的期望用途、明确评估对象与范围、明确评估价值前提和价值类型，以及明确评估基准日等重要事项。

（一）明确委托方与相关当事方基本状况

在无形资产评估中，评估人员应当了解委托方、产权持有者和相关当事方等的基本状况。由于无形资产发挥作用需要借助于一定的载体，而无形资产发挥作用的承载体的规模、经营状态等对无形资产作用的发挥意义重大。在无形资产评估之前搞清楚委托方、产权持有者以及诸如无形资产受让方、被投资方等相关当事人的基本情况，对于合理判定无形资产发挥作用的空间以及恰当确定无形资产评估中的相关技术参数非常重要。

（二）明确评估目的及评估报告的期望用途

从我国目前的市场条件和社会经济活动的情况来看，与无形资产相关的市场活动越来越活跃。基于市场活动和资产业务的角度，无形资产转让、投资、出售、质押、拍卖、损失赔偿、诉讼、纳税和财务核算及信息披露等经济活动日益增加，并且呈现出逐步扩大的趋势。与无形资产相关的市场活动越活跃，对无形资产评估的需求就越大。就目前的情况而言，无形资产转让中的无形资产评估，无形资产作为投资标的的无形资产评估，企业股份制改造涉及的无形资产评估，企业间合资合作涉及的无形资产评估，企业兼并重组中涉及的无形资产评估，企业改制涉及的无形资产评估，知识产权质押涉及的无形资产评估，无形资产纠纷处置涉及的无形资产评估，无形资产权益诉讼涉及的无形资产评估，以及财务报告目的涉及的无形资产评估等已经成为无形资产评估中的经常性业务。

在资产评估业界，人们通常把引起无形资产评估的经济业务视同为无形资产评估的特定目的，因引起无形资产评估的经济业务的差异，可能会引起对评估结论的用途和评估价值目标上的差异，即评估目的差异。显然，为实现不同的评估特定目的，即使是评估同一评估对象也可能会出现评估价值前提、评估价值类型、评估技术参数和评估方法选择上的不同，进而引起评估结果的差异。对于无形资产评估来说，与有形资产评估一样，评估特定目的差异对评估目标和评估过程的影响同样存在。因而，在无形资产评估进行之前明确评估特定目的至关重要。资产评估机构和评估人员应当在接受无形资产评估业务之前或接受无形资产评估业务的过程中，要求委托方给出明确的评估目的，并在可能的前提下要求委托方尽可能明细化无形资产评估目的，具体说明无形资产评估业务的性质、范围和评估价值目标，并要求委托方明确资产评估报告的期望用途和使用人。

由于无形资产具有无实体性和共享性，以及无形资产发挥作用对实体资产的依附性和功能作用扩散性的特点，明确无形资产评估特定目的和评估报告使用者对于明确无形资产发挥作用所依附的载体和作用空间，以及评估结论的合理性指向具有非常重要的指示作用。例如，W企业委托A评估机构评估W企业拥有的专利资产，A评估机构需要W企业明确本次专利资产评估的目的是什么。假定W企业告知A评估机构本次评估是为专利投资提供价值参考服务的，属于以出资为目的的评估。在此基础上，A评估机构还需要求委托方提供被投资方的相关信息，并明确评估报告的期望用途和期望使用者。因为，作为评估对象的专利资产虽然其技术水平和功能是相对确定的，但由于专利资产功能的发挥会受到接受投资方运用专利资产能力的约束，评估机构和评估师只有在清楚了被投资方运用专利能力的情况下，才可能有针对性地进行评估。所以，A评估机构应当在明确了专利投资评估目的的基础上，进一步明确被投资方的相关信息以及评估报告的期望用途和期望使用者。

（三）明确评估对象与范围

明确评估对象与范围是要解决评估什么以及评估的空间。在这个环节需要明确评估标的物的权利状况及法律、经济、技术等具体特征。从大的方面讲，明确评估对象至少要明确两个方面的问题。其一是要根据引起资产评估的具体经济行为，明确评估对象是单项无形资产还是组合无形资产；在此基础上，其二要明确评估对象的权益状况，评估对象属于所有权无形资产还是使用权无形资产，以及使用权无形资产的具体授权类型（独占许可、独家许可或普通许可）。无形资产的作用虽然很大，但不论是基于无形资产自身的功能特点，还是基于商业保密，特定无形资产在发挥资产作用时往往需要借助于实体性资产或其他无形资产。例如，特定专利权无形资产往往与相关的非专利技术捆绑起来运用才能发挥出超额获利能力。因而，这种专利权无形资产的转让、投资等通常要与其相关的非专利技术一同进行。所以，此时的评估对象就是一个组合无形资产，而不是一个单独专利权。当然，不论评估对象是单个无形资产还是组合无形资产，评估时都会涉及评估的权益是所有权还是使用权，以及使用权的授权程度问题。从大的方面讲，明确评估对象是单项无形资产还是组合无形资产相当于对无形资产边界的界定，而明确无形资产的权益状况相当于对无形资产权益边界的界定。

针对无形资产存在着共享性及权益可分性的特点，还需要明确被评估无形资产的依附载体、法律状态、作用空间等情况。作为评估标的物的无形资产，其产权状况、适用性和先进性、获利能力、安全可靠性和相关载体配套性、经济寿命阶段、法律保护程度或自我保护程度、相关产品或服务的市场容量与扩张能力、流动性等对其价值高低影响极大。因此，明确被评估无形资产的类型、法律保护状况、经济和物理状况、使用状况、所属企业及所属行业的情况、评估对象在行业及市场中的地位和影响范围等，都是资产评估机构和人员在评估无形资产之前需要了解和明确的重要事项。

明确无形资产评估对象与范围，一方面是便于识别无形资产和把握无形资产；另一方面也便于了解无形资产的属性及作用空间，以便进一步掌握无形资产的价值变化规律。因为，不同性质和种类的无形资产发挥作用的方式、作用领域和空间存在着差异，其权益范围以及价值影响因素也不完全一致，需要根据具体的评估对象加以界定。例如，受国家专门法律保护的专利权、商标权和著作权等知识产权，其法律保护状态、法定寿命、权利状态、权力行使地域空间等，都会对知识产权的评估价值产生较大的影响。像专利权，其中就包括了专利申请权、申请中的专利权和已经获批的专利权，虽说它们都属于无形资产，但它们的评估价值可能会有较大的差异。像商标权，其中就包括商品商标、服务商标、集体商标和证明商标，以及实质性商标和防御性商标等，虽说它们在名义上都属于无形资产，但它们是否真正属于无形资产还需要做进一步的鉴定，即使它们真的属于无形资产，而它们的评估价值可能会有较大的差异。而著作权包含了 12 种经济权利，而每种经济权利又可以独立存在，如复制权、发行权、出租权、展览权、表演权、放映权、广播权、信息网络传播权、摄制权、改编权、翻译权、汇编权等。著作权无形资产权利权益的多样性以及具有潜在衍生权益的特点，需要在界定著作权无形资产评估对象时格外注意其权利和权益边界。

对于合同权益、客户关系等无形资产评估对象的界定，就需要根据相关合同文本、销售协议、历史经营记录等做出判断，准确界定这些无形资产的产权边界和权益边界。评估对象界定在无形资产评估中是一项非常重要的基础性工作。

相关链接

《资产评估准则——无形资产》第三章　评估对象

第十四条　注册资产评估师接受无形资产评估委托时，应当要求委托方明确评估对象，应当关注评估对象的权利状况及法律、经济、技术等具体特征。

第十五条　注册资产评估师执行无形资产评估业务，应当根据具体经济行为，谨慎区分可辨认无形资产和不可辨认无形资产，单项无形资产和无形资产组合。

第十六条　可辨认无形资产包括专利权、商标权、著作权、专有技术、销售网络、客户关系、特许经营权、合同权益等。不可辨认无形资产是指商誉。

第十七条　注册资产评估师执行无形资产评估业务，应当要求委托方根据评估对象的具体情况与评估目的，对无形资产进行合理的分离或者合并，注册资产评估师应当恰当进行单项无形资产或者无形资产组合的评估。

第十八条　注册资产评估师执行无形资产评估业务，应当关注评估对象的产权因素、获利能力、成本因素、市场因素、有效期限、法律保护、风险因素等相关因素。

（四）明确评估价值前提和价值类型

无形资产评估的价值前提和价值类型是无形资产评估的前提条件和评估结果的价值属性及价值目标的具体表现形式。从大的方面讲，无形资产评估是一种单项资产评估，其评估的价值前提主要是在用续用前提和非在用续用前提。无形资产评估中的价值类型也分为市场价值和市场价值以外的价值（或称非市场价值）。

在正常情况下，当企业整体发生产权变动，包含在企业中的无形资产随同企业整体产权变动而产生评估需求时，即无形资产作为企业的要素资产进行评估时，其价值前提通常应为在用续用前提。当无形资产被作为一项独立的资产，并作为投资品、交易对象或质物等，由对外投资、交易或质押融资等引起了无形资产评估，无形资产评估的价值前提通常应为非在用续用前提。

就价值类型的内涵和种类而言，无形资产评估中的价值类型与有形资产评估中的价值类型并无太大的区别。无形资产的市场价值也是站在市场参与者的角度，反映无形资产有效利用前提下所能实现的价值估计数额。无形资产的市场价值以外的价值则是站在个别市场主体的角度，反映评估对象在特定状况下所能实现的价值估计数额。但是，由于大多数无形资产具有明显的个别性，以及无形资产发挥作用对相关有形资产或其他无形资产的依附性，使无形资产评估的价值类型选择和使用远比有形资产评估中的价值类型选择及使用复杂得多。例如，在有形资产评估中，只要存在着相关活跃市场，市场价值是使用频率最高和相对容易把握的一种价值类型。在无形资产评估中，选择和使用市场价值类型却是一个并不简单的评估技术过程。其一，无形资产市场相对不活跃，可以参照的交易对象和交易信息相对较少；其二，大多数无形资产的个别性和隐私性特点又极大地限制了交易信息和相关信息的可比性，使评估师难以准确判断和把握市场整体对评估对象无形资产的价值意见。因此，在接受无形资产评估之前的明确评估价值类型时，需要评估机构和评估师充分认识评估对象无形资产的特点以及评估特定目的对其价值目标和价值类型选择的影响，在与委托方进行充分沟通交流的基础上审慎处理明确无形资产评估价值类型事项。

无形资产评估不论是基于产权变动目的或非产权变动目的，都需要在进行无形资产评估之前明确本次评估的价值前提和价值类型。由于无形资产的资产特性，在明确价值前提和价值类型的过程中，要综合考虑引起无形资产评估的经济行为的条件约束、评估结果期望用途的条件约束、本次无形资产评估确定的具体价值目标和与被评估无形资产相关市场及市场活跃程度等因素。不要想当然的，或者以有形资产的评估思维方式来处理明确无形资产评估价值类型事项的相关考虑。

明确无形资产评估的价值前提和价值类型对于无形资产评估而言，可以为搜集无形资产评估信息资料、选择评估技术路线、技术方法和评估技术参数提供明确的指引。

（五）明确评估基准日

评估基准日是无形资产评估确定评估对象状态、评估相关参数，以及衡量评估结论的时间基准。所以，在进行无形资产评估之前，评估机构和评估师应当明确无形资产评估的基准日。在一般情况下，无形资产评估基准日应当由委托方根据评估目的的需要提出并与评估机构一同将此评估基准日写进评估委托合同之中。在特殊情况下，即当委托方提出的评估基准日与评估目的实现日相距较大时，评估机构则可以根据评估基准日与评估目的实现日相接近的原则与委托方沟通协商确定评估基准日，尽量避免过多的评估期后事项调整情况的出现。

无形资产评估基准日的选择大概存在着以下情况：①如果引起无形资产评估的经济事项即将发生，且评估对象是独立的无形资产或无形资产组合，在这种情况下，评估基准日通常选择在引起无形资产评估的经济事项发生时点之前的一个较近的日期。评估业界通常也把评估基准日选定在引起无形资产评估的经济事项发生时点之前的一个较近日期的评估称之为现实性评估。②如果引起无形资产评估的经济事项发生在过去，而评估基准日也选择在引起无形资产评估经济事项发生时的某个相近日期，评估业界将此类评估也称作“追溯性评估”。③如果引起无形资产评估的经济事项预计发生在未来，而评估基准日也选择了与引起无形资产评估经济事项预计发生的将来的某个日期，评估业界将此类评估也称作预测性评估或预期评估。④如无形资产是作为企业的组成部分，即企业的要素资产进行评估，其评估基准日应与企业价值评估的评估基准日保持一致。⑤如果无形资产作为机器设备或机组的有机组成部分与机器设备或机组一起评估，则无形资产的评估基准日应与机器设备或机组的评估基准日相一致。

明确了无形资产的评估基准日，在某种程度上讲就大致框定了无形资产评估的内外部条件与环境。无形资产自身的功能状况和使用方式，无形资产评估时的市场条件，宏观、微观政策环境，制度环境和法律环境等是会随着时间的推移而发生改变，明确了无形资产的评估基准日，是基本确定无形资产评估条件的重要前提之一。

（六）相关的限制条件和重要假设

在引起无形资产评估的众多经济事项中，不论是投资或是许可使用，无形资产的所有者大都会在投资协议或许可使用合同中对于出资或许可使用的无形资产的使用范围、使用程度、配套措施等做出必要的约定。这些协议或合同条款约定构成了评估对象无形资产评估过程中的限制条件，需要评估人员在进行无形资产评估之前加以明确。如果委托方在委托无形资产评估时，并没有明确的无形资产被投资方或受让方，无形资产评估的相关条件并不确定。在此种情况下，评估师应该根据评估目的和评估对象的具体情况进行合理假设，对无形资产评估中的必要条件以假设的方式加以确定，并征得委托方的同意和认可，为无形资产评估得以顺利进行创造条件。

二、鉴定评估对象

鉴定评估对象是进行无形资产评估的基础工作，此项工作涉及以下两个方面：一是评估对象与范围的界定，即通过鉴定评估对象来判断评估对象是真实无形资产还是名义无形资产，以及被评估对象的具体范围；二是在界定无形资产评估对象的基础上，鉴别无形资产评估对象的权利状况、效用并确定无形资产评估对象的经济寿命。

1. 判断评估对象无形资产的真实性

判断评估对象无形资产的真实性需要做以下两项主要工作：一是验证评估对象无形资产产权的合法性；二是初步判断评估对象无形资产是否满足排他性占有以及带来未来经济利益的无形资产条件要求。

在具体的鉴定工作中，对于单项评估对象无形资产可从以下几个方面进行分析判断：

（1）查询评估对象无形资产的具体内容以及与评估对象无形资产具体内容相关的国家有关规定、相关专业人员对评估对象无形资产的专业评价、与评估对象无形资产有关的法律文书等。核实上述资料的真实性、可靠性和权威性，分析和判定标的评估对象无形资产是否具备形成无形资产的法律要件。

（2）分析评估对象无形资产应用所要求的与之相适应的特定技术条件和经济条件，鉴定其应用能力和应用范围。

（3）核查评估对象无形资产的归属，确定评估对象无形资产与委托者或相关当事人的产权关系。对于作为企业资产的组成部分随同企业整体资产评估而评估的评估对象无形资产，应分析企业是否具有超额收益。超额收益通常是指由企业中无形资产带来的超过行业平均收益率水平的收益额。

2. 确认评估对象无形资产的权利状况

判断评估对象无形资产的权利状况，主要是判断评估对象无形资产所具有的权利是所有权还是使用权。如果是使用权，还需要具体判断使用权的权利状况是独家许可使用权、独占许可使用权还是普通许可使用权。评估对象无形资产的权利状况通常是根据委托方提供的合法有效的产权证明文件或相关合同授权书等来确定。

3. 鉴定评估对象无形资产的效用

影响标的评估对象无形资产价值的高低最重要的因素之一，是评估对象无形资产自身的效用。评估对象无形资产的价值与其自身的效用成正比。对评估对象无形资产效用的鉴定可以从以下几个方面进行：

（1）鉴别评估对象无形资产的类别。主要确定评估对象无形资产的种类、具体名称、存在形式，以及评估对象无形资产的使用范围和作用领域。通过委托方的介绍和评估师查审，评估师应当清楚评估对象无形资产是一个单项无形资产还是无形资产组合，以及单项无形资产及无形资产组合的基本构成和发挥作用的方式、空间和领域等。

（2）分析评估对象无形资产的先进性和可靠性。主要考虑评估对象无形资产自身的技术状况、成熟程度以及与同类无形资产的有关技术指标进行比较。

4. 鉴定评估对象无形资产的经济寿命

无形资产的经济寿命是无形资产能够获得超额收益的时间（通常以年为单位计量），它是无形资产仍然具有价值的前提。无形资产的经济寿命除了受其自身的功能影响之外，还会受到相关法律法规或合同协议规定的影响，国家经济政策变化的影响，市场条件与环境改变的影响等。以专利权受到相关法律法规的影响为例，如果专利权超过了国家法律保护期限，该专利权就失去了排他使用的权利，就不能再作为专利权评估。如果专利权拥有者未按时交专利年费，将被视为撤回，专利权失效，也不能再作为专利权评估。在鉴定无形资产经济寿命时，必须要求委托方提供各种能够反映无形资产有效期限的证明文件。其他影响无形资产经济寿命因素的具体判断，则应在无形资产价值评估时一并考虑。

三、搜集数据资料

无形资产评估所需的相关资料一般需要通过两大渠道搜集。其一是委托方渠道，其二是评估机构市场调查渠道。利用委托方渠道搜集资料也需要评估机构事先提出资料搜集清单，为委托方有的放失的提供资料、提供指引。由于无形资产评估所需要的信息资料非常广泛，委托方只能提供无形资产权属和无形资产所在企业层面的资料，这些资料虽然重要但不一定能够满足无形资产评估对相关信息资料的需要，评估机构和评估师还需要从其他渠道搜集无形资产评估必需的信息资料。其中，通过市场调查进行资料搜集是无形资产评估搜集资料的主渠道之一。

不论是通过委托方的渠道，还是通过市场调查获取，无形资产评估需要的资料主要包括以下内容：

（1）无形资产的性质和特点，目前和历史发展状况；

（2）无形资产是否能带来显著、持续的可辨识经济利益；

（3）无形资产权利的法律文件，权属有效性文件或者其他证明资料；

（4）无形资产的剩余经济寿命和法定寿命，无形资产的保护措施；

（5）无形资产实施的地域范围、领域范围、获利能力与获利方式；

（6）无形资产技术资料；

（7）无形资产以往的评估及交易情况；

（8）无形资产转让、出资、质押等的可行性，类似无形资产的市场价格信息，成本资料，转让内容和条件；

（9）拥有无形资产企业状况及发展前景；

（10）无形资产所属企业所在行业状况及发展前景；

（11）宏观经济环境和其他相关信息等。

上述信息资料是无形资产评估需要掌握的主要资料，评估机构和评估师不仅要了解无形资产评估需要搜集哪些资料，而且需要掌握所要搜集资料的具体内容和资料用途。针对上述所列无形资产评估需要搜集的主要资料，就其搜集的内容和作用做如下说明：

（1）无形资产的性质和特点、目前和历史发展状况。如果在评估对象界定过程中已经明确了被评估无形资产的性质和特点，在资料搜集环节，就需要搜集评估对象无形资产的形成与产生、现时应用状况和未来发展趋势的相关数据资料，为全面、客观把握评估对象提供可靠的依据。这些资料以委托方提供为主。

（2）无形资产是否能带来显著、持续的可辨识经济利益。无形资产是否能带来显著以及持续的可辨识经济利益，不仅是界定和确认评估对象无形资产的先决条件，也是评估无形资产价值最重要的依据。向委托方搜集应用无形资产的生产经营数据和财务数据，了解评估对象无形资产的实际应用能力和在在用续用前提下的获利能力，是了解与把握评估对象无形资产基本获利能力的基础数据。与此同时，在市场上搜集与评估对象无形资产提供相同、相似以及相关产品或服务的财务数据，为比较分析被评估无形资产的持续获利能力提供数据支持。

（3）无形资产权利的法律文件、权属有效性文件或者其他证明资料。搜集无形资产权利的法律文件、权属有效性文件或者其他证明资料，如专利权证书、商标注册证书、驰名商标证明文件、特许经营合同协议、租赁合同，以及有关专业机构和专家的鉴定材料等。无形资产权利的法律文件、权属有效性文件或者其他证明资料，虽然不是证明评估对象无形资产客观存在的唯一依据，但这些资料却是证明评估对象无形资产客观存在最重要的条件之一。无形资产权利的法律文件权、权属有效性文件或者其他证明资料，应主要由委托方提供。

（4）无形资产的剩余经济寿命和法定寿命，无形资产的保护措施。无形资产经济寿命可能会与无形资产的法律保护年限和无形资产自身的使用寿命有关。资料搜集就应该从无形资产的法律保护年限和无形资产自身的使用寿命两个方面着手进行。

①如果被评估无形资产属于受法律保护并有保护期的，则需要搜集法律保护年限资料、合同约定期限、无形资产的存续期和无形资产技术寿命期等资料，并通过比较，根据孰短原则判断无形资产经济寿命。

②如果评估对象无形资产不属于法律保护范围的无形资产，无形资产的保护是由其拥有者自己实施的，此类无形资产就需要搜集无形资产拥有者的保护措施、保护情况和维权

能力，并以此大致判断无形资产的经济寿命。

③如果被评估无形资产的使用可能会受到法律或其他因素限制或制约而影响其经济寿命，如环保政策、技术更新政策等，则需要搜集相关证据来判断无形资产的经济寿命。

无形资产经济寿命的相关资料可以由委托方提供，也可以由评估机构通过搜集相似或类似无形资产的经济寿命资料作为参照。对于搜集的相似或类似无形资产的经济寿命资料，评估师在使用时应该做必要的修正和调整。因为即使是同样的无形资产，其经济寿命在不同的经济时期和不同的环境下也可能并不相同。

（5）无形资产实施的地域范围、领域范围、获利能力与获利方式。许多无形资产的实施都是有地域或领域限制的，需要搜集被评估无形资产合法的实施地域和领域资料，以判断无形资产的作用空间。无形资产的获利能力是无形资产具有价值的最根本的因素，而无形资产的获利方式则是实现无形资产获利能力的渠道。搜集无形资产获利能力的证据以及无形资产取得收益的方式、形式和数量比率等，是评估无形资产最重要的基本数据。盈利能力资料主要包括运用无形资产的生产能力、产品的销售状况、市场占有率、价格水平、行业盈利水平及面临的风险等。获利方式主要包括无形资产参与收益分配的形式、分配比例（如分成率）、特许使用费率等。上述资料中的一部分可以通过委托方获取，还有相当一部分资料需要评估机构和评估师从首次及其他渠道获得。

（6）无形资产以往的评估及交易情况。无形资产以往的评估及交易情况是评估师了解和掌握无形资产价格及价值最直观的数据资料，这些资料包括被评估无形资产以往的评估资料和交易资料，以及与被评估无形资产相同相似无形资产的评估和市场交易资料。无形资产市场交易资料主要包括评估对象无形资产及同类无形资产的供给、需求、范围、活跃程度、变动情况等。这既是评估师采用市场法评估无形资产必备的数据资料，也是采用其他方法评估无形资产的最直观的参考资料和验证资料之一。

（7）无形资产技术资料。对于技术类无形资产而言，技术水平及其先进程度将是决定技术类无形资产价值的最重要的因素之一。搜集反映技术类无形资产的技术资料，对于恰当评估技术类无形资产非常重要。尽管不同的技术型无形资产的技术资料并不完全相同，但以下技术指标应该能够在相当程度上反映技术类无形资产的技术水平和先进程度。这些技术指标主要包括无形资产技术先进性、可靠性、成熟度和适用性。从这四个方面搜集相关的资料，如无形资产技术国内或国际所处的地位，技术应用的范围和具体的使用状况等，可以基本把握评估对象无形资产的技术状态和技术水平。

（8）无形资产转让、出资、质押等的可行性。由于无形资产的种类差异和所处生长周期的差异，有些无形资产可以独立对外转让、出资和质押，而有些无形资产只能在所属企业发挥作用。如果根据评估目的的要求，被评估无形资产需要独立对外交易、出资或质押融资，评估机构和评估师就需要搜集被评估无形资产可以对外独立交易、投资或质押的证据，包括法律法规是否允许，评估对象无形资产的相对独立性及其与所属企业的可分割性，市场中类似无形资产独立交易、投资或质押的相关资料等。从理论上讲，可辨认或可确指无形资产都可以对外交易、投资或质押融资。而现实中，相当一部分可辨认无形资产由于其成熟度、知名度、市场影响力、适用性或法律限制等原因，难以与所属企业真正分开，并不一定能够独立对外交易、投资或质押融资。

(9) 成本资料。无形资产的成本资料主要指无形资产的研发成本和外购成本等的费用和价格资料，如自创无形资产所耗费的材料、人工及其他费用，外购无形资产的购置价格、购置费用，同类无形资产的价格水平及价格变动情况。尽管无形资产的成本与无形资产的价值之间呈弱对应性，但对于那些刚刚试制成功还有对于进行产业化检验和市场检验的技术类无形资产、普通的计算机软件、正常的销售网络等无形资产而言，研发成本和外购成本等成本资料也是判断它们价值的重要参考数据。

(10) 转让内容和条件。转让内容主要应考虑无形资产转让的所有权或使用权以及使用权的不同授权方式和程度等；转让条件包括转让方式、已转让次数、已转让地区范围、转让时的附带条件以及转让费支付方式等。转让内容和转让条件对于无形资产的评估价值影响很大，评估机构和评估师应该在进行评估前通过搜集查阅无形资产转让合同或协议以及相关资料将此问题弄清楚。

(11) 拥有无形资产企业状况及发展前景。无形资产发挥的作用对实体资产及其企业的相对依附性，决定了拥有无形资产企业状况及发展前景对于无形资产的运用和实施影响的力度。当评估对象无形资产在在用续用前提下进行评估时，评估机构和评估师就需要搜集无形资产所属企业的经营管理状况及发展前景资料。包括企业资本结构、治理结构、管理水平、无形资产研发能力、无形资产运用和实施能力以及企业的市场竞争力等资料，以判断评估对象无形资产获利能力和获利前景。

(12) 无形资产所属企业所在行业状况及发展前景。无形资产所属企业所在行业状况及发展前景对企业的发展是有影响的，进而会影响到被评估无形资产的运用和实施。无形资产所属企业所在行业状况及发展前景资料主要包括：行业属性、行业发展在国民经济发展中的地位作用、行业所处周期、行业发展前景、无形资产在行业发展中的地位和作用等。

(13) 宏观经济环境相关信息。国家的产业经济政策、财政货币政策、环保政策等对不同行业发展以及相关无形资产运用与实施影响很大。对于某些无形资产进行评估需要搜集国家宏观经济环境等相关信息资料，包括评估基准日时的相关资料，也需要对可预计的将来的国家宏观经济环境趋势进行必要预测，以便对评估对象无形资产的现实获利能力和获利前景做出合理的判断。

(14) 其他所需资料。除了上述资料以外，无形资产评估可能因评估目的的特殊需要搜集其他相关资料，这些资料需要根据具体评估项目而定。

相关链接

《资产评估准则——无形资产》第四章 操作要求

第十九条 注册资产评估师执行无形资产评估业务，应当明确评估对象、评估目的、评估基准日、评估范围、价值类型和评估报告使用者。

第二十条 无形资产评估目的一般包括转让、许可使用、出资、拍卖、质押、诉讼、损失赔偿、财务报告、纳税等。

第二十一条 注册资产评估师执行无形资产评估业务，一般应当关注以下事项：

（一）无形资产权利的法律文件、权属有效性文件或者其他证明资料；

（二）无形资产是否能带来显著、持续的可辨识经济利益；

（三）无形资产的性质和特点，目前和历史发展状况；

（四）无形资产的剩余经济寿命和法定寿命，无形资产的保护措施；

（五）无形资产实施的地域范围、领域范围、获利能力与获利方式；

（六）无形资产以往的评估及交易情况；

（七）无形资产实施过程中所受到国家法律、法规或者其他资产的限制；

（八）无形资产转让、出资、质押等的可行性；

（九）类似无形资产的市场价格信息；

（十）宏观经济环境；

（十一）行业状况及发展前景；

（十二）企业状况及发展前景；

（十三）其他相关信息。

第二十二条　无形资产一般与其他资产共同发挥作用，注册资产评估师应当分析所评估无形资产的作用，合理确定该无形资产的价值。

第二十三条　注册资产评估师执行无形资产评估业务，应当关注宏观经济政策、行业政策、经营条件、生产能力、市场状况、产品生命周期等各项因素对无形资产效能发挥的制约，关注其对无形资产价值产生的影响。

四、评定估算（价值分析判断）

在无形资产评定估算环节，大致需要做的工作包括：分析搜集整理后的资料的适用性和可用性，根据评估特定目的、评估价值前提和价值类型，选择评估途径和具体评估方法，运用评估技术方法分析、估算评估对象的价值，审核评估初步结论。

无形资产评定估算的过程实际上就是无形资产价值的分析判断过程。在无形资产评定估算过程中，非常重要的工作是认真分析搜集整理后的信息资料和相关数据，在此基础上，根据评估特定目的、评估价值前提和价值类型，恰当选择评估途径和具体的技术方法以及具体技术方法所需的经济技术参数进行评估。评估技术方法和经济技术参数的选择应根据被评估无形资产的具体类型、特点、评估目的、评估价值前提、评估价值类型以及外部市场环境等具体情况综合分析确定。笼统地讲，无形资产评估适用的技术方法主要包括市场法、收益法和成本法，以及实物期权法等。但是，在评估具体的无形资产时，哪种评估技术方法更合适，则需要考虑评估对象的条件、评估目的约束以及各种评估技术方法的应用条件是否匹配。

（1）采用市场法评估无形资产时，需要注意被评估无形资产是否存在着活跃的市场，存在较为活跃的市场是运用市场法的基本前提。在此基础上，需要搜集具有合理比较基础的类似无形资产交易的参照对象，以及类似无形资产交易的市场信息及其他经济技术信息。当满足上述基本条件之后，根据评估对象与参照物的可比程度，考虑交易条件、交易时间、交易地点、宏观经济、行业发展和无形资产变化情况，以及影响无形资产价值的其他各种因素的差异，调整确定评估值。

（2）采用收益法评估无形资产时，需要注意合理确定被评估无形资产的超额获利能力、收益期及其取得超额收益可能面临的风险程度。在预测无形资产预期收益时，要分析与之有关的预期变动、收益期限，与收益有关的资金规模、配套资产、现金流量等，要通过不同的途径分析测算无形资产的收益分成率或提成率，不要出现漏评无形资产收益的情况，也不要将其他资产带来的收益误算到被评估无形资产收益中。在判断无形资产预期风险时，要充分考虑法律法规、经济环境、市场环境、行业发展变化、技术进步、企业经营管理、产品更新和替代等因素对无形资产预期收益和收益期的影响，应在充分考虑风险因素及货币时间价值因素的情况下确定折现率。采用收益法评估无形资产时，还需要注意被评估无形资产收益额的计算口径与折现率口径保持一致。

（3）采用成本法进行评估无形资产时，需要注意现行条件下重新形成或取得该项无形资产的可能性及所需的全部费用的合理性（含资金成本和合理利润）。需要注意无形资产的研发成本与无形资产的市场价格之间的联系与区别，充分考虑被评估无形资产实际存在的功能性贬值、经济性贬值或功能性、经济性溢价对评估值的影响。评估机构和评估师应该清楚，超额收益是无形资产证明其存在的基本标志，即使需要利用成本法进行评估的无形资产也必须满足能够带来超额收益的基本要求。

在通过各类评估技术途径和方法得出被评估无形资产的初步评估结论后，评估机构和评估师需要做必要的检查和测试，避免因参数选用或模型运用偏差导致评估结论失误。在无形资产评估实务中，通常采用三级复核的方式对评估初步结果进行审核，以便为出具评估报告做好准备。

五、撰写评估报告

撰写评估报告是无形资产评估的一个重要环节。无形资产评估报告是无形资产评估过程的总结，是评估结论的载体，也是资产评估机构及注册资产评估师完成无形资产评估，对被评估无形资产在特定条件下的公允价值所发表的专家意见的书面表达。评估报告书同时也是评估机构履行评估合同情况的总结，还是评估机构与注册资产评估师为无形资产评估项目承担相应法律责任的证明文件。无形资产评估报告的撰写应符合《资产评估准则——无形资产》和《资产评估准则——评估报告》的要求，应着重阐述评估结论产生的前提、假设及限定条件，各种参数的选用依据，评估方法使用的理由及逻辑推理方式。无形资产评估报告的撰写应当清晰、明确和客观，避免误导。

在撰写评估报告的过程中，应当坚持理论联系实际和繁简有序，在保证评估报告的专业性和质量的基础上，尽量做到通俗易懂便于阅读。评估机构在提交评估报告后，还需要根据相关评估准则的要求，及时整理评估工作底稿，并与评估报告一并形成评估档案。

第二节

无形资产评估对象、评估特定目的、价值前提和评估假设界定

根据《资产评估准则——评估程序》和《资产评估准则——无形资产》的要求，在无形资产评估过程中有一系列重要事项需要明确。从履行评估程序的角度，似乎只要知道了这些重要事项是什么就可以了。而从评估实践的角度，明确资产评估基本事项不仅仅是要知道事项是什么，同时也需要知道这些事项的具体内容并加以界定以及界定需要遵循的原则。在无形资产评估中需要界定的重要事项主要有：评估对象、评估特定目的、价值前提和评估假设条件等。

一、无形资产评估对象界定

无形资产评估对象的界定实际上需要从三个方面加以考虑：第一个方面是关于对无形资产界定的经济学标准；第二个方面是关于无形资产界定的法律依据；第三个方面是关于无形资产界定的市场标准。

（一）无形资产界定的经济学标准

无形资产界定的经济学标准主要体现在对无形资产定义或内涵和外延的理解与把握上。因为关于无形资产的定义或概念存在着多重版本，例如从学科领域的角度有经济学版本和会计学版本。从其他的角度，无形资产的定义还有更多的版本。另外，即使是在无形资产概念或内涵相同的情况下，不同的国家或地区对无形资产外延边界又有不同的规定。不论是无形资产定义版本的不同，还是无形资产外延规定的差异，对于资产评估而言，都需要有一个确定的内涵外延标准以便遵循。就资产评估而言，无形资产评估对象界定的依据是无形资产的经济学定义。

（二）无形资产界定的法律依据

无形资产界定的法律依据主要体现在法律法规对无形资产的认定和保护方面。对于无形资产，尤其是知识产权类无形资产和权利类无形资产，我国相关法律法规对其有明确的认定标准和保护范围，相关法律法规认定和保护范围是界定相关无形资产的基本条件之一。例如，专利权法、商标法、著作权法、合同法等。虽然这些法律法规并不是认定或界定专利权、商标权、著作权和合同权益等特定无形资产的唯一依据，但是如果失去了相关法律法规的保护，即使专利、商标或合同能够带来经济利益，这些专利、商标和合同也构不成相应的专利权益、商标权益和合同权益，即没有法律保护及认可的专利、商标或合同并不构成无形资产。

（三）无形资产界定的市场标准

无形资产界定的市场标准主要体现在市场对无形资产的认可和接受程度方面。从无形资产交易、投资、质押等市场的角度来观察无形资产界定的市场依据，以此来丰富我们对无形资产的认识。在这个方面有许多学者根据国家有关无形资产的制度和规定的研究，在对市场进行观察的基础上，提出了各自有关无形资产范围和分类的观点。这些观点和看法有利于我们更好地认识无形资产，也有助于扩大我们对无形资产认识的视野。

学者汤湘希认为，无形资产应是不具有实物形态，却能为企业长期带来收益的法律或契约所赋予的特殊权利、超收益能力的资本化价值以及有关特殊经济资源的集合。此种定义强调特殊经济资源也是一种无形资产，例如税收减免优惠、土地使用优惠以及其他各种优惠政策、便利条件①。并进一步引入知识资本、人力资源等理论，把无形资产分为经典无形资产、边缘无形资产、组合无形资产、合力无形资产等四类②。

喻晓宏等学者把无形资产划分为市场类无形资产、知识产权类无形资产、组织管理类无形资产等三类③。市场类无形资产，指一个企业通过其所拥有的与市场相关联的无形资产而可能获得的潜在利益的总和，包括品牌的信誉（如企业品牌、服务品牌），与客户的关系（如销售网、分销渠道、长期客户），合同（如特许经营权协定、专利使用权协定、经常性合同等）；有助于生产、销售的资格认证（如 ISO9000 质量体系认证、环境管理体系认证、绿色食品标志使用权、信用等级评定等类似项目）。知识产权类无形资产，指企业在生产经营实践和科学实验等创新过程中所发明创造的高新技术和技术诀窍而形成的精神产品的一种产权形式，包括专利权、版权、计算机软件、技术秘密、商业秘密等；组织管理类无形资产，指企业管理层在组织、协调、管理、沟通等方面存在的优势而可能获得的潜在利益，如企业文化、企业管理方法、信息技术交流、网络工作系统、融资关系等要素。

学者孙艳霞则将无形资产划分为人力型无形资产、智力型无形资产、市场及顾客型无形资产、组织管理型无形资产等四类④。人力型无形资产，指有利于实现企业发展目标和员工素质提高的无形资产，如员工教育状况、业务技能、创新精神、对知识的运用能力等。智力型无形资产，指人们通过智力劳动形成成果的无形资产，如专利、商标权、计算机软件等。市场及顾客型无形资产，指企业与市场、顾客之间形成的无形资产，如市场营销网络、顾客忠诚度等。组织管理型无形资产，指企业在组织、管理、协调等方面存在的优势，将带来未来经济利益超额增收，如企业管理方法、资本运营能力。

无形资产界定的经济学标准、法律法规制度标准和市场依据是无形资产评估对象界定最重要的标准和依据，特别是无形资产界定的经济学标准和法律法规制度标准是界定无形资产评估对象时必须遵循的。所谓的无形资产界定的经济学标准，其实质就是强调了无形

---

① 汤湘希．“论无形资产范围的界定”，《中南财经大学学报》，1997 年第 1 期，第 74 页。

② 汤湘希．“无形资产会计研究的误区及其相关概念的关系研究”，《财会通讯》，2004 年第 7 期，第 58 页。

③ 喻晓宏等．“对知识经济下无形资产性质与内容的探讨”，《企业技术开发》，2005 年第 5 期，第 84 页。

④ 孙艳霞．“无形资产的范围界定及其计量”，《科技咨询导报》，2006 年第 2 期，第 212 页。

资产是能够带来未来经济利益的经济资源。不满足这一条件的，不能列为资产和无形资产。所谓无形资产界定的法律法规和制度标准，其实质是强调无形资产权益的排他性占有。不论是通过法律保护形式获得的排他性占有，还是通过其他方式获得的排他性占有，排他性地获得无形资产权益是界定无形资产的基本要件。所谓无形资产界定的市场依据，其实质是市场对各种无形资产的认可和检验。市场对无形资产的认可情况可能超前或滞后于无形资产界定的经济学标准和法律法规制度标准，无形资产界定的市场依据通常代表了无形资产发展的方向，应该成为评估人员关注无形资产界定变化的一个重要窗口和参照。

无形资产评估对象的界定需要从经济标准、法律法规标准和市场标准三个方面考虑。在具体界定过程中，应该将上述三大标准细化，可以从以下几个方面把握：

（1）从委托方提供的法律文件，权属有效性文件或者其他证明资料，来判断无形资产的存在、剩余经济寿命和法定寿命。

（2）从无形资产目前和历史的发展状况，以及无形资产实施的地域范围、领域范围、获利能力与获利方式，判断无形资产是否能带来显著、持续的可辨识经济利益。

（3）从无形资产以往的评估及交易情况或相关无形资产的市场转让、出资、质押等情况，判断市场对被评估无形资产的市场认可程度。综合上述分析判断，对被评估无形资产的性质、特征等进行初步界定。

二、无形资产评估特定目的界定

无形资产评估特定目的界定工作内容大致包括了两个方面：分析引起无形资产评估的特定经济事项，界定评估结论用途和评估报告期望使用者；分析特定的评估目的对无形资产评估形成的条件约束。

（一）引起无形资产评估特定经济事项分析，界定评估结论用途和评估报告期望使用者

无形资产评估通常都是由特定的经济事项引起的，不论何种经济事项的实施都需要遵循相关法律法规以及相关规定。从这个意义上讲，引起无形资产评估的经济事项实际上都要受到相关法律法规或制度的约束。在进行无形资产评估之前，知晓引起无形资产评估经济事项相关法律法规或制度的规定，将会对无形资产评估对象的进一步界定，评估条件的界定，以及评估报告期望使用者的界定有着极其重要的意义。引起无形资产评估的经济事项包括但不限于以下情形：投资、转让、特许他人使用、公司设立、质押融资、会计处理、抵债等，而与这些不同经济事项相关的法律法规及制度都有其相应的规范。例如，以无形资产出资设立有限责任公司事项引起的无形资产评估，就应当关注《公司法》和与公司工商注册相关的法规对出资无形资产的种类和出资比例的要求和约束，合理界定可以用于出资的无形资产及其在拟设立的有限责任公司中的出资比例。如果无形资产评估是由于企业合并对价分摊事项引起的，就应当关注会计准则及其相应制度对可辨认无形资产的界定条件，并以此为标准来分析判断可分摊的无形资产种类和具体的评估对象。根据会计准则对企业合并对价分摊需要依据公允价值进行的要求，恰当选择评估价值类型以及使用评估技术。

引起无形资产评估的特定经济行为及其涉及的相关法律法规及制度的规定等对无形资

产评估条件和结论的具体用途形成了基本限定，也在一定程度上约束了评估报告期望使用者的可能范围和大致范围。无形资产评估结论的不同用途和不同评估报告期望使用者，对无形资产评估价值目标选择、评估参数选择，以及评估报告可能会有不同的要求。界定无形资产评估特定目的的核心工作，就是通过分析引起无形资产评估的特定经济行为及其涉及的相关法律法规及制度所形成的条件约束，为进一步明确无形资产评估对象、评估限制条件、评估结论的具体用途和评估报告使用者奠定基础。

（二）无形资产评估特定目的对无形资产评估条件的约束和影响分析

无形资产评估特定目的对无形资产评估条件的约束和影响主要体现在两个方面：其一是对评估对象和评估范围的影响；其二是对评估价值目标选择的影响。前面已经就无形资产评估特定目的对评估对象和评估范围的影响做了简要的说明，无形资产评估特定目的对评估对象和评估范围的影响，大都体现在与引起无形资产评估的经济事项涉及的标的无形资产以及相关的法律法规及制度的相关规定中。准确地把握引起无形资产评估的经济事项涉及的标的无形资产以及相关的法律法规及制度的相关规定，将有助于评估对象的界定以及对无形资产评估特定目的形成的评估条件约束的理解与把握。

无形资产评估特定目的对无形资产评估价值目标选择的影响可能并不一定都是直接的，评估师需要通过对评估目的对评估结论的具体用途、评估价值类型以及评估报告使用者的限定等的综合分析总结得出。例如，以财务报告为目的的评估中的资产减值评估，其评估结论将服务于会计核算及财务报告信息披露。评估结论及评估报告的使用者包括了企业、相关监管部门和其他相关当事方，评估的价值目标受到会计准则和评估准则的双重约束。根据上述条件，评估师需要遵循会计准则可收回金额的内涵要求以及公允价值与现值孰高者选择规则，结合评估准则的相应技术规范，明确以“退出价格”内涵约束的公允价值与标的资产的预计未来现金流量现值是资产减值评估的价值目标。再如，以无形资产质押融资为目的的评估，由于受到担保法等法律法规的约束，在一般情况下，其评估结论将服务于融资保证，评估的价值目标通常应该是一种保证价值。

无形资产评估的价值目标并不直接等同于无形资产评估价值类型，无形资产评估的价值目标较为笼统，而无形资产评估价值类型相对具体。例如在以财务报告为目的的评估中的资产减值评估中的价值目标，是根据会计准则要求的以“退出价格”内涵约束的公允价值与标的资产的预计未来现金流量现值。而资产减值评估中的价值类型应该是符合评估价值目标内涵约束的市场价值或在用价值或其他价值。以无形资产质押融资为目的的评估的价值目标通常应该是一种保证价值，而以无形资产质押融资为目的的评估价值类型通常是市场价值或抵押贷款价值。

三、无形资产评估价值前提界定

在进行无形资产评估时通常需要确定无形资产评估的价值前提。虽然目前评估界对无形资产评估的价值前提并没有统一意见，但是比较常见的评估价值前提主要有以下几个：

（一）在用续用前提（existing use）

在用续用是指无形资产按照其目前的使用目的、使用方式和使用状态持续使用下去，在可预见的未来不会改变。

在评估实务中，在用续用前提通常是指无形资产按照评估基准日时在企业中的使用目的、方式和状态持续下去。这种前提是评估实务中最为常见的前提之一。

（二）非在用续用前提

非在用续用是指无形资产在产权发生变化后仍然会继续被使用，但无形资产使用的目的、使用方式及其使用状态等会发生变化。非在用续用前提经常发生在一个企业收购另一个企业所涉及的无形资产评估中，被收购后的企业的无形资产可能还会被继续使用，但无形资产使用目的、方式和状态等会有所变化。例如，外资企业收购国内企业，收购后外资企业可能会在更大的空间内使用国内企业拥有的商标及其销售渠道等无形资产。

（三）异地使用前提（value in removal）

异地使用是指标的无形资产发生产权变动后，虽然仍然会被使用，但是使用的地点会发生变化，在异地使用前提下，需要按照新的使用地点来考虑无形资产的作用空间、作用方式和评估价值。

（四）有序变现前提（orderly liquidation）

有序变现是指标的无形资产不在其所属企业继续使用，通过市场交换将其转让给其他当事人。有序变现前提强调的是这种转让是在无形资产所有者的有效控制下，在公开市场上有序进行的，变现过程中并不需要考虑强制因素或时间受限因素。有序变现前提亦称“正常变现前提”。

（五）强制变现前提（forced liquidation）

强制变现前提是与有序变现前提相对应的一种评估价值前提。强制变现前提强调的是在无形资产变现的过程中无形资产的所有者已无法实际控制（可能由法院或者债权人等实际控制），变现过程通常伴随着强制交易和交易时间限制。因此，强制变现前提亦称为“快速变现前提”。

除上述几种价值前提外，像最佳使用前提（highest & best use）等也被认为是无形资产评估的价值前提之一。不论选择什么样的评估价值前提，都需要考虑评估目的以及相关法律、法规的条件约束。例如，在进行知识产权质押评估业务时，就需要考虑担保法、公司法及金融法规等的相关规定对无形资产评估价值前提选择的约束，不可以任意地设定无形资产的价值前提。

四、无形资产评估假设条件界定

从理论上讲，资产评估假设在资产评估中的作用，就是设定资产评估面临的条件或环境的。资产评估假设设定的评估条件和环境可以与评估对象在评估基准日面临的条件和环境一致，也可以与评估对象在评估基准日面临的条件和环境不一致。就是说，评估假设所设定的评估条件和环境既可以是对评估对象现实状况的描述和概括，也可以是对评估对象在现实状况的基础上做出的符合逻辑的条件推断和环境设定（与事实不完全符合）。按照评估假设设定条件约束的内容划分，评估假设可以分为评估基本情景假设、评估对象状况假设、市场条件假设、评估环境假设和评估对象利用程度假设等。按照评估假设设定条件与评估基准日时情况的真实性程度划分，评估假设可以分为一般假设（真实性条件假设）、特别假设和逆向假设（非真实性条件假设）等。对于无形资产评估而言，在利用评估假设对评估对象状况、评估对象利用程度、评估时的市场条件和评估环境进行设定时，既可以采用真实性条件假设，也可以采用特别假设和非真实性条件假设。在无形资产评估过程中是具体采用真实性条件假设或特别假设还是非真实性条件假设，取决于评估目的对无形资产评估条件的约束情况，取决于本次评估所要实现的价值目标以及其他相关条件的约束。例如，某研发机构拟转让其研发成功的专利技术，该专利技术虽然非常先进，但是并没有经过产业化和市场检验。在评估该专利技术时，评估师可能会利用特别假设对该专利的利用前景和获利能力进行预测，而不仅仅是依据该专利的现实状况进行评估。在无形资产评估中，不论采用何种类型的评估假设，评估师都需要注意各种评估假设需要满足的相关条件。

（一）不同评估假设的设定及其需要注意的事项

按照评估假设设定条件约束的内容划分的评估假设，通常并不容易引起误解或误用。在无形资产评估中，需要特别注意一般评估假设（真实性条件评估假设）、逆向评估假设（非真实性条件评估假设）和特别评估假设的设定与使用。

1. 真实性条件评估假设的设定

在无形资产评估中，按照评估基准日真实性条件设定的评估假设的情况是比较普遍的。例如，按照评估基准日时被评估无形资产的实际情况和状态以及市场条件来设定无形资产评估对象状况、利用程度情况和市场条件等，即采用真实性评估假设。再如，对于正在企业中使用的无形资产进行评估，评估人员可以假设该无形资产今后将以现实的使用方式、使用状态和使用程度继续使用下去。还有，如果无形资产的评估是为其转让或交易提供价值参考目的，而且被评估无形资产存在着活跃的市场，在满足上述条件的情况下，评估人员可以运用真实性条件假设来假定被评估无形资产面临的市场条件为公开市场或活跃的市场也是非常正常的情况。资产评估真实性条件假设，是指依据评估基准日客观存在的事实或者是可以被视为真实的条件所做的描述或假设。这些条件包括评估对象的物理、法律或经济特征，以及在评估分析中使用的数据等。

2. 非真实性条件评估假设的设定

在无形资产评估中，以非真实性条件设定评估假设的情况也比较普遍。当评估基准日时点的评估对象无形资产的功能状况、利用程度情况和市场条件等并不能完全客观地反映出评估对象无形资产在未来可以实现的功能、状态和获利能力等内在因素时，就可以考虑选择以评估对象无形资产未来可以实现的功能、状态等预期的情况（但与评估基准日时被评估无形资产的实际情况及其市场条件不一致或相反）进行条件设定，并将此条件作为评估对象无形资产的依据。例如，对于在评估基准日尚未实际投入使用的无形资产评估对象（事实上具备了投入使用的各种要件），假定其已经投入使用并以此作为评估其价值的依据的情况。因为有些已经研发成功的无形资产因研发者缺乏资金或正在寻找投资方等原因，在评估基准日评估对象无形资产并未真正投入使用。每一个称职的评估师不会也不可能就此而认为该无形资产没有价值。在此种情况下，采用非真实性条件假设设定该无形资产“已经投入使用”既反映了评估对象可以和能够投入使用的本质，也能够较为客观地评价评估对象的价值。再如，如果无形资产的评估目的是为质押融资或为其他企业担保提供价值参考，尽管被评估无形资产仍在所属企业正常运营，假定被评估无形资产在公开市场上变现或在非正常市场条件下快速变现的设定也常常是运用非真实性条件假设的情况。非真实条件假设所设定的评估对象物理、法律和经济特征、市场条件或趋势等，以及分析中使用数据的真实性与评估师在评估基准日已知的实际情况可能并不一致。因此，非真实性条件假设并不可以任意和随便设定。从外在形式上看，非真实性条件假设似乎与评估基准日时的真实条件大相径庭，事实上，非真实性条件假设假定的条件与评估时点的真实条件之间存在着内在逻辑联系，或非真实性条件假设设定的条件恰恰是评估时点真实条件的发展趋势所在。只有当设定的非真实性条件与评估时点的真实条件存在着逻辑联系，才能做非真实条件假设的设定。而且，还需要对评估条件和评估结论做必要的技术修正和技术处理。

3. 特别评估假设的设定

特别假设通常是就评估对象物理、法律和经济特征、市场条件或趋势等资产外部条件以及分析中所使用数据等的真实性不确定事项予以假定。在无形资产评估中，以特别假设设定的情况也比较普遍。像专利申请权、申请中的专利权等在评估基准日时的法律确权并未实现，从严格的意义上讲，专利申请权和申请中的专利权并不完全符合专利权无形资产的认定条件。如果拟评估的专利申请权和申请中的专利权具备了专利权资产的潜质，评估这类专利申请权和申请中的专利权就需要借用特别假设，将专利申请权和申请中的专利权尚不确定的专有权利做出肯定的假设，并以此进行价值评估。在无形资产评估中充分考虑无形资产共享性因素时也常常需要利用特别假设予以实现。无形资产的共享性表明，无形资产的所有者在条件允许的情况下可以在保证自己利用该无形资产的前提下特许他人同时使用该无形资产。在评估基准日，评估对象无形资产的所有者可能已经行使了特许他人同时使用该无形资产的权利，也可能还没有行使该权利（事实上是可以行使的）。如果评估师认为在受理的评估事项中，评估目的及其评估条件表明评估对象无形资产具有潜在扩张的能力和条件，而评估基准日时，评估对象无形资产并未体现出这种能力，评估师是可以利用特别假设将评估对象无形资产的潜在扩张能力“显性化”，并以此进行价值评估。再如，将评估时点尚不确定的无形资产评估对象利用程度和外部环境等情况做出确定性的设定也是特别假设可以实现的功能。例如，将评估时点尚未发挥作用的无形资产评估对象设定其在一段时间后能够被正常使用并达到设计水平的假设等，也是无形资产评估中经常需要处理的评估技术问题。

通过特别假设将那些影响资产评估实施的不确定性条件得以“确定”，使无形资产评估可以顺利进行是特别假设的一个显著特点。特别假设并不是可以任意和随便设定的，需要注意真实条件与特别假设条件之间的逻辑联系。只有当设定的特别假设条件可以以及可能成为事实，即评估时点的真实条件（不确定条件）存在着逻辑联系，特别假设才可以使用。当然，特别假设设定的条件与评估基准日时的真实条件是存在差异的，对于以特别假设为依据做出的评估结论，还需要做必要技术修正和技术处理，以反映评估对象无形资产在评估基准日时的真实状况及其客观价值。

不论是运用真实性条件假设还是运用特别假设或非真实性条件假设（逆向假设）来设定评估对象无形资产的使用方式、使用状态、权利状态和评估时的外部环境，都需要根据评估目的和评估价值目标的要求和约束进行。特别是在运用特别假设和非真实条件假设的时候，需要保证所做的假设与现实状况和条件之间存在着内在联系和逻辑关系。不可以随心所欲地使用特别假设或逆向假设。

（二）评估假设设定对评估条件的约束与影响

如果从大的方面讲，影响或决定无形资产价值的因素可以概括为无形资产自身的条件和外部条件两个方面。无形资产自身的性能和功能虽然是其固有的，但是由于市场的不断波动和变化，使无形资产的性能和功能呈现出“生命周期”特征。处在不同生命周期的同一无形资产，其价值并不相同。判断和把握无形资产所处生命周期位置及其发展趋势，是评估无形资产价值的重要工作之一。除了无形资产自身性能和功能及其所处生命周期以外，无形资产的使用方式、利用空间和利用程度等也是影响和决定其价值的不可忽视的因素。由于无形资产的评估价值取决于无形资产未来的使用情况，而无形资产未来的种种情况大都需要借助于评估假设予以设定。所以，评估假设设定对无形资产评估条件的约束和影响包括但不限于以下三个方面：

（1）评估假设对无形资产评估对象生命周期阶段及其发展趋势的设定，从而影响无形资产评估对象的现实功能和状态，以及无形资产评估对象的剩余经济寿命。

（2）评估假设对无形资产评估对象作用方式的设定，包括在用续用、调整续用和变现等，可能会改变无形资产的利用程度和获利能力。

（3）评估假设对无形资产评估对象作用空间的设定，包括在所属企业使用和特许他人使用，可能会改变无形资产评估对象的权益边界和评估价值。

（三）评估假设设定条件与评估价值前提及其价值目标选择之间的关系

评估假设设定条件与评估价值前提及其价值目标选择之间有着相互影响的关系。评估的价值前提直接影响着评估假设设定的评估对象使用方式和盈利模式，评估价值前提中的在用续用前提、非在用续用前提或其他价值前提需通过评估对象使用方式及其盈利模式等的设定的集中反映或体现。反过来说，评估假设设定的评估对象使用方式、盈利模式和市场条件等构成了评估的价值前提或基础，评估的价值前提是对评估假设设定的条件的集中和概括。而确定的评估价值前提和评估假设，又会对评估价值目标的选择构成实质性的约束。当然，评估价值目标的选择也会对评估价值前提及其评估假设的设定形成引导和制约的作用。评估假设设定条件与评估价值前提及其价值目标选择之间形成了一种相互联系、相互影响和相互制约的关系。

第三节
无形资产评估价值类型选择

通俗地讲，无形资产评估价值目标就是资产评估结论所要达到的要求，每一个引起无形资产评估的经济事项都会对其评估结论有着具体的目标要求。像前面提到的，在一般情况下，无形资产质押融资评估的价值目标是一种保证价值。而以财务报告为目的评估中的资产减值评估，其价值目标应该是以“退出价格”为内在约束的公允价值和标的资产续用前提下的预计净现金流量现值。虽然无形资产评估的价值目标较为笼统，但它对评估价值类型的选择有着内涵约束和导向的作用。在无形资产评估实践中，无形资产评估价值目标是通过无形资产评估价值定义及其分类表现出来的，人们习惯称之为“无形资产评估价值类型”。熟悉无形资产评估适用的价值定义和价值定义分类，是恰当选择与运用无形资产评估价值类型的基础。

一、无形资产评估适用的主要价值类型

就选择种类上讲，适用于无形资产评估的价值类型与适用于有形资产评估的价值类型并无太大的区别。在无形资产评估中，适用的评估价值类型主要有：市场价值、在用价值、投资价值、抵押贷款价值、清算价值和其他价值等。这些价值类型定义及其收益要点如下：

（一）市场价值

在《国际评估准则》中，市场价值的定义如下：市场价值是自愿买方与自愿卖方在评估基准日进行正常的市场营销之后所达成的公平交易中，某项资产应当进行交易的价值估计数额，当事人双方应各自理性、谨慎行事，不受任何强迫压制。我国《资产评估准则》中的市场价值定义与《国际评估准则》中的市场价值定义基本相同。

在无形资产评估中选择并使用了市场价值，评估师需要站在市场参与者的角度，考虑评估对象无形资产的最佳最有效使用情况，尽可能选择并使用活跃市场上的信息数据（参数）进行评估。

（二）在用价值

在用价值是指作为企业组成部分的特定资产对其所属企业能够带来的价值，而并不考虑该资产的最佳用途或资产变现所能实现的价值量。在用价值是特定资产在特定用途下对特定使用者的价值，是以该特定资产未来预计可实现的现金流量，以及处置该资产可实现的变现值的折现值表示的。

在无形资产评估中选择并使用了在用价值，评估师在评估中需要站在评估对象无形资产使用（特定）主体的角度，利用评估对象无形资产使用（特定）主体的相关信息数据

和参数，按照评估对象无形资产在所属企业发挥作用的情况，依据贡献原则评估无形资产价值。

（三）投资价值

投资价值是指资产对于具有明确投资目标和特定投资偏好及其特定条件的特定投资者或某一类投资者所具有的价值，如企业并购中的被评估企业对于特定收购方具有的价值。

在无形资产评估中选择并使用了投资价值，评估师在评估过程中需要站在特定投资者的角度，利用与特定投资者相关的信息、数据和参数，考虑可能存在的组合效用来评估评估对象无形资产的价值。

（四）抵押贷款价值

抵押贷款价值是指通过对被评估资产的可长期持续保持的属性，本区域正常的市场状况以及被评估资产当前的用途和其他可能的用途的全面考虑，在对被评估资产未来的市场变现情况进行谨慎地评估之后所确定的价值。

在无形资产评估中选择并使用了抵押贷款价值，评估师在评估过程中需要站在特定市场主体的角度，充分考虑评估对象（质押）无形资产的经营风险、违约风险和变现风险，按照谨慎性原则评估评估对象无形资产的价值。

（五）清算价值

清算价值（或强制变卖价值）是指在销售时间过短，达不到市场价值定义所要求的市场营销时间要求的情况下，变卖资产所能合理收到的价值数额。

在无形资产评估中选择并使用了清算价值，评估师在评估过程中需要站在特定市场主体的角度，充分考虑评估对象无形资产及其权利主体的经营风险、违约风险和变现风险，按照快速变现原则评估评估对象无形资产的价值。

（六）其他价值

其他价值是指不包括在上述各种价值定义范围内的适用于其他情况下的无形资产评估的价值类型。例如，课税价值、保险价值、（会计）公允价值等。

在无形资产评估的价值类型适用种类上，虽然无形资产评估与有形资产评估并无太大的区别。但是，由于无形资产自身的特点，使在无形资产评估中，在具体使用价值类型上需要考虑无形资产的特点。即使相同的价值类型，无形资产评估与有形资产评估可能会存在着较大的差异。例如，在无形资产评估中选择市场价值，其中的最佳最有效使用原则的具体运用，就可能与评估有形资产的市场价值需要考虑的最佳最有效的情况有明显的差异。再如，同样选择抵押贷款价值，评估不动产的抵押贷款价值与评估无形资产的抵押贷款价值也会有着明显的差别。在无形资产评估的价值类型选择与使用上，切记不能完全照搬有形资产评估的模式，需要充分考虑无形资产的特点。

二、无形资产评估价值类型选择的条件约束

无形资产评估价值类型的选择也不是任意或随意的，它会受到评估目的的约束，需要与评估假设设定的条件及其评估价值前提或基础相匹配。

（一）评估目的对评估价值类型选择的约束

评估目的虽然并不是直接规定评估的价值目标，但评估目的会通过引起无形资产评估的经济事项对评估结论用途的约束和引起资产评估经济事项涉及的相关法律法规及制度规定对经济事项实施的具体要求间接地约束评估价值目标的选择和评估价值类型的使用。当然，评估目的对相关的评估报告使用者界定的约束也会在某种程度上约束评估的价值目标的选择和价值类型的使用。保持与评估目的约束条件的匹配性，是恰当选择评估价值目标和价值类型的的重要原则。例如，以财务报告为目的的评估服务于企业会计核算和会计信息披露，以财务报告为目的的评估必须服从会计准则的约束。根据会计准则的规定，企业合并对价分摊中的无形资产分摊价值应当是会计准则定义的公允价值。依据上述规定，企业合并对价分摊评估中的无形资产评估目标和价值类型就应该是符合会计准则要求的市场价值类型。

（二）评估假设条件对价值类型选择的约束

评估假设设定的评估条件应当能够满足评估目的和评估价值目标的实现，与明确的评估目的和评估价值目标要求相匹配的评估对象自身条件及外部环境的假设条件的设定构成了无形资产评估的价值基础和价值前提。无形资产评估的价值基础和价值前提构成了无形资产评估价值类型选择的重要约束条件。保证评估假设设定的条件与评估价值目标及其价值类型的匹配是无形资产评估的又一重要技术工作之一。还以企业合并对价分摊中的无形资产评估为例，由于会计准则定义的公允价值属于“退出价格”性质，所以，企业合并对价分摊无形资产评估中的评估价值前提和评估假设也都应该与“退出价格”的本质要求相匹配，即评估价值前提应当是评估对象无形资产在评估基准日能够获得的收入或变现价值，评估假设也应当是与评估价值前提相呼应的条件设定。与此同时，选择满足会计公允价值定义要求的（资产评估）市场价值，也必须与会计无形资产公允价值“退出价格”的基准目标相一致，还必须满足企业合并对价分摊评估的变现价值或退出价值前提以及相关的评估假设的要求。因此，企业合并对价分摊无形资产评估中的价值类型应当选择变现条件下的无形资产市场价值或续用条件下评估对象无形资产以正常使用条件下的现金流量折现值所代表的市场价值。

三、无形资产评估价值类型对评估方法和评估参数选择的影响

无形资产评估价值类型的选择和使用不仅仅是一种观念或意愿，它还需要通过具体的评估过程及其评估技术手段来实现。无形资产评估价值类型的选择和使用既是无形资产评估的具体价值目标，同时也会对评估技术应用及其评估经济技术参数的选择和使用形成实质性的约束。

（一）市场价值对评估方法及评估参数选择的影响

市场价值是一种体现了市场整体对资产价值判断和认识的价值。在市场价值评估中应当体现出市场参与者的意愿和市场竞争的作用，在具体评估中通常是利用公开市场假设前提和最佳使用原则的贯彻实施来实现。基于对市场价值的认识，从高效和避险的角度出发，如果具备相关条件的前提下，采用市场法评估无形资产的市场价值应该成为首选，以体现市场价值评估所需要的数据资料来源于活跃市场的基本要求。事实上，无形资产交易转让市场、质押拍卖市场都不很活跃，无形资产的市场价值的评估大都采用收益法进行评估。不论是采用收益法或是其他方法评估无形资产的市场价值，都必须注意所使用的数据资料的“市场性”，以反映市场参与者及市场整体认同的要求。

（二）在用价值对评估方法及评估参数选择的影响

在用价值是一种局部资产（评估对象无形资产）对整体资产的贡献价值。从高效和避险的角度出发，无形资产在用价值的评估应当首选收益法，并以被评估无形资产对企业的贡献程度为依据评估其价值，以体现在用价值评估中的贡献原则。如果采用其他评估方法评估无形资产的在用价值，也必须体现出被评估无形资产对企业整体的贡献价值，而不是市场变现或其他的价值。

（三）投资价值对评估方法及评估参数选择的影响

投资价值是被评估对象对于某一个或某一类特定市场主体的价值，且这种价值源于被评估对象对于特定市场主体的特别利益。因此，投资价值的市场参照并不多见，因而也就限制了市场法的广泛应用。收益法应该是评估投资价值的首选方法，并在参数选择与使用上充分考虑了特定市场主体的个别因素，以及特定市场主体与评估对象无形资产之间可能存在着的联动因素，例如规模更大的企业收购特定无形资产引起的规模效应或合并效应。

（四）抵押贷款价值对评估方法及评估参数选择的影响

抵押贷款价值是一种谨慎的评估价值，在评估方法选择上以收益法和市场法为宜。但不论采用什么方法评估，都必须充分考虑评估对象无形资产的各种风险，谨慎预测评估对象无形资产的市场前景和收益前景。

（五）清算价值对评估方法及评估参数选择的影响

清算价值是一种快速变现的价值。如果清算交易案例数量足够多，市场法应该是首选。如果清算交易案例数量有限，则需要利用正常交易案例作为间接参照物评估无形资产清算价值，或者采用其他评估方法评估无形资产的清算价值，都必须充分考虑快速变现因素对评估结论的影响。

思考题

1. 履行评估程序对无形资产评估的重要性。
2. 特定评估目的对无形资产评估的影响方式和影响力。
3. 评估师应当依据什么原则选择评估价值前提？
4. 评估假设在无形资产评估中的作用体现在哪些方面？
5. 评估师应当依据什么原则选择评估价值类型？
6. 举例说明价值类型对评估方法和评估技术参数使用的影响。

第三章 无形资产评估方法

【学习目的与要求】

评估实务中，选用正确的评估方法是得出正确估值的首要条件，而无形资产的“无形”性使估值方法的选取尤为重要，本章通过对无形资产估值方法的系统性梳理，为评估执业人员提供参考。故在本章的学习中要求达到以下几点：

- 掌握评估无形资产的收益法、成本法、市场法以及实物期权法的要素和参数；
- 熟悉相关定义以及各种方法的参数确定；
- 了解各种方法适用性以及相关参数的影响因素。

第一节 收益法

无形资产和其他任何资产一样，都可以用三种途径进行估值，即收益法、市场法和成本法。收益法关注使用该资产所产生的回报，市场法主要关注资产的可比性，成本法则关注能够产生相同利益的替代资产的能力（和成本）。

一、收益法评估无形资产的适用性分析

（一）无形资产收益可计量

在激烈的市场竞争中，通常超过行业平均水平利润率的情况不会长久存在，但无形资产却可以在较长时间内产生或保持超额利润。因此无论采用哪种方法对无形资产进行评估，本质上都是对其超额收益的度量。而只有具有超额收益，无形资产才真正具有价值。

无形资产的超额收益可以通过控制生产成本、溢价出售以及扩大销售等获得，只要溢

价收益没有全部被用作广告费用，则剩余的部分即为超额收益。

另外，超额收益除直接来自无形资产外，间接来自无形资产的情况也是普遍存在的：例如该无形资产可能使企业在市场中长期占据统治地位，使该企业长期保持较大的产品销量，从而提升了经营效率，节约了成本，间接导致利润的增加。

因此无形资产所带来的收益就可以从其利益获得渠道来计量，但该收益估算是应用收益法面临的最大挑战。

（二）风险特性可识别

收益法估值的关键之一就是确定风险和回报之间的关系。每种无形资产都具有与其风险相对应的特点，只要这一特点可以明确，就可以识别出其潜在的风险，估计出风险大小即风险报酬率或风险投资收益率。

一般来说，无形资产的风险高于有形资产的风险，甚至高于金融资产的风险。对于许多创新活动，如新药开发或网络创新，发生全额损失的情况非常普遍，而这对于实物资产或金融资产却是是非常罕见的。即使是高风险实体项目，如商业地产，也很少发生全额损失现象。随着风险的增加，要求的回报也要增加。因此许多无形资产的固有风险比有形资产高，其预期回报率通常会达到或超过公司整体的平均收益率（折现率）。

（三）收益期限可以预测

无论使用三种方法中的哪种方法对无形资产的价值进行估算，无形资产的收益年限即其剩余有效寿命都会对其结果产生重大的影响。在收益法分析中，无形资产的剩余有效寿命会影响其收入预测的期间，一般来说较长的剩余有效寿命通常会带来更高的价值。每类无形资产都有其生命周期，尤其是知识产权一般都有法定寿命，而且在使用过程中技术更新替代过程都有着普遍规律，因此其收益期限可以合理预期。

这样无论是折现现金流模型还是收益分成等方法的利用都具有了数据来源，从而使无形资产的价值得以估算。因此利用收益法评估无形资产是适用的。

二、收益法在无形资产评估中的具体技术方法

根据收益流的预测方式不同，一般把收益途径下评估无形资产的方法分为三种：许可费节省法、增量收益法和超额收益法。

（一）许可费节省法

许可费节省法（relief-from-royalty method，royalty savings method）下的收益流是根据可以参考的虚拟许可使用费确定的，由于拥有该项资产而节省向第三方定期支付许可费而节省的金额就是该虚拟许可使用费。将该项无形资产在使用寿命期间节省的许可使用费考虑税收影响后，折现到评估基准日时点现值的评估过程称为许可费节省法。采用许可费节省法评估无形资产，需要考虑以下因素：

（1）相关财务数据以及在无形资产寿命期内由于许可所获得的收益以及对该项无形资产寿命年限的估计；

（2）可以使用的税前抵扣许可使用费率；

（3）营销成本和被许可方所承担的使用该项资产的任何成本；

（4）用于将该项资产假定的许可费转换成现值的折现率或资本化率。

虚拟的许可使用费比率一般由两种方式取得：第一种是基于市场上可比较的或相似交易的许可使用费率确定；第二种是基于收益的分成确定，该收益分成是指假设在一个公平交易中一个自愿的被许可方为获取使用目标无形资产的权利而愿意支付给一个自愿的许可方的金额，因此也称之为收益分成许可法。

使用许可费节省法评估一项无形资产所有权的市场价值时，可能会大大低估其价值，因为无形资产许可费所反映的收益只是无形资产部分权利的收益，即被许可的那一部分无形资产的价值，而无形资产所有权的价值可能远超过许可使用产生的价值。但这并不说明许可使用费对于无形资产分析和评估没有意义。相反，许可费节省法的相关数据能够为无形资产价值提供重要的参考依据，在评估无形资产许可价值时，尤其是在无形资产侵权损失评价中，许可使用费法通常是评估侵权者通过无形资产获得收益的重要方法。同时，由于无形资产价值评估对象"权利束"的存在，且在涉及具体无形资产经济行为时，会有明确的标的设定，此时采用无形资产许可费节省法评估无形资产特许权利价值，相对就比较可行。事实上，在无形资产的价值评估实务操作中，评估对象并不是无形资产的所有权利，而是部分权利组成的"权利束"或许可权利，即在不同经济行为下所针对的无形资产某一类的权利或"权利束"，因此许可费使用法在实务操作中具有重大意义。

许可费节省法多用于无形资产使用权转让、出租等目的的评估，包括：品牌特许、专利和技术特许等。要使用该方法，必须存在可比资产且这些资产应该在熟悉情况的、自愿和独立的双方进行无形资产使用权许可经营的情况下使用。

（二）增量收益法

增量收益法（premium profits method）是基于对一个增量收益的预期来确定的，该增量收益来自对被评估无形资产所在的企业和另外一家不具有该项无形资产的企业的财务业绩进行对比，即预测由于使用该项无形资产而使企业得到的利润或现金流量，与一个没有使用该项无形资产的企业所得到的利润或现金流量来对比得到。通过对增量收益折现得到被评估无形资产的价值的方法称为增量收益法，该方法有时也称为"溢价利润法"。该法通常是在市场上无法获得许可费率数据或许可费率数据不可靠的情况下采用。增量收益法可以用于评估两种无形资产的价值：一种是由于使用该无形资产能够带来成本节约；另一种是其使用可以产生额外的利润或现金流。

（三）超额收益法

1. 方法说明

超额收益法（excess earnings method）是通过计算包括评估对象无形资产在内的相关资产对企业的贡献额，再通过扣除来源于其他有贡献的资产的相应贡献而得到归属评估对象无形资产所创造的现金流或超额收益，将此现金流或超额收益的折现来确定评估对象无形资产的价值的技术方法。

超额收益法将预期的现金流归并到一个最小的企业单位或一个资产组，这些现金流包括所有目标资产所产生的收益。在预测完现金流以后，还要扣除来源于有贡献的其他有形资产、无形资产和金融资产的现金流。这一扣除还可以通过一个适当的资产贡献率或经济租金，将其从现金流中扣减。为得到一个可靠的评估结论，还应再扣减在持续经营的情况下所有资产被一起使用而带来的任何附加价值。典型的代表性例子就是由一项组合劳动力资产所带来的现金流收益，该项组合劳动力对于个别资产的购买者来说一般情况下并不能单独购买到。这一过程如式 3－1 所示。

超额收益现金流 =（EBITDA－折旧/摊销）（1－T）＋折旧/摊销－贡献资产的补偿回报－贡献资产的回报率－其他贡献 （式 3－1）

式中：EBITDA 为税息折旧及摊销前利润；T 为所得税。

该方法是把收益进行拆分，把其中作为评估对象的无形资产得到的收益拆分出来，也即扣除该无形资产以外的其他有形及无形资产所应该产生的平均收益，而以超额收益进行分析。

超额收益既可以使用一个单一期间的现金流预测，可称之为“单期超额收益法”；也可以使用多个期间的现金流预测，可称为“多期超额收益法”（multi-cycle excess earnings method，MEEM）。通常情况下，多期超额收益法适用于对现金流产生较大影响的无形资产或类似的无形资产组合，只有这类资产的使用费用被扣除后才是有贡献的。如果这种方法多次使用，就必须注意同一现金流是否被多次归到不同的资产上。超额收益法主要用于评估客户合同、客户关系、正在研发的项目等。多期超额收益法特别适用于特许经营权、公路收费权、矿权等无形资产评估。

2. 多期超额收益法的运用步骤

与单期超额收益法相比，多期超额收益法更为常用，因为无形资产通常会在一个超过一年的较长的时间范围内产生经济收益。目前国内尚没有关于多期超额收益法方面的规范/指南等，这里简要介绍美国评估促进会（American Appraisal Foundation）发布的技术性文件中对此的说明①。

（1）将被评估无形资产和与其共同发挥作用的相关资产组成一个资产组（CGU）。

（2）调整溢余资产——包括资产能力溢余。

（3）预测资产组的预期经营业绩（prospective financial information，PFI）。

（4）调整未来经营业绩的预测，剔除可能的非正常项目的收益/费用。

---

① 《BEST PRACTICES FOR VALUATIONS IN FINANCIAL REPORTING》用来估计被评估无形资产的公允价值。无形资产 return of 的估算一般可以根据被评估无形资产的经济寿命年限估算：如被评估无形资产经济寿命为 N，则无形资产的 return of $=1/N$；无形资产 return on 是无形资产的投资者投资无形资产所期望的在回收投资本金基础上的附加回报，可以采用下式估算无形资产的 return on。

$$\mathrm{WACC} = R_c\frac{营运资金}{全部资产} + R_f\frac{固定资产}{全部资产} + R_t\frac{无形资产}{全部资产}$$

其中：

R_c 为营运资金（流动资产）的投资回报率（return on）。

R_f 为固定资产的投资回报率（return on）。

R_t 为无形资产的投资回报率（return on）。

（5）固定资产/无形资产折旧/摊销预测。
（6）未来资本性支出预测。
（7）确定贡献资产（contributory assets）。
（8）确定贡献资产的贡献率（contributory asset charge or CAC）。
（9）估算贡献资产的全部合理贡献。
（10）从全部经营收益中减去全部贡献资产的贡献得到“超额收益”。
（11）确定超额收益的折现率。
（12）将每年的超额收益折现得到现值和。
（13）确定税收摊销价值。
（14）最后确定全部被评估无形资产的价值。

3. 多期超额收益法应用时的注意事项

（1）资产组的预期收益应该以市场价值为基础计量，任何针对特殊投资者的协同效应产生的附加价值均不应考虑在内。
（2）贡献资产应该具有正常规模水平，对于在建的资产应将完成后的资产规模作为正常的规模水平，对于溢余资产也需进行调整。
（3）超额收益应该采用现金流，一般不采用利润。
（4）折旧/摊销应按公允价值为基础计算。
（5）贡献资产回报率一般是以资产的公允价值为基础计量。
（6）折现率与收益流口径保持一致。

三、无形资产超额收益及其测算方法

（一）超额收益定义

无形资产一般很难单独产生收益，通常是与相关联的资产共同发挥作用，这个与被评估无形资产一起对未来收益产生贡献的资产可称为“贡献资产”（contributory assets）。贡献资产可以从两个角度来理解：
（1）与被评估无形资产共同发挥作用的资产；
（2）与被评估无形资产共同形成收益流的资产。

如果一个或多个无形资产与相关联的资产对企业整体或资产组收益的贡献是可以分割的，贡献之和与企业整体或资产组正常收益相比后仍有剩余，这个剩余收益就被称为超额收益。

（二）无形资产超额收益主要测算方法

1. 直接测算法

无形资产为企业带来价值主要是源于竞争优势，于企业拥有/许可使用的无形资产使相关产品/服务在市场上拥有销售优势，获得更多的消费需求，从而产生超出一般水平的收益。无形资产的价值体现在能够为企业提升产品价格或降低产品成本或扩大市场份额，或者这些优势的联合效果。

直接法就是直接量化与该无形资产相关的收益增加，譬如通过价格的提升、成本的降低、市场份额的增加以及收益期限的延长等。

（1）产品价格的提高。如果无形资产中所含的创新价值得到开发和运用，则能给企业产品带来较高的市场价格，而且可能在一段时期内一直具有此优势，而无须考虑竞争者的行为。如果消费者支付的溢价超出企业为无形资产开发所付出的支出（设计费、广告费等），企业就可以从中获利。例如驰名商标，消费者会可能乐于为了一个“例外”标志多花钱，而且会一直忠于该品牌。溢价不总是受著名商标的驱动，专利和技术诀窍等也能产生溢价。例如专利药物，一般而言，生产一种药品的设备和生产其他药品（阿司匹林）的设备是类似的，但是专利药物却可以每片多卖几元，而阿司匹林则只值几毛钱。需注意的是，这里的产品销售收益与价值不同，其中很可能包含为产生溢价而支出的费用。

但是，因为溢价而赚取的高额利润对竞争者有很大的吸引力，所以溢价优势可能会因竞争者的加入而逐渐消失，如某专利技术会被新的技术所代替，该专利产品的价格会下降到平价商品的水平，从而失去高价格优势。

（2）企业成本的节约。许多无形资产的使用能够降低企业的成本，从而给企业带来超额盈利。无形资产的使用可通过以下途径节约成本。

①在不影响产品质量和功能的前提下，减少人工、机械、材料的成本，譬如提高每单位劳动投入的产出，降低机器保养费用和停产检修的时间，使用更低成本的原材料。

②提高产品质量，从而减少产品召回、浪费品和次品。

③增加经营效率，譬如简化生产程序，降低资产维护费用。

④降低管理费用、广告费用、销售和促销费用、坏账支出等。

⑤减少或消除环境污染。

有的成本节约可以很容易被识别和量化。例如，一种专利或技术诀窍在保持现有生产水平不变的情况下每月能减少 1 500 千瓦时用电量，使用这个新技术的企业的电费表单会量化这些成本节约。

有些则需要会计或其他相关知识来估计成本的节约额，例如利用损益表的数据来识别。假设某公司开发出了一种含有客户和潜在客户信息的非常复杂的数据库，也开发出了该数据库的分析软件。这一整套无形资产的成本节省可在销售、常规工作及行政费用支出中找到。因为该类无形资产的使用可能使公司大量裁减销售人员、减少销售支出。

依靠成本节约来衡量经济收益时，必须确信该收益的确是因为所评估的无形资产产生的。

（3）产品市场份额的增加。无形资产的优势可能会直接或间接增加其市场份额，从而提高利润，例如一些无形资产使企业的市场份额在市场中占有统治地位，即使企业保持较大的产品销量。

（4）协同效应。生产和经营协同也可以增加利润，很多情况下仅仅是大规模生产中经营效率的提升就可以节约成本。当大规模生产可持续时，则协同优势成为可能，从而导致利润的增加。与大规模生产相关联的典型协同包括：

①原材料购买时获得大订单的折扣因而节省了成本，同时因为所需的销售人员减少而销售支出更少。

②大规模生产中各个过程效率都提高了。

③固定费用分散到较大产量中。

④大规模生产使企业能够向公用事业单位保证其购买力，可能获得总量折扣。

以上各项协同利益与其他因素相结合，从而使利润增加。

（5）小结。估算无形资产给企业产品带来的超额收益，首先需要分清是哪个具体无形资产产生了溢价，可能是商标，也有可能是技术专利等；可能是一项无形资产的作用，也有可能是几项无形资产共同作用的结果。故需要分清产生超额收益的无形资产来源，然后再将超额收益合理分配到目标无形资产中。

2. 差额法（间接法）

（1）"免费专利"法[①]。"免费专利"基于这样一个理念：如果一家公司拥有无形资产，它就无须租用这项资产，因此无须支付专利使用费。这部分虚拟的支出等同于拥有无形资产后的收益，从而可以进行税后现值的计算。这种情况下假设企业不拥有商标或技术等无形资产，必须支付许可使用费才能获得使用该资产的权利，该资产被许可是其使用的基本前提，故应该参照市场交易基础上的许可费率和收益进行价值预测。这种方法常用于诉讼案件中的损失赔偿等的评估。要注意的是，虽然该方法已经使用很多年了，但过去的十几年该方法在很大程度上被误用和滥用了。

大多数评估都是基于许可使用费率来计算，虽然有些无形资产特别是商标、品牌和版权确实有可比较的市场许可费率，但是还有许多无形资产的比较许可费率都是不确定的，而且没有精确地可比较的许可费率。这种免费专利往往是从相关行业的"市场"得来的，或凭经验得出的。免费专利的现金流可能只代表被评估无形资产所获经济收益的一部分。如果这些许可条款只转移了无形资产所有权的一部分（如许可人保留了使用无形资产的权利，或者还有许可他人的权利），那么对于这些有限的权利（免费专利）就与获得全部无形资产的经济收益不对等。例如在房地产市场中，业主把一栋建筑的一半出租，另一半保留。显然租金收益不能作为整栋建筑价值的恰当市值，当然从租户那里收取的租金是房租市价的参考值，但还不足以用来评估整栋建筑的价值。

如果想用收益法评估无形资产所有权价值并希望利用"市场专利使用费"代替资产收益，则需要把许可人（即所有者）使用无形资产所得收益和被许可人使用该无形资产所得收益全部资本化。被许可人使用无形资产所得收益不等同于被许可人支付的专利费。问题的关键在于需要考虑所有可能与无形资产相关的潜在收益流，并能确定出各部分收益流的归属，如图 3－1 所示。

无形资产中全部所有权的价值可通过资本化收益流 A 和 B 获得。专利使用费 C 是 B 的一部分，C 的资本化代表租借给被许可人的授权许可合同的价值，这当中明显有重合部分，应谨慎定义被估价的资产和与该资产相关的收益。如果我们的任务是评估无形资产中被许可人的收益，则用资本化的 B 减去专利使用费 C 即可。

如果无形资产所有者不直接利用所拥有的无形资产，而是把其授权给其他可能更有能力的被授权者，如连锁机构，那么图 3－1 描述的情况可能更加复杂。根据被授权者所获

---

① "免费专利"法是许可费节省法的一种，计算许可费节省的还有一种是收益分成许可。两种方式许可的途径不同。

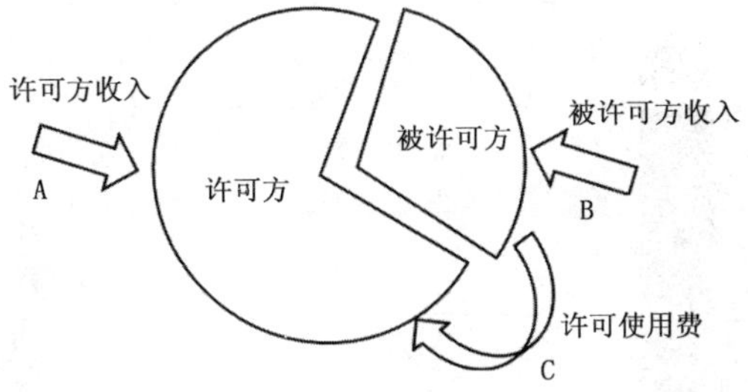

图 3－1　授权许可收入流

得权利的不同，我们可能要考虑更多的现金流来源。

（2）差别利润分析。

①定义。差别利润分析是计算许可费率的一种方法，方法首次用于专利侵权法院判决中，后常用于界定无形资产其他用途的经济收益，有时也称为分析法。该方法是分析侵犯无形资产所获预期利润与行业正常利润水平之间的差别，将使用无形资产譬如专利技术所得的利润减去没有该技术时的所得利润，所得差距归因于专利技术，以此作为许可费。分析法可用式 3－2 概括：

无形资产（专利）使用费率＝侵权下预期的利润率－正常的利润率　（式 3－2）

②关于“正常”条件的说明。分析法的核心在于“正常”收益的定义。从字面上理解，所谓正常的利润水平反映的是在被评估无形资产（譬如某项专利）缺失的情况下该行业业务经营的利润率。尽管人们能够理解正常收益和正常收益水平。然而许多公司，尽管所处行业相同、产品类型相同、客户类型相同，获利能力却可能有很大的差别。正是这种巨大的差异，使定义一个行业的标准化利润率非常困难。同样，一家公司的正常利润应该是多少也是难以统一的，人们也很难对单个企业的正常利润水平达成共识。所以，在无形资产评估中，如果需要利用行业或企业正常的利润率或正常利润水平时应当谨慎并有充足的理由。

③关于行业的平均水平。总体来看，某一具体无形资产被许可的收益分布是极度不均衡的，这就意味着数学上的“平均”不能准确反映任何一项具体无形资产的价值，如图 3－2 所示。因此应用行业平均水平来确定某一无形资产的合理使用费在于如何进行行业的划分，如果能够按照无形资产的具体类型及相同权利进一步细分，在细分之下的权利产品类型中，许可费率波动率会小一些，这样根据行业平均水平得到的结果可能会更合理。

无形资产的超额收益需要流动资产、长期投资和固定资产等这些资产配套才能产生。在一个竞争性环境的有效市场中，生产和销售商品一般而言无法获得超额利润，一般通过流动资金、固定资产和无形资产获得适中回报率。但如果一个企业利用专有技术生产增强型产品，可以使产品与其他产品具有差异性，就可以让生产者获得溢价。溢价可能是因为商标，消费者将商标与高质量相联系；溢价也可能源自拥有专利技术产品所提供的特殊功能；溢价甚至可能源自商标和技术优势的共同作用。增强型产品的生产者就有可能在通过流动资金、固定资产和无形资产获得适中回报率的同时，也通过无形资产获得了超额

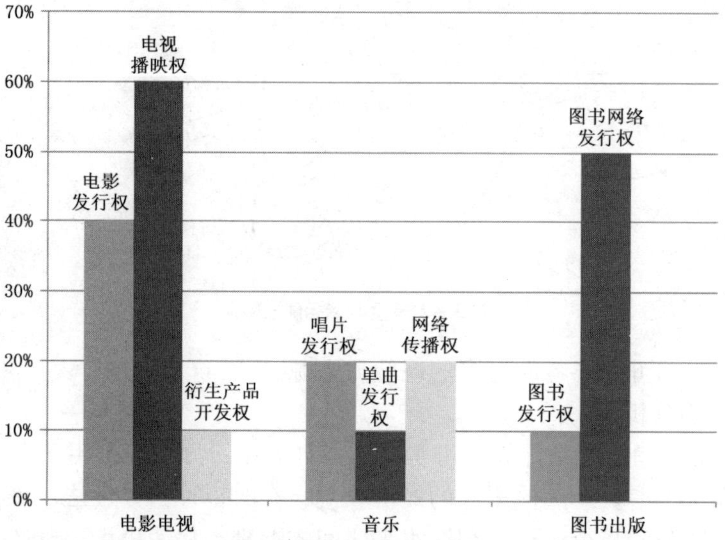

图3-2 不同类型作品权利免费专利统计（纵坐标是免费专利率）

数据来源：美国无形资产研究协会. Royalty Rates for Trademarks & Copyrights（Fourth Edition）. 其中电影作品案例23个，音乐作品案例24个，图书作品案例25个。

利润。

商品生产者为获得生产和销售增强型产品所愿意支付的最高许可费用应该是与无形资产相关联的超额利润的总和，但只有极少数的被许可人愿意支付上述理论上最高额的许可费，因为如果这样做，则意味着运用该无形资产不能带来额外收益。而如果被许可人愿意接受这样的许可费，就意味着该无形资产具有不可或缺性——必须获得许可以保护现有的产品和服务，或者为了保留某个市场，寄希望于未来获得与许可不相关的利益。

商品制造者用于生产和销售的配套资产的投资回报率可以等同于正常的或标准的行业利润。如果这部分利润从对增强型产品的商业化总利润中减除，就得到了无形资产贡献的利润。

④需要注意的问题。要使正常行业利润对于具体无形资产是适用的，要求正常的产品利润率和运用了无形资产的产品在同样或类似的行业竞争中获得利润率进行比较，这样才能得到较为合理的许可费率，同时还需要反映配套资产要求的投资回报率。如果满足上述条件，则合理的许可费可以得到。

任何个别产品的正常行业利润都不能用该公司的整体赢利能力来衡量，每个产品显示的赢利能力同公司整体的赢利能力都是不同的，例如在新兴产品上市过程中，低利润率可能是持续研究和过分营销的结果，这些早期的开支消耗了当前的赢利，但日后有希望带来更高的利润，因此新兴产品的正常行业利润只能待日后评估。

3. 利润分成率法

（1）分成原理。经济分成理论认为：无形资产的价值来自其创造的经济效益中无形资产的贡献。例如可以以使用价值为基础，就实施该项技术所创造的经济效益（节约的劳动时间）中技术应占的比例来确定技术成果的价值。联合国有关技术贸易的规定也倾向于采用这种理论，称之为“利润分成率”，也称为 LSLP（Licensor's Share on Licensee's Profit）。

利润分成法是从使用无形资产获得的总收益中抽取出目标无形资产的收益部分，即首先计算使用无形资产获得的总收益，然后将其在目标无形资产和产生总收益过程中做出贡献的所有有形资产和其他无形资产之间进行分成。有些利润分成分析使用的是经济收益毛指标，如总收益，但大多数利润分成法使用的是净收益指标，比如营业利润、营业现金流量或净现金流量。在我国的实际无形资产交易中更多的是使用收入分成率。由于各种分成率是可以相互转换的，不论采用何种分成率，都要特别注意不同分成率口径的差异及其数据统计口径的差异。

通常，企业可能拥有多种无形资产，因此，确定目标无形资产在总收益中的利润分成时，同时也需要考虑其他无形资产的利润贡献率。在收益分配过程中，首先需要将收益额合理分配给非无形资产，该过程涉及两个重要因素：一是企业资产构成中每项资产所占的比重；二是每项资产对应的合适的投资回报率。一般更倾向于采用现金流量分成率，它可以避免不同企业会计政策差异的影响，也避免了考虑特定企业成本费用预测的误差。

（2）常用的分成法——经验法简介。经常采用的一种利润分成法是经验法，一般是指“三分法”或“四分法”（可能也会有其他份额比例）原则，即无形资产许可中，许可方会得到被许可方因使用无形资产所获得总利润的 33% 或 25%。经验法体现了过去的惯例和行业的平均水平，作为一种基准，具有一定的经验可信度和参考价值，很多对这种经验法则的支持者认为，33/67 或者 25/75 的比例对于许可方和被许可方的利益分配甚为合理，现实中，被许可方确实需要承担无形资产开发和商业化过程中 67% 或 75% 左右的工作，所以不应该被评估师忽视。

这种依据惯例和行业平均水平确定分成率是一种便捷实用的方法，但要意识到其不足之处，该方法没有将无形资产对已售产品产生的超额利润进行追溯，也没有考虑是否存在该无形资产的替代品，更没有将可能影响无形资产交易价格的因素进行具体分析等。举例来说，如果被许可方利用该无形资产的次优替代品就可以获得几乎等量的利润，那么以利润的“三分法”或“四分法”为基础作为无形资产使用费就是不合理的；如果无形资产拥有者每次所销售的产品都能获得可观的利润，并且在无侵权条件下可以满足整个市场，那么以利润的“三分法”或“四分法”为无形资产使用费也是不合理的。

（3）确定利润分成率时应考虑的因素。确定利润分成率是该方法中十分重要的一个环节。在选择利润分成率时，评估人员应该考虑以下因素：

①目标无形资产的具体类型（可以通过相关合同进行判断）；

②目标无形资产所在企业的经营类型；

③目标无形资产所在企业的行业情况；

④目标无形资产所在企业的实际经营能力分析；

⑤目标无形资产和所在企业中其他资产为创造收益所做贡献的相对重要性分析；

⑥市场上的免费专利利率水平和其他无形资产转让协议中已知的市场利润分成情况；

⑦分析中选择的估算经济收益的指标应该以已经为无形资产所在企业中其他有形及无形资产提供的公允价值为基础。

在对无形资产进行分析评估时，当发现从历史数据和信息中很难得出一个专业化的未来收益预测时，特别是当无法获得更多的关于无形资产利益的完整数据时，简单的经验法对于无形资产的初始分析是十分有用的。

相对简单的25%法则已经被使用了40多年，现在仍在发挥作用，被称为“许可估值中最著名的经验法则”。25%准则主要用于专利，但对于其他无形资产同样适用。这一方法不仅可以运用在许可费率的确定中，在其他方法中只要具备使用条件就可以运用。

4. 要素贡献法

有些无形资产已经成为生产经营的要素，由于某些原因不可能或很难确定其带来的超额收益，这时可以根据构成生产经营的要素在生产经营活动中的贡献，利用经验从正常利润中粗略估计出无形资产带来的收益。

各种资产的收益分配主要是由资产的价值及其风险共同决定的。在我国通常将企业生产经营活动分成三大要素：资金、技术和管理，企业总收益（Te）由资金收益（Ce）、技术收益（Te）以及管理收益（Me）组成，如式3－3所示，认为技术收益是由企业无形资产的运用带来的。

$$Te = Ce + Te + Me \qquad （式3-3）$$

这三种要素的贡献在不同行业是不一样的，一般认为三者对利润的贡献率如表3－1所示，但要根据企业的实际情况进行调整。

表3－1　行业要素贡献常用比例

行业	资金比例	技术比例	管理比例
资金密集型行业	50%	30%	20%
技术密集型企业	40%	40%	20%
一般企业	30%	40%	30%
高科技企业	30%	50%	20%

三者对于利润贡献的比例，基本就是三者利润的分成比例。这种方法基本参照各个要素对于利润的贡献确定利润分成率和收入分成率。

（三）无形资产超额收益测算的其他方法

除了上述常用的方法之外，还有许多方法被借鉴到无形资产收益的度量之中。譬如数量模型外推、白板法、蒙特卡罗模拟等等。

1. 外推法

预测外推法主要建立在对历史趋势的识别和将这些趋势外推的基础上，外推分析和回归分析都是使用过去的观测数据来对未来趋势进行估计。好的预测不能只依靠模型，对无形资产企业发展情况以及无形资产使用情况的定性分析是必不可少的前提，在此前提下，模型取得的预测效果可能较好。

模型预测法使用时需要注意两点，一是分析清楚影响无形资产超额收益的每个变量；二是分析判断这些变量之间存在什么关系。应用该方法需要一定量的历史数据，因此对于尚未开发的无形资产的收益预测适用性较差。大多数外推法之所以能将历史趋势扩展到未来是基于以下关系：预测变量之间存在线性关系；预测变量之间存在曲线型关系；两个或多个变量之间具有相关关系。

（1）线性外推法。线性外推法适用于自变量和因变量的关系是线性的、确定的情况。例如假定评估师用节约的成本来度量由于专利侵权而损失的收益，通过分析可以认为在节约的成本和产量之间存在一种线性的关系。在线性外推法中，评估师应该确定一条最合适的直线，作为最佳的外推直线，这条最合适的直线可以通过观测数据点在图表上画出来，而且对两变量之间的"真实"关系做一个评估。

如果因变量和自变量之间已经存在一个普遍接受的历史关系，那么，线性外推法就是一个很有用的收益预测方法。对于预测无形资产的收益而言，这也许是一个简单的方法。但是，在进行任何一个收益预测时，如果轻易使用线性外推法就会导致预测错误。线性外推法的应用常常受到限制，因为不只一个变量影响收益的预测，其他如行业、产品或服务的竞争、所有者的销售策略等都可能影响变量。运用外推法对无形资产的收益进行预测时，必须对所有的收益预测中的变量关系进行严格而完全的分析。

应用外推法或回归法进行收益预测时，当解释变量之间的相关性增加时，所估计的斜率系数误差就越大。因此，如果解释变量之间存在强的相关性，评估师应该对回归系数的显著性做检验。在这种情况下，评估师就有可能考虑排除与其他自变量高度相关的自变量，最好只使用一个自变量（忽略其他的一些自变量）。

（2）曲线型外推法。在散点图中，如果因变量和自变量之间不能呈现出一种直线型的关系，那么曲线型外推法就是一个很好的办法，换句话说，对于这些观测到的数据点，评估师应该选择一条合适的曲线而不是直线。曲线型外推法是建立在因变量与一个或多个解释变量的那种多项式函数关系基础上的。多项式函数可能的曲线类型如图3－3所示。

图3－3 曲线类型图

当数据的散点图呈现一种非线性的形状时，曲线型外推法在预测期望收益时是比较合适的，可以用多项式回归找到一条合适的回归曲线。

（3）其他外推方法。其他更为复杂的模型还有时间序列模型、灰色预测模型，神经网络模型以及组合预测模型等。固定时间序列模型不具有灵活性，在长期预测中，一旦根据历史数据确定了预测模型，未来各年预测数据也就确定了。因此，采用此模型进行预测，需要首先对企业的经营情况做充分的定性分析，确定企业收益发展趋势，才能够选择合适的模型进行预测。随机时间序列模型、灰色预测模型以及神经网络预测模型则有较大的灵活性，其用于预测的数据具有较大的信息覆盖性，能够将企业无法充分提供或辨识的收益影响因素不断纳入模型，从而得出新的预测结果，并且灰色模型、神经网络模型利用的数据较少，这对无形资产价值评估比较重要。

评估师可以用这些统计估算方法来对某项无形资产未来的收益进行预测。下面要讨论的是一些非统计方法，评估师同样也可以用来预测无形资产未来产生收益的能力。

2. 白板法

白板（tabula rasa）源于拉丁语，其含义是“空白的历史”。白板这个思想来源于希腊哲学家亚里士多德的一句话：“思想是一块干净的画板，需要靠人的各种经历去填充。”在无形资产的经济分析中（特别是在产权的开发阶段），评估师所面临的问题就是从何开始，在这种情况下，就是一种典型的“空白历史”。这里没有任何关于该无形资产的历史收益和收益预测方面的信息。

白板法的具体运用步骤如下：

第一步：获取资料。

评估师此时要做的第一步就是与所有者或研发者进行大量的面谈，然后评估师可以采访那些使用过这些无形资产的人员。评估师可以从以下问题开始调查：

（1）这项无形资产究竟是什么？其主要的构成部分和功能是什么？

（2）对于现在的所有者/经营者来说，该无形资产的经营或经济利益是什么？对于第三方购买者或申请许可的人来说，其是否可以得到这些利益？这些利益是否与一般市场上主要参与者预期的利益不同？

（3）某一特定环境或事件会对无形资产的作用产生什么样的影响？在市场环境发生变化时，无形资产的功能会发生怎样的变化？

（4）随着时间的变化，无形资产的效用预期会如何变化？当某一特定的事件发生时，它是会按照预期的方式慢慢变化，还是会突然发生变化？什么会导致其效用发生变化？其预期的经济寿命是多长？预期有效寿命是如何测算的？更长或较短的有效寿命会产生什么样的经济后果？

（5）该无形资产是应该按照一个独立的经济体进行分析，还是按照一个大的经济体中的一个组成部分来分析——例如作为持续经营企业的一个部分？该无形资产的效用是否依赖于使用其他资产或商业企业的经营？

（6）怎样才算是对无形资产做了最佳的利用？最佳的利用是如何定义的？第三方购买者如何才能最佳地利用该无形资产？在所要求的投资上，它能够给第三方购买者带来足够多的经济收益吗？

（7）拥有或使用该无形资产，其销售价格、许可费用、特许费用或转让价格要多少才合理？对于不同的购买者，其合理的价格是否会不同？对于无形资产不同的使用，其合理的价格是否也会不同？

问题远远不止以上的这些，但是这些问题可以作为评估师了解该无形资产和影响其价格因素的一个起点。

第二步：了解将要使用这项无形资产的市场。

评估师需要对将要经营的行业做仔细的调查，特别是评估师应该考虑到在这个行业中所有可以利用的商业机会。通过以下方式授权该项无形资产就是可利用的商业机会。

（1）地域的扩张。

（2）行业的扩张（到一个新的行业）。

（3）产品/服务的扩张（到一个新的产品/服务市场）。

评估师应该对市场进行调查，看该市场中是否有类似的无形资产已经商业化。如果有，评估师就可以搜集类似产权方面的信息，以便获得该无形资产的收益信息。

第三步：使用这些数据和研究来准备收益的预测。

白板法要求进行严格的调查以及对无形资产的所有者、现在或潜在的使用者进行详细的咨询，这是因为评估师一切从零开始——也就是没有任何关于无形资产产生收益能力的历史信息，另外评估师在使用这种方法进行收益的预测时必须结合书内讨论的其他一些方法。

评估师可以运用灵敏度分析来检测数据，并设计收益预测的最好情况、最差情况和最可能情况的不同方案。同时，评估师也可以运用仿真分析，如蒙特卡罗分析检验这些相关的假定，以便发现它们对无形资产价值的影响，评估师还可以运用经验法检验预测假定的合理性。

3. 蒙特卡罗模拟

蒙特卡罗模拟方法，亦称“模拟抽样法”或“统计试验法”，是一种以数理统计理论为指导的模拟技术，即通过对每一随机自变量进行抽样，代入数据模型中，确定函数值，独立模拟试验许多次，得到函数的一组抽样数据，由此决定函数的概率分布曲线以及函数的数学期望、标准差等重要的分布特征，进而通过计算获得投资项目的风险情况。其实质是根据一定的概率分布产生随机数从而模拟可能出现的随机现象。在预测一系列相关事件的整体结果时，蒙特卡罗分析非常有用。

蒙特卡罗分析也可以用于进行无形资产的收益预测，在每次仿真分析中，评估师要构建一个情景，在这个情景中改变诸如收益、产品销售成本、折旧、所得税和回报率等变量，所有的分析变量会按照一个概率分布同时进行调整。现在许多软件（包括 Excel）和网页服务器都使用蒙特卡罗分析法。

例如用蒙特卡罗分析基于现金流贴现法对一个商业秘密进行估价，首先做以下假定：

（1）对于该商业秘密到目前为止还没有任何的收益预测数据。

（2）关于该商业秘密的财务信息没有显示出收益变化的稳定趋势。

（3）商业秘密的预期有效寿命为 5 年。

（4）评估师预测其收益增长率为 0，但是商业秘密的所有者/经营者认为其收益的增长率为 3% ~20%。

（5）目前收益和销售成本分别为 1 000 元和 700 元，其他成本为其收益的 5%。

（6）其他营业费用为收益的 5% ~10%。

（7）评估师认为 15% 的贴现率是合适的。

为了简化，假设只有 3 个变量（收益、销售成本和其他营业费用）发生变化。在蒙特卡罗仿真分析中，随机变量是从确定好的变量分布中抽取的。每个时期每个变量的随机值都是独立产生的。变量的随机抽取要求现金流贴现模型进行重复计算，对每次随机抽取的结果都进行汇总。

表3－2和表3－3列示出了1万个相互独立的案例的结果，在模型中3个变量的值都在同样的范围内波动。

表3－2　蒙特卡罗分析——商业秘密定价的收入分析　单位：万元

评估变量	情　况	预　测　期　间				
	年度	**2013**	**2014**	**2015**	**2016**	**2017**
收益	低	1 000	1 033	1 067	1 102	1 139
	最好估计	1 000	1 118	1 250	1 398	1 563
	高	1 000	1 235	1 526	1 885	2 328
销售成本	低	600	622	645	668	693
	最好估计	717	802	900	1 002	1 124
	高	850	998	1 197	1 478	1 826
其他费用	低	50	52	54	56	58
	最好估计	73	82	92	103	115
	高	100	116	139	166	202
贴现的现金流	低					134
	最好估计					599
	高					1 134

表3－3　基于蒙特卡罗分析的最好估计情况下评估变量的财务评估模型　单位：万元

评估变量	预　测　期　间				
	2013年	**2014年**	**2015年**	**2016年**	**2017年**
收益	1 000.0	1 118.0	1 250.0	1 398.0	1 563.0
销售成本	717.0	803.0	900.0	1 002.0	1 124.0
总利润	283.0	315.0	350.0	396.0	439.0
其他费用	73.0	82.0	92.0	103.0	115.0
营业利润	210.0	233.0	258.0	293.0	324.0
税前利润	210.0	233.0	258.0	293.0	324.0
所得税（30%）	(63.0)	(69.9)	(77.4)	(87.9)	(97.2)
净收益	147.0	163.1	180.6	205.1	226.8
现值因子	0.9	0.8	0.7	0.6	0.5
现值	127.8	123.3	118.7	117.3	112.8
公平市场价格	599.9				

在这个例子中，评估师使用蒙特卡罗分析对该商业秘密的价值进行了估算，通过1万个独立案例的分析得到一个价值的分布。蒙特卡罗案例分析中得到了价值变动的范围是

38.3万元~85.9万元，其价值的中值为59.9万元（由于四舍五入，数值略有误差）。假如在这个范围内所有点的概率相同的话，在这个例子中，最能够代表（最好估计）其价值的就是中值59.9万元。

没有计算机的帮助，应用蒙特卡洛法是不现实的。但现在低成本的计算能力和相对容易掌握的软件，使这一方法成了可以广泛应用的帮助决策者的工具。但蒙特卡罗法还是受可能性分配和可能状况分布估计的限制。

四、无形资产折现率及其估测

评估时可以以行业资产收益水平为基础，结合企业、评估对象、社会的资产收益水平及未来变化情况来确定折现率。

（一）无形资产运营中的风险

1. 宏观风险

无形资产产业与传统产业相比，具有较高的风险性，主要表现为市场供求关系的不确定性、无形资产的保护难度以及国内外激烈的市场竞争环境。目前，国内无形资产产业无论在法律制度、企业管理、企业融资等方面都存在障碍，这些因素导致投资者在对无形资产产业的产品进行投资时，面临的风险比传统产业要高。因此，这部分风险因素应该体现在投资回报率中。在跨国交易中文化、国家的政治等也是宏观风险。

（1）政策风险。政策因素一般包括财政政策、货币政策、税收政策、汇率政策和产业政策。政策的变动将导致社会总需求、市场利率及知识产权筹资成本的变化，从而使投资价值发生波动。

（2）法律风险。在世界各个国家都有很多关于无形资产法律保护（或关于缺乏法律保护）的条款，包括保护的品种、保护范围和保护程度等。在评估无形资产时要考虑法律保护的程度和质量问题，例如无形资产侵权的惩戒力度。如果法律保护力度不够，必须考虑将被评估无形资产的经济生命周期缩短。

（3）市场风险。市场风险是指因市场需求发生变动所造成的风险，它在很大程度上是与市场整体行为相关联的一项独有的、具有不利影响的风险因素。譬如某项专利技术，它所处产业的成长前景、产品的市场需求、市场扩散速度、市场占有率以及目前同类产品供求状况、市场需求规模、市场需求增长趋势、市场需求的长久性等都有可能构成了市场风险。

如果企业的产品或服务需要大量的销售和市场费用，则其风险也会更高。这样的企业通常处于一个竞争性和商品偏好性高的市场，此类市场的需求摇摆幅度较大，或者必须出售大量产品才能支持高昂的研发费用（如计算机和制药行业）。

（4）技术（替代）风险。无形资产的技术风险是指因无形资产替代品的出现所造成的风险。现实社会的激烈竞争加剧了知识产权的更新换代，因此其创新性、先进性和可靠性等方面都会受到不同程度的冲击，从而影响了预期可获得的收益额。依赖于高科技的企业风险更大，因为它必须保持其产品和服务加速前行。这类企业还可能面临严酷竞争，高新技术产品的高利润会吸引其他企业进入市场。

国际范围内无形资产可以拥有一个完全不同的市场，而在不同国家之间技术进步的多样性比单一国家中要大得多。发达国家的优秀企业对某一先进技术感兴趣，该企业知道开发成本及完全自动化技术所代表的成本节省程度，并愿意为此付出相应较高昂的价格。如果潜在的许可来自一个欠发达国家，则完全自动化技术将变得没有吸引力，因为其成本高昂，维护复杂，相反早期技术却会有吸引力，早期技术可以被用来初创该业务，因为在这些国家劳动力成本不是首要考虑的因素，且可以借此测试市场，而无须承担过多的财务风险。譬如，在技术发达国家除了直接使用最先进的技术之外，其他任何方式都无法获得超额收益，但无线通信技术对欠发达国家特别具有吸引力，因为它无须建立资本密集型的“电线杆和电线”设施。

2. 微观风险

（1）研发风险。研发需要进行大量投资，在有里程碑意义的成果出现之前要经历较长时间，这样会带来风险。如果在将资金投入之后，发现外部条件已经发生了变化，研发成果就失去了商业价值。例如新兴技术的研发就带有相当大的风险，包括实验室阶段是否成功的风险、在试点工厂中生产是否成功的风险，或者试点工厂阶段的成功而无法大规模投产以及市场化的风险。所以，研发的投资者有可能会遭受损失。

（2）资产管理风险。任何一个企业运用无形资产的目的无不是为了创造更高的利润，以获取最大收益实现企业价值增值。根据风险与收益原理，对于大多数投资者而言，在承担一定风险的前提下，就应该获得相对应的“正常”收益。因此，试图要利用无形资产获得超额收益，就必须具备比一般投资者更高的管理能力，这对于资产管理者而言是一个巨大的挑战。资产管理风险在无形资产的运用中是一个必须考虑的方面，尽管它难以估计。

（3）财务风险。无形资产运用中，经常不考虑财务风险，但它依然是影响无形资产价值甚至企业经营的因素之一。许可人或被许可人的财务稳定对双方而言都非常重要，若非如此，则许可费可能无法支付，对许可权的运用可能落后，对侵权行为可能无力挑战，无形资产的持续发展也可能存在危险。

（4）无形资产商业化的风险。无形资产处在研发和商业化过程的不同阶段，对应的风险大小不同，对应的风险报酬率也呈现类似的变化特征。以计算机为例，在研究开发早期阶段，投资风险较大，有可能市场环境的变化使无形资产价值降低甚至不存在，随着研发和商业化进程的深入，无形资产相关的产品逐渐被市场接受，面临的风险降低，对应的风险报酬率降低，随着无形资产的普及使用，市场对相关产品的新鲜度降低，相关技术的竞争加剧，无形资产的风险逐渐回升，直到无形资产最终完全被市场淘汰，其变化趋势如图 3－4 所示。因此要全面综合分

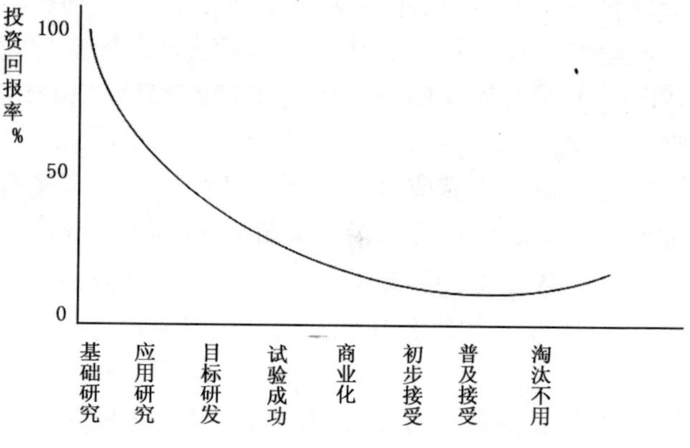

图 3－4 计算机发展阶段的投资回报率分布

析无形资产的风险因素，才能够合理估计其折现率。

3. 无形资产评估中影响风险报酬率的因素

在无形资产的收入实现过程中，常见的一些问题包括：收入是否增加到预期水平，收入期限是否如期实现，收入是否会比预期估计多变，是否需要大量的追加投资等等。这些问题关系到无形资产风险报酬率的大小。在决定无形资产风险报酬率时，需要考虑的因素有：

（1）无形资产的具体类型；

（2）无形资产评估的业务类型，譬如是价值分析、经济损失分析还是转让价格分析等；

（3）与无形资产使用相关的行业因素；

（4）与无形资产相关的产品销售前景和利润率水平；

（5）无形资产功用多样性分析；

（6）无形资产的剩余有效寿命；

（7）开发/商业化无形资产过程的竞争性分析；

（8）无形资产前期投资需求；

（9）无形资产后期追加投资的需求；

（10）无形资产是否存在跨国交易，是否存在政治风险和文化风险。

（二）无形资产折现率的测算

无形资产折现率的估计有三种思路：一是利用金融定价模型包括资本资产定价模型（CAPM）、莫顿的多因素模型以及套利定价模型（APT）等；二是采用风险叠加的方式，利用无形资产的风险因素叠加或者根据无形资产的商业化阶段进行风险折算，抑或从总报酬率中拆分；三是采用数理统计方法，通过对无形资产未来获益概率的估计来推算。

1. 资本资产定价模型及其扩展模型

衡量报酬率可利用的金融资产定价模型一般包括资本资产定价模型（Capital Assets Price Model，CAPM）、套利定价模型（Arbitrage Pricing Theory，APT）和莫顿的多要素模型。

（1）CAPM。传统意义上，CAPM 计算的折现率取决于投资者选择的特定股票的风险，特定股票的风险是与其资产基础、产业地位、竞争对手和通货膨胀的变化以及其他经济因素有关的。因此通过分析投资者对无形资产行业的特定股票要求的回报率，CAPM 可以用来评估具体无形资产的折现率。其模型一般表示如下：

$$\text{CAPM} = R_f + \beta \cdot (R_M - R_f) \qquad \text{（式 3-4）}$$

式中：CAPM 为资产回报率；R_f 为无风险回报率；β 为 Beta 风险系数；R_M 为市场超额回报率。

无风险投资回报率是投资无风险资产所获得的投资回报率。所谓无风险必须具备两个条件：其一，没有投资违约风险，即投资者可以毫无损失地获得投资本金和投资收益。这一条件通常在一个主权国家，只有政府信用才能保证。如国债资产。其二，在特定时间内完成投资和再投资是可确定的，没有按既定要求不能完成投资的行为，即在特定时间内可以按预期完成投资行为，并且在原投资到期后，可以利用原投资的本金和收益按照预期可以完成再投资。因此所谓无风险投资就是既没有违约风险，也没有投资和再投资风险。

为了满足上述条件，在评估实践中，一般都是选择政府发行的多种长期国债的到期收益率作为无风险投资的回报率。因为这是政府发行的国债，以政府的信誉作为担保，通常没有违约风险，或者违约风险可以忽略，可以基本符合无风险投资的第一点要求。在估算无风险回报率时，选择多种长期国债以尽量避免或者降低按照预期完成投资和再投资的风险。因为估算无形资产的折现率，实质上是为被评估资产选择一个机会投资，这个机会投资的投资期限应该尽量与需要评估的投资期限相匹配，由于企业投资一般都可以看作是长期的，甚至是无限期的，因此一般应该选择的机会投资也应该是长期的，即选择的国债应该是长期国债，即评估基准日距国债到期日剩余年限为长期的。另一方面，选择多种国债可以降低一种国债可能存在的在特定时期内投资不成功的风险。

资本资产定价模型运用于无形资产折现率的确定，必须测算无形资产相对于市场的整体资产组合的风险程度，即确定 CAPM 中的贝塔系数。贝塔系数是显示公司对宏观条件变化的指标，这些变化包括通胀率趋势、货币政策、世界石油价格和其他影响整个市场回报率的因素。如果公司的股票比大盘组合的价格波动更大，那么其股票和企业的重要资产与市场投资组合相比，更容易受到宏观经济变化的影响。许多投资咨询中心和经纪公司都会为特定股票计算贝塔值。可以通过研究那些高度依赖同类无形资产的上市公司的贝塔值，以其为基础来确定该无形资产的风险。

风险的重复计算对评估结果有极大的影响。在评估的过程中，评估师经常会出现错误地增添了额外的风险溢价，譬如附加的技术风险溢价，其实这个已经在行业专家的估计中包含了；附加了技术运用中所使用的原料价格波动的风险，其实与原料相关的价格波动是该行业的固有属性，已经在行业贝塔值中得到了反映，如果该技术使用的原料不是该行业常规使用的原料，或者其价格波动性大大高于行业通常所反映的价格波动，则其可以成为增加风险的理由；附加了对于整个行业新技术接受程度的风险，这也属于行业特征，也已经在贝塔系数中得到体现了。

（2）默顿的多要素 CAPM。在马柯威茨投资组合理论和 CAPM 中的假设中，投资者唯一关心的风险就是证券价格将来的不确定性。然而投资者通常还要关心其他影响其将来消费商品和服务能力的风险。比如，与未来劳务收入有关的风险、消费品的未来相对价格、未来的投资机会。因此，用期望收益率的方法作为衡量风险的唯一方式是不恰当的。

在承认投资者面临的这些其他风险的前提下，罗伯特·默顿（Robert Merton）以消费者为基础对象扩展了 CAPM，导出了当面临这些额外市场风险来源时在其生存期间的最优消费组合，这些额外市场风险来源也称为要素。因此，由莫顿导出的这一模型被称为多要素 CAPM，表示如下：

$$E(R_P) = R_f + \beta_{P,M}[E(R_M) - R_f] + \beta_{P,F_1}[E(R_{F_1}) - R_f] + \cdots + \beta_{P,F_K}[E(R_{F_K}) - R_f] \quad \text{（式 3-5）}$$

式中：R_f 代表无风险收益率；$F_1, F_2, \cdots, F_K$ 代表要素或额外的市场风险来源，K 等于要素数量或额外市场风险来源的数量；$\beta_{P,M}$ 表示投资组合对市场的敏感性；β_{P,F_K} 代表投资组

合对第 K 个要素的敏感性；$E(R_{F_K})$ 是要素 K 的期望收益率。这一表达式表明，除了市场风险之外，投资者还要为其承担的与每一额外市场风险来源有关的风险取得补偿。

多因素模型是一个非常富有吸引力的模型，因为它包含了各种非市场风险，这样，市场对一项资产定价就必须反映出风险溢价以对这些额外市场风险进行补偿。遗憾的是，要在实践中识别出全部的额外市场风险以及对每一个风险进行估价是很困难的。特别是当这些风险被放在一起考虑时，多因素 CAPM 就与套利定价理论模型有些类似了。

（3）APT。CAPM 的实际运用由于其严格的强假设条件而受到了很大的限制，这导致了著名的“罗尔（Roll）的批评”①。APT 是一个类似于 CAPM 的均衡状态下的定价模型，它是由斯蒂芬·罗斯（Stephen A. Ross）研究而成的，这种模型得出了与 CAPM 相似的结论（如风险和收益之间的线性关系，即风险越大收益就越大），但二者却是以不同假设为基础的。

套利机会的定义是：投资额为零，且证券组合的未来收益为非负值。严格地说，当可以进行套利交易时，市场并不处于均衡状态。因此，当所有的套利交易机会都被消除时，APT 得出的是市场均衡价格，这就是 APT 之所以是均衡定价模型的原因。

由于 APT 认为在均衡条件下资产预期的回报率依赖于多个因素，又由于市场组合在该理论中不一定起关键的作用，还由于 APT 可以很容易地推广到多期投资的情形，因此它比 CAPM 更好应用。

APT 假设证券的期望收益率会受到众多因素的影响，如通货膨胀率、失业率、政府债券的利息率、国民生产总值（GNP）等，这一点正与 CAPM 的单一市场指数相反。

在资本市场均衡条件下，进行无风险、无新投入资本的投资活动，其预期收益率必定是零。基于这一结论，可以导出套利定价模型（APM）的期望值形式：

$$E(R_i) = r_f + b_1[E(\tilde{r}_1) - r_f] + \cdots + b_k[E(r_k) - r_f] \quad \text{（式 3-6）}$$

很明显，如果认为市场报酬率是“k 个因素”中的一个的话，CAPM 就是 APT 的特殊情况。但 APT 的主要缺点在于它不能确切地告诉我们有关共同因素的情况。

与资本资产定价模型认为证券的实际收益率只受市场证券组合变动的影响不同，APM 认为证券的实际收益组合除受市场证券组合变动的影响外，还要受市场中更多普遍性因素的影响，例如工业指数、短期实际利率、长期通货膨胀等。在 APM 中计算资本报酬率的公式为：

$$r = R_f + \beta_1(R_1 - R_f) + \beta_2(R_2 - R_f) + \cdots + \beta_n(R_n - R_f) \quad \text{（式 3-7）}$$

式中：R_n 为假定投资收益仅受第 n 项因素影响而不受其他因素影响时的投资收益率；β_n 为投资收益率相对于第 n 项因素的敏感程度，即第 n 项因素的 β 系数。

APM 对系统性风险有多种测量因素，解释预期收益率比单一因素的 CAPM 更为准确。

2. 风险累加（减）法

---

① 罗尔的主要论点是，CAPM 理论模型下的市场组合不只限于股票指数，还应包括经济体中债券、房地产、人力资本等全部有形无形财富，这使对 CAPM 的实证检测几乎成为不可能。也就是说，即使实证证据不支持 CAPM，我们无法断定是 CAPM 有问题还是因为实证检测过程中所使用的市场组合本身不是效率组合。见：Richard Roll, A Critique of the Asset Pricing Theory's Tests, Journal of Financial Economics, 1977, Vol.4 (2): 129～176。

（1）累加法。累加法的基本思路是，在无形资产转让、投资等过程中面临各种风险时，将各风险对应的投资报酬率量化，进而确定无形资产的风险报酬率。它要求评估人员充分了解国民经济的运行态势、行业发展方向、市场状况、同类企业竞争情况等，只有在充分了解和掌握上述数据资料的基础上，对于风险报酬率的判断才能较为合理。

如果能够把上述影响无形资产价值的风险因素逐一量化，则进行简单的加法即可得到该项无形资产的回报率，一般采用如下公式：

期望回报率 = 无风险回报率 + 市场溢价 + 企业的特殊风险溢价 + 特定风险溢价 （式 3 – 8）

除了不存在体现单一证券回报与整个市场回报之间关系的贝塔值之外，累加法与 CAPM 的计算是相似的。评估师应用累加法时还可根据被评估无形资产的具体情况添加风险类型，但由于每个具体情况的不同，很多时候是评估师主观添加的类型，不是权威的信息提供者或者学术研究提供的，因此不一定得到广泛应用。在累加法中，评估师可能会将已经包含在风险溢价的风险再次计算。因此本书不主张采用主观选择的回报率，而是主张采用利用 Wind 资讯数据系统这样的专业数据库来度量，从而减少评估师的主观性，这也正是 CAPM 被广泛应用的原因。

（2）WACC 的逆行——回报率拆分法。由于无形资产大多数情况下是与其贡献资产分不开的，所以量化成为难以企及的事情。采用逆向研究的方式，从企业整体回报率出发，逐一量化其他可以量化的有形和/或无形资产的回报率，则可以倒挤出该项被评估无形资产的回报率，再减去无风险利率就得到其风险溢价了。当分析一些特定的无形资产或无形资产带来的经济收益时，这个逆向分析具有较好的实用性。

第一步是分析企业利润的来源。向客户提供产品或服务时涉及投资和成本，当收入超过费用时，企业就获得了利润，而仅靠利润的存在来评价无形资产的价值是不充分的。经济业务产生的收益应该基于持续经营为基础，并且在无形资产或贡献资产的投资期间能产生较高的回报率。

企业资产包括货币资产、有形资产、和无形资产等，每项资产都产生经济效益，其基本构成为：①以净运营资金形式存在的货币资产；②以建筑和机械为代表的有形资产；③无形资产，如不受法律保护的训练有素的员工队伍、分销网络、客户基础等，受法律保护的专利、版权、商标等知识产权。

上述资产类别都有助于全面实现赢利，经济效益来自于对这些相互促进的资产的整体利用。依据每项资产的相对重要性和相关风险，企业的总收入净额就可以分配给其各个组成部分。在分配企业的赢利之前，必须首先确定每个相关组成部分恰当的收益率。从企业的整体回报率入手，可估算每种资产的回报率。在分配无形资产所得收益时，必须要强调两个重要因素：一是业务所涉及的每个资产类别的相对量；二是与每个资产类别相关的恰当的回报率。

第二步是估算企业整体回报率。被投资公司获得的回报率应该等于投资者期望获得的回报率，要扣除任何税收优惠如递减的债务利息开支等。这个可以采用加权平均资本成本（WACC）来确定。

第三步是根据业务中不同资产的不同价值和相关投资风险的大小，将无形资产的收益分离出来。

首先，分析适当的货币资产的收益率。货币资产即净运营资本，是流动资产减去流动负债总额。流动资产包括应收账款、存货、现金、短期证券投资。抵消总资产的是企业的流动负债，如应付账款、预提工资和预提费用。由于营运资本的流动性相对较强，其投资风险自然比其他资产类别的投资风险低。企业中与运营资本相关的恰当收益率通常低于整体的 WACC 的收益率。可用替代回报率来估算与运营资本相关的回报率，譬如以 90 天存款的利率或货币市场基金作为一个基准。尽管净运营资金可能比银行存款的风险更大，但它的风险仍然比其他种类资产的投资风险低。

其次，确定有形资产的适当回报率。企业的有形资产或固定资产包括生产机械、仓储设备、运输车队、办公楼、办公设备、租赁资产的改良设施和制造工厂等。虽然这些资产的流动性没有运营资本的流动性强，它们当中含有可销售的成分，通常可以出售给其他公司或用作其他商业用途。

如果企业经营不善，那么这种资产的可变卖性仍然能使企业取得投资固定资产的部分回报；同时其风险还与固定资产的战略性重新部署有关，如果该资产还可做他用，这种资产就具有一定程度的多用途性，即使不是出于原来计划的目的，仍然对经济收益有益。虽然这些资产比运营资本的投资风险高，但需要在加权平均成本中考虑他们的优势。由这些资产形成的收益率可利用商业银行对固定资产抵押的贷款利率来体现，但使用这些利率时要做必须的调整，以反映业主权益的风险状况，其风险要比出借人的稍微高一点。

一些专业化的固定资产具有较高的风险程度，当然也要有更高的收益率。专业化的资产是相对于通用资产而言那些不容易用于其他商业用途或流动性不强的资产。它们可能与无形资产密切相关，难以移作他用。在这种情况下，使用与适用于无形资产的类似收益率可能更恰当，但是在一般情况下，一个企业的有形资产的风险要低于无形资产的风险。公司的另一种固定资产的投资是将固定资产租借给其他制造商，以这种方式获得的回报与抵押借贷的风险相当。

最后，是分割 WACC 得到无形资产的回报率。无形资产往往被认为是企业整体经营中风险最高的资产组成部分。随着社会的转变，某些商标可能不再受欢迎，竞争对手的先进技术可能淘汰某项专利。这些资产流动性小，变通利用能力差，从而增加风险。例如如果公司破产，那么安装和运行在该公司计算机上的特制软件可能没有什么清算价值，为培训员工所投入的资金也可能是竹篮子打水一场空。因此，这些资产要有较高的收益率。由于企业的整体回报建立在加权平均的资本成本上，而且货币和有形资产的收益率能被事先估算出来，所以具体的无形资产或无形资产所赚取的收益率也可以被推算出来。

（3）分段累加法。在美国注册会计师协会（AICPA）《操作援助指南系列》的一份文件中，风险资本回报率被确定地分为四个投资阶段，在不同的阶段，风险资本要求的回报率与每个阶段的风险程度是成正比的，如表 3 -4 所示。

开始阶段的投资一般是指成立期限短于一年的企业所进行的投资。此时风险资金大部分用于产品开发、雏形产品的测试与市场交易测试，此时风险最大，在这个阶段，收入甚至不是经营目标的一部分。

表 3－4 不同阶段投资资本回报率 单位：%

阶　段	期望回报率
开始阶段	50
第一阶段即早期开发阶段	40
第二阶段即扩展阶段	30
第三阶段即 IPO 阶段	20

早期阶段的投资是在企业已经开发出具备可行性的雏形产品时进行的，此时已确信进一步开发的技术风险是极小的，虽然商业风险可能还是很大的，如果要获得正向净现金流，可能还需要几年的时间。

处于投资扩展阶段的企业，通常已经向客户运送了部分产品（包括测试阶段的产品），但要扩大市场还需要大量的资金，而银行有可能不愿意提供贷款。这时盈利能力可能已经被证实，但快速扩大的需要比目前现有的要多得多。

首次公开募股（Initial Public Offering，IPO）阶段，则是涵盖了生产试验场地的建设、产品设计与测试，以及此后预计中的融资等活动。这一阶段可能持续较高的盈利，但全国性或全球性的扩张还需要更多的资金。关于投资类别与折现率的更多信息如表 3－5 所示。

表 3－5 投资类别与折现率 单位：%

类　别	折　现　率
存在疑问的冒险投资	30
新产品	20
现有业务的扩张	15（企业的资本成本）
已有技术的改进成本	10

风险资本模型是一个财务分析模型，而不是资产整个生命周期价值评估的方法。图 3－5 展示了风险资本应用其回报率的方式。在投资初期至预期支出日期之间的期限内将使用高风险的回报率；产品退出后，其风险就成了普通企业的典型风险类型，产品的快速发展也会给投资带来风险，这些风险可以通过加权平均进行量化。风险投资公司不是长期投资者，他们通常在 5～7 年内，本金增加到 3～10 倍时停止投资，将开发公司卖给规模更大的公司或将开发公司上市来实现收益。

3. 数理统计分析方法

（1）决策分析与决策树。这一方法首先是由数学家约翰·冯诺依曼（John von Neumann）和经济学家奥斯卡·摩根斯坦（Oskar Morgenstern）在其著名的《博弈论》中正式提出来的。决策树是关于未来事件的原理图，其中每个节点代表一个决策点，这样就可以进行概率关联。即使它并不直接产生估值，但也可以是一种有益的做法，因为它使人们对概率和可能性进行逻辑检查。决策分析方法的实质在于进行分解，即将复杂的情况分拆成

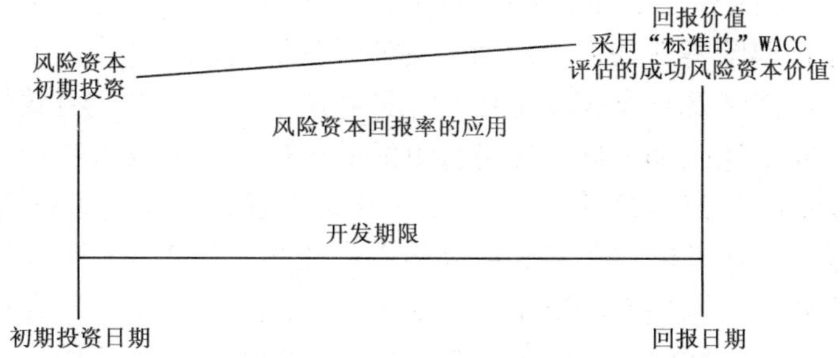

图 3－5 风险资本模型

容易理解的和容易评价的部分。

价值评估的操作，不管是明确的还是隐含的，都处于每项决策的中心地位。选择 A 是否好于选择 B？每项决策都涉及价值评估结果的选择，这一选择不仅涉及价值评估与企业决策，还涉及法庭诉讼与行政议程的决策。例如，每项要求赔偿的民事诉讼案件，都需要明确地界定赔偿额，这就需要价值评估。此外，90% 以上的审理前调解的民事诉讼，是诉讼还是进行调解的决策都需要价值评估的结论，即需要确定调解的价值评估结果是否比诉讼的价值评估结果更高？

通过建立决策树，决策者在分析中能够轻而易举地安排所涉及事件的系列次序。通常，这一程序一开始，决策就开始进行了。例如，企业得到了一个出售其所拥有专利的报价金额，企业是否应该接受这一报价呢？这一报价是否等于该专利被认为的最低价值呢？这基本上是一个价值评估的问题。

建立决策树的第一步是确定所有的决策选择。假设某一项决策是为了确定在一项著作权侵犯的司法诉讼中是否接受 100 万元的赔偿付款。在这一简单的例子中，有两个决策选择：接受这一赔偿，或拒绝这一赔偿继续进行此项诉讼。下一步是预测每一决策选择的可能后果。在这一例子中，如果所报赔偿金额被接受，则必存在进一步的不确定性和涉及的风险，并结束了决策树的这一分杈；如果这一赔偿金额被拒绝，则就存在一个不确定的后果，诉讼将继续为赢或输进行判断。然后是确定决策树中每个分杈的后果。最后一步是完成必要的计算以得出符合逻辑的决策。

即使在一定的背景下能够确定某项资产的风险以及其不确定性，则所有的背景都能够预测吗？所有的可能性都能够准确赋值吗？对于无形资产，常常是不可能对于其未来所有可能发生的事件进行预测的。在价值评估中进行决策分析的目标，是对未来不确定性的可能程度进行符合逻辑的解释。这一方法的一个优势是能够汇总更多的信息，或者通过额外的分析，将模糊不清的不确定性转化成可定量分析的风险。但是，对于标准的决策树分析存在一个重要的前提，即需要分离可能结果之间的链接，以及需要对所得出的每一分杈进行赋值。特殊情况下所得出的结果将会是重叠的。而在某一些情况下，即使大量的分析工作是由功能强大的计算机操作软件程序进行的，所得出可能结果的数量之大也使人难以应付。此时，蒙特卡洛模拟法可能是最有帮助的。

（2）贝叶斯分析。贝叶斯定理或贝叶斯修正，是一个广泛应用的数学公式。这一数学技巧，目前出现在各种情况的决策中（如确定某一电子邮件是否为垃圾邮件的邮件过滤器中的运算规则），也能够用于决策树帮助决策者恰当地应用可获得的新信息。这一极为有效的分析技术通常都配备在商务中使用的决策树分析软件中。

人们对于有关可能性的直觉往往是错的，贝叶斯定理才是切实有效的。贝叶斯定理能够对价值评估中涉及的风险和不确定性进行更好的评价，从而改进决策。

（3）马尔科夫链。虽然应用决策树进行复杂的价值评定在抽象分析中是很有吸引力的，但是构建决策树中所有的决策点和结果的操作使评估师陷入复杂的境地。当事件的时间先后安排非常重要、关键事件的发生又可能不是一次、而风险始终存在时，基于马尔科夫链的方法，有助于使不同的、工作量极大的评价任务得到更容易的处理。

1909 年，俄罗斯的数学家安德烈·马尔科夫，揭示了这一包含了机会运作的随机程序的理论，即"马尔科夫链技术"。从技术上来说，一项马尔科夫链是由相互独立的可能事件的后果所组成的，但是，关联事件中具体事件可能性的信息，依靠的是关联事件中前一事件的价值。在马尔科夫链中，未来在一定条件下是独立于过去的。金融学研究中关于股票价格著名的"随机过程理论"就是这样的一个例子。这一理论是普林斯顿大学的经济学家伯顿·马尔基尔在其 1973 年《漫步华尔街》的书中推介的。

马尔科夫链在考量与预测客户对品牌忠诚度的市场调查中极其有用，此分析可以帮助确定商标价值评估中未来的收益流。例如分析市场上某种产品的 3 个品牌——A、B 和 C。其中，品牌 A 具有最强的客户忠诚度，品牌 B 和品牌 C 的客户忠诚度排名在后。在许多市场上，最常见的是预测客户下一次购买的品牌，一般认为应该是客户长期购买中所喜好的品牌，但也可以假设在市场上存在相当数量的在下一次购买中改换品牌的客户。在下一次购买中改换至另一种品牌的客户比率，如图 3－6 所示。

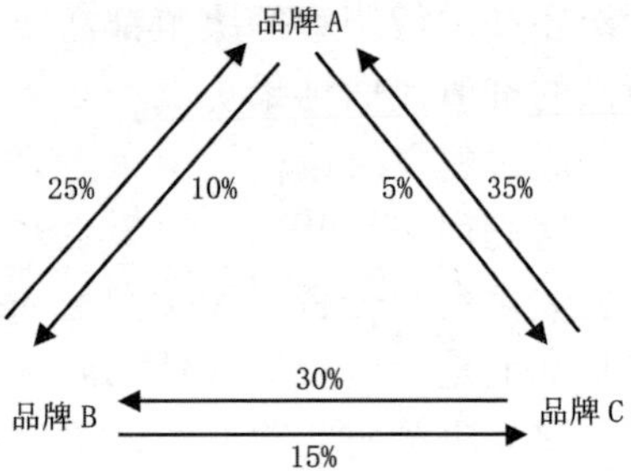

图 3－6　在 3 种品牌的市场上改换品牌的客户比率

图 3－6 所示的 3 种品牌的市场也能够用表 3－6 来表示。在表 3－6 中，给出了每个品牌所产生的相应品牌忠诚度，客户在下一次购买中的品牌可能性是以客户目前钟情的品牌为基础的。该表显示，目前钟情品牌 A 的客户 85% 在其下一次购买中会继续选择品牌 A，10% 将改换成品牌 B，5% 将改换成品牌 C。在马尔科夫链中，只要这些可能性作为交易的已知条件，就能够利用马尔科夫链来做出合理的判断。

表 3－6　在 3 种品牌在市场上的品牌忠诚度

当前购买的品牌	下一次购买的品牌		
	A	B	C
品牌 A	0. 85	0. 10	0. 05
品牌 B	0. 25	0. 60	0. 15
品牌 C	0. 35	0. 30	0. 35

五、无形资产收益期限及其估测

无形资产收益期限也称为无形资产的“寿命期限”，这一寿命具有多种形式。

（一）无形资产收益期限及其影响因素

1. 无形资产收益期限类型

（1）法定寿命。有形资产的经济生命周期一般不会受到法律条文或合同条款的影响，这些资产属于企业，根据管理层的决策可以一直存在。然而，许多无形资产却有公认的法定生命周期（statutory life），是其在注册时法律所规定的。此类资产包括专利、商标、认购额、授权许可协议、版权、租赁、供应或分销合同、抵押贷款或其他贷款协议、特许经营协议等。例如，2008 年颁布的《中华人民共和国专利法》规定发明专利权的期限为 20 年，实用新型专利权和外观设计专利权的期限为 10 年，均自申请日起计算。

1990 年《中华人民共和国著作权法》颁布，规定署名权和作品完整权的保护期不受限制，自然人的作品其发表权、著作权中的财产权利的保护期为作者终身及其死亡后 50 年；如果是不可分割的合作作品，其保护期计算以最后死亡的作者为准。美国的《版权法案》（copyright act）规定，自 1978 年 1 月 1 日或以后申请的版权在作者或最后一个作者去世之后可以有 70 年的法定寿命。对于某些特定的作品（如来源不明的或供租用的作品）其版权的期限取下面较短的一个：自第一版发行后的 95 年或者自创作出来后的 120 年。版权的期限一直到它将到期的最后一年的公历年的年末。对于那些更老的作品，其他版权或与版权相关的规则可能都会适用。

我国注册商标的有效期为 10 年，自核准注册之日起计算。注册商标有效期满，需要继续使用的，应当在期满前 6 个月内申请续展注册；在此期间未能提出申请的，可以给予 6 个月的宽展期。宽展期满仍未提出申请的，注销其注册商标。每次续展注册的有效期为 10 年。在美国，在商标注册完后的第 5 年和第 6 年之间必须提交使用该商标的申明，只有这样才能保证商标的注册继续有效。此外，在注册完的每 10 年之前的前一年里必须提交使用声明和一份更新申请，这样才能保证注册商标继续有效。在 1989 年 11 月 16 日之前，商标注册的更新为 20 年。商业秘密不需要任何注册。因此，对于其合法的注册期限，法律没有任何的期限。

（2）合同的有效期限。与无形资产相关的商业合同期限可能会影响无形资产的经济分析，这些商业合同包括：使用、开发利用合同、境内和境外的许可证合同以及转让价格协议。任何已公开的合同更新条款和双方合同更新的历史都应该考虑，作为决定合同有效期限的部分因素。

（3）司法寿命。这里所说的司法寿命（judicial life）是指由法院或类似的权力机构判决的经济损失的期限。例如，法院规定：①某些版权的侵权所造成的损失开始于某日结束于某日（作为历史损失的一种度量）。②判决以后，在某一具体的时间期限内，必须给版权的所有者支付合理的特许费（作为未来损失的一种度量）。

（4）经济寿命。一项无形资产的经济寿命（economic life）是指资产利用处于尚可取得利润的时期，取决于其产生经济收入的能力，看其产生的经济收入的数值是否证明其能够被继续使用。当资产的利用不能够取得收益（未来效益终止）或当利用其他资产可以取得更高收益时，经济生命周期与使用过程中资产的赢利能力无关。

经济寿命受很多因素的影响，包括一些无形资产的所有者/经营者所不能控制的因素。而且大多数无形资产的经济生命周期都没有在法律条文或合同条款中有明确规定。因此，首先必须对此类财产进行分析，以确定法律条文或合同条款是否对其剩余经济生命周期构成限制。例如许多情况下，对于专利的 10 年或 20 年的法定期限而言，由于技术的不断升级或使用专利的产品已经丧失了其市场地位，其一般效力会在这个期限之前就终止。相反，如果存在续订（贷）记录，那么杂志订购或消费贷款合同的经济生命周期可能要长于其（法定）合同的有效期限。以经验来看，法定或合同生命周期并不是无形资产经济生命周期的控制性因素。此类资产的经济生命周期取决于其应对各种外部因素的表现，这种表现必须通过对各种因素的综合影响进行衡量、进行分析来确定，但这并不完全是一个主观的过程。假设与一个版权产品相关的专利的剩余有效寿命为 15 年，但是如果用来生产该产品的原料变得很稀少而且其成本也越来越高，那么这种昂贵产品的需求就会受到不利的影响，产品生产成本的这种变化就会减少这种产品的经济寿命，同时会减少相关专利的经济年限。

（5）技术寿命。无形资产的技术寿命（technological life）受技术变化的影响。与旧技术相比，新技术可以提供一种更好、更快、更便宜的产品/服务。当新开发出来的技术优于该无形资产技术时，就会发生技术/市场替代。例如，一项专利的所有者拥有一种可随身携带的盒式录音机的专利，该录音机只有一个耳机，当引进索尼公司（Sony）的立体声随身听后，该专利产品的市场需求逐渐下降，从而导致该专利在合法期限到期之前就从技术上被淘汰了。

（6）物理寿命（physical life）。物理寿命是对一项无形资产在物质上被消耗完所需要时间的估算值。这种剩余有效寿命的度量不适合无形资产。尽管无形资产有一些物质上的证明文件（如版权证明文件），但这种物质证件的损害并不会减少无形资产的寿命。

（7）功能寿命（functional life）。功能寿命是指一项无形资产预期能够发挥其功能的时间长度。对于无形资产来说，其功能寿命的度量受到的限制较其他寿命的度量要少。比如，某种流行的软饮料的配方是一个非常有价值的商业秘密，直到别人发现该饮料的某种成分和一种癌症的发生有关时，该配方仍然有其原有的功能，但是该饮料的销售量会急剧下降。相应地，该商业秘密的经济寿命就会受到不利的影响，而其经济寿命将限制该商业秘密的寿命。类似的是，与某个特殊产品相关的专利也可能会在其整个的法定寿命内发挥其功能（能够阻止其竞争者使用该专利技术），然而如果一种更新的技术使这种专利产品的功能过时了，那么这项专利较长的法律期限就没有任何意义了。

2. 估计无形资产经济寿命的相关资料

在无形资产的评估分析中，其剩余寿命的资料取决于无形资产的种类，如表 3 – 7 所示。

（1）法律类。主要包括无形资产的注册文件，包括：①专利申请和发放的文件；②商标的申请、注册和更新方面的文件；③版权的申请和注册人认证的文件。

除了这些无形资产的注册文件外，分析师还应该重新审查与类似的、有效的或取消/

报废的无形资产相关的注册文件（这些文件的总结信息）。这些注册文件除了能够证明无形资产的存在外，还可以提供一些用来评估无形资产寿命的数据。

表 3－7　　估计无形资产经济寿命的相关资料

分类	估计寿命的相关数据资料
法律类	无形资产的申请和注册人认证文件等
合同类	与无形资产相关的商业合同，如使用合同、研发和提高、境内外的许可协议、转让价格协议等
司法类	历史损失期限的司法决定或命令或法院规定相关的未来损失的期限
财务类	无形资产所有者/经营者/侵权者的过去的财务报表以及未来预测的财务报表
技术类	相关优先的或竞争性的无形资产技术信息，生命周期度量和技术替代方面的数据等
经营类	有关鉴定证明的清单、工程图、产品/服务的流程图、计算机软件的资料编码等
其他类	一些惯用数据，数据总结资料等

（2）合同类。在剩余有效寿命估算分析中，任何一个与被分析的无形资产有关的商业合同都是非常有用的。关于过去无形资产合同更新的信息也对剩余有效寿命分析有用。这些合同包括：①使用合同、发展或研发合同；②境内和境外的许可协议；③转让价格协议。

（3）司法决定/命令。在经济损失分析中，关于损失期限的司法决定或命令也是有用的。法院也会规定未来损失的期限（从案件开始日至以后的损失）。当诉讼被分为责任阶段和损失阶段时，这些命令在经济损失案件的判定中是特别重要的。在诉讼的责任阶段，法院会规定一些相关的期限，这些期限会影响对诉讼损失的分析。例如，法院命令侵权方必须赔付无形资产所有者的历史损失，并规定将来使用该无形资产要支付一个合理的特许费费率。

（4）财务类。在无形资产分析中，财务报表可以通过各种方式使用。众所周知，收益法分析依赖于无形资产所有者/经营者过去的财务报表。在经济损失分析中，一般会用到无形资产所有者/经营者和侵权方的财务报表信息，譬如详细的收入和费用的报表（包括产品销售量、特许费的数量、广告费用、研发成本等等）在定价、经济损失和转让价格分析中都会用到。与某一无形资产或一组无形资产相关的历史收入会提供一些与估算无形资产剩余有效寿命相关的数据。

除了过去的财务报表外，所有者/经营者预测的财务报表（包括各种预算、战略计划或财务预测）也会影响到分析。

（5）技术类。与技术相关的数据包括优先的相关技术和与之竞争的技术方面的信息。这些信息可以在专利申请、营销材料、技术杂志、内部或第三方的分析报告或者是从一些会议流程中找到。在评估某项技术的剩余有效寿命时，前几代技术的相关寿命数据是非常重要的参考。

（6）经营类。经营方面的文件，分析师主要会搜集以下这些数据，包括有关鉴定证明方面的数字或数据方面的清单、日期和类似工程图、原理图、规划图、产品/服务的流程图、手抄稿、一些计算机软件的资料编码、备忘录、政策、包装材料或合同等方面的一些相关的数据。相关的文件日期包括产生的日期、修正日期和取消/报废的日期。

在剩余有效寿命的分析中，经常会用到一些无形资产的使用情况数据（usage data），如广告的安置、单位产量、单位销售量、展览的次数、产品包装的使用、图书馆中的一些数据、档案中的一些数据、单位租金、销售系统中的一些数据和经常采用的某些合同或业务联系。财务报表中预测的这些无形资产的使用数据也和过去的使用数据相关。

（7）说明。在无形资产的剩余有效寿命的评估中，有些数据是定性使用的，只是基于职业判断把它们作为评估过程中的一种背景信息。然而，当这些量化的年龄/寿命方面的数据如无形资产的产生和报废的日期（开始日和结束日）可以得到的话，那么这些数据就可以用来进行数量方面较为精确地分析。同时，与无形资产增加或减少的历史/预测收入（单位销售额）相关的数据也可以用来进行另外的数量分析。

还有很多因素影响无形资产的剩余有效寿命。即使有些无形资产有效地拥有无限期的法定寿命，但是它的经济寿命却很短。无形资产的有限寿命也是区别无形资产分析和商业企业分析的一个重要因素。一个公司是随着时间在发展的，尽管一种生产线消失了，但马上又会出现新的来代替它。虽然公司的专利会到期，但可能又会增加新的专利。基于这个原因，分析师在对一个持续经营很成功的企业进行经济分析时，会预测其有一个无限期的寿命。例如，分析师在使用贴现现金流法估算一个公司的价值时，就会预测一些非连续期间的现金流，然后加上一个剩余价值。该剩余价值就代表无限期内所产生的现金流。

（二）无形资产经济寿命估测方法

1. 分析型寿命估计法

分析型寿命（analytical life）是基于对相似产权的生存历史或衰退特征的数量分析而得到的。剩余有效寿命分析主要是检验相似无形资产的历史定位和报废方面的情况（如相似商标、制图有效使用的开始日期和结束日期等）。这些观察到的生存/报废形式可以用来估算平均寿命、剩余有效寿命和相关无形资产的预期未来的报废。剩余有效寿命分析也分析相似无形资产的销售额或单位销售量的历史衰退方面的情况（如与歌曲版权相关的特许费收入的形式）。分析型寿命的估算主要包括：观察一组资产随时间的变化以及寿命延长或衰退的形式；量化与寿命相关的因素。

为评估出某无形资产或资产组的剩余有效寿命，可能要运用一些统计分析技术。最普通的寿命估计方法就是最小二乘法（SLS），在该方法中将观察到的生存百分比与几种生存曲线（如衣阿华型函数曲线）进行比较。另外一种类似的寿命估计方法就是使用回归分析来估计几何参数，比如韦伯（Weibull）型曲线就是这些参数确定的，并且能够很好地拟合观察到的生存曲线。

如果没有足够的数据可以用来进行衣阿华型函数曲线或韦伯型曲线分析的话，还可以通过一种简单的周转率分析，即基于历史周转率/报废率的统计来对未来无形资产的周转率和报废率进行预测。

与技术相关的无形资产往往有着相似的生命周期。一般包括 3 个阶段：引进阶段

（或新的发明阶段）、市场快速的增长阶段和成熟阶段。最终，当市场开始接受新技术时，更新的技术就会使该成熟的新技术进入衰退阶段。对前面这种与技术相关的无形资产或与这些产权相关的产品/服务的生命周期进行分析后，可以提供一些用来估算剩余有效寿命、技术淘汰率和该无形资产未来效益等方面的信息。未来效益可以用相关产品/服务的销售量或市场份额来度量。

各种与技术相关的S-曲线（由于曲线的形状像字母S）已经被研究用来确定技术的生命周期。基于对历史数据的分析，统计方法也可以用来预测技术的生命周期。

2. 生存曲线法

生存曲线通常是指人寿保险学上的死亡率曲线，一般是对人类死亡率的预测，用来描述年龄和一个群体的生存百分比之间的关系，这里借鉴生存曲线来评估无形资产的剩余寿命。

如果有充足的数据，就可以确定无形资产的生存曲线。常见的标准生存曲线函数有：衣阿华型（Iowa）函数曲线、威布尔（Weibull）函数分布曲线、高帕兹·麦克汉姆（Gompertz-Makeham）函数曲线以及多项式（Polynomial）函数曲线。衣阿华型函数曲线是威布尔函数曲线的一种特殊形式。图3-7描述了一般的生存曲线和可能寿命曲线二者之间的关系。生存曲线本身是一条反S形曲线。在这种情况下，它表明对于一组资产生命周期伊始，报废比例很低；而随着资产年龄的不断增加，报废会变得越来越频繁（曲线斜率也在不断增加）；接近生命周期终止的一端，报废频率又开始降低。如果要用曲线来表示报废频度，则会出现一条钟形曲线。该曲线下方的总面积表示一整组资产在其生命周期内提供的服务总和。

图3-7中，左边的曲线是生存曲线，在年龄为0时，生存百分比为100%，随着年龄的增加，生存百分比降低，每一条生存曲线都有相应的可能寿命曲线。

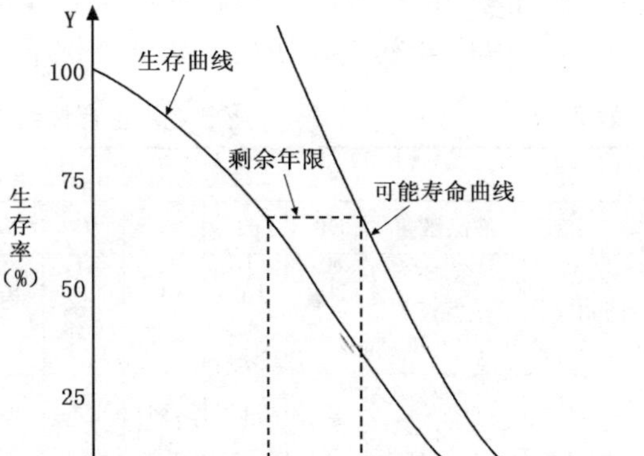

图3-7 生存曲线和可能寿命曲线

使用生存曲线分析无形资产的剩余寿命需要注意的是，生存曲线的生存率是估计正在损耗、衰退的无形资产中的未来经济收益水平的基础，修正后的标准生存曲线代表了一项新的无形资产，而现存无形资产已经有一定年龄了，因此需要调整，以确认目标无形资产是在用无形资产的事实。另外，为充分估计出无形资产在非永续期间内的预期收益流量，需要使用生存曲线的最大寿命。这里研究的生存模型是作为服务年龄的函数，而年龄并不是导致报废的唯一因素，年龄不过是衡量报废影响程度的一种尺度，而报废形式可能是多种多样的，如磨损、客户不满、业务要求改变等。

下面简单介绍几种生存曲线。

（1）威布尔函数分布曲线。威布尔曲线是由瓦洛蒂·韦伯（Waloddi Weibull）研究出来的一组曲线。在经济分析、工程和评估等领域应用广泛，对于无形资产的寿命估计具有灵活简单的特点。威布尔函数中包括两个参数——形状和规模，威布尔生存函数方程如下：

$$R(t) = \exp[-(t/\mathrm{Scale})\mathrm{Shape}] \qquad （式 3-9）$$

其中，R 为 t 年龄时的生存百分比；t 为年龄参数；Scale 为规模参数；Shape 为形状参数。

剩余平均寿命可以通过规模参数 scale 乘以 γ 函数（$1+1/\mathrm{Shape}$），就可以计算得出平均寿命，如下所示：

$$平均寿命 = \mathrm{Scale} \cdot \exp[\gamma\ln(1+1/\mathrm{Shape})] \qquad （式 3-10）$$

（2）衣阿华生存曲线。衣阿华生存曲线的类型有二十几种之多，每条曲线都有其对应的数学等式，同时还有生存的百分比和可能寿命的表格，此外也描述了分析报废数据的各种方法。使用衣阿华曲线进行分析时，在一个合理平均寿命的范围内将所观察到的曲线与每条衣阿华曲线进行比较。用最小二乘曲线拟合法来选择一条和实际生存曲线拟合得最好的衣阿华生存曲线。在不使用这种方法的情况下，可以通过使用如 Excel 这样的软件工具来比较这些曲线。一旦确定出拟合得最优的衣阿华曲线后，就会得到如下信息：①该无形资产的平均寿命。②预测出该无形资产的生存百分比。③能够计算出每一个年龄段产权组的可能寿命。

（3）生存曲线应用举例。表 3-8 说明了生存曲线的计算过程，这条生存曲线是基于该公司工程图的产生日期和报废日期得到的。每年产生和报废的工程图全部记录在表 3-8 左边的大表格中，在 1990 年有 20 张工程图产生，在这 20 张图中，有 4 张在 1990 年报废，只有 16 张在 1991 年初仍在使用。在这 16 张工程图中，在 1991 年有 3 张报废，只有 13 张在 1992 年初仍在使用，如此类推下去。

表 3-8　　生存曲线的计算过程

定　位		经历的期间（左上角 = 可能会报废的，右下角 = 已报废）											有用数量
年　度	产品数量	90	91	92	93	94	95	96	97	98	99	00	2001
1990	20	20 4	16 3	13 2	11 1	10 0	10 1	9 2	7 1	6 2	4 0	4 1	3
1991	24		24 5	19 4	15 2	13 1	12 2	10 1	9 1	8 1	7 0	7 1	6
1992	30			30 7	23 8	15 6	9 2	7 0	7 0	7 2	5 1	4 0	4
1993	36				36 7	29 10	19 4	15 2	13 1	12 1	11 2	9 2	7
1994	33					33 8	25 5	20 3	17 2	15 1	14 1	13 2	11

续表

定　位		经历的期间（左上角 = 可能会报废的，右下角 = 已报废）											有用数量
年　度	产品数量	90	91	92	93	94	95	96	97	98	99	00	2001
1995	42						42 8	34 2	32 3	29 11	18 2	16 2	14
1996	58							58 13	45 9	36 12	24 7	17 1	16
1997	60								60 18	42 15	27 7	20 1	19
1998	66									66 16	50 11	39 8	31
1999	72										72 15	57 1	56
2000	75											75 23	52
2001	81												81
总计 余数 报废数	597	20 4	40 8	62 13	85 18	100 25	117 22	153 23	190 35	221 61	232 46	261 44	298

为了画出适合这些工程图的生存曲线，分析师应将那些每年将要报废的和已经报废的工程图的数目加起来——并不是公历每年的，而是指同一年龄段的。分析师使用的时间跨度为 3 年（如阴影部分），然后将表中对角线的数字相加（见表 3 - 9）。例如要计算 3 ~ 4 年这个年龄段的报废率，首先将这个年龄段要报废的工程图的数目进行加总（如：29 + 24 + 20 = 73），然后把这个年龄段已经报废的工程图的数目加总（如：11 + 7 + 1 = 19），就得到 3 ~ 4 年这个年龄段的报废率为 19/73（26.03%）。将这个年龄段的生存率（等于 1 减去报废率）与前一年龄段的生存百分比相乘，就可以得到下一年龄段的生存百分比，如 3 ~ 4 年这个年龄段 73.97% 乘以 44.94% 就等于 33.24%。

表 3 - 9　　公司专利侵权案例——生存曲线的说明

生存曲线的形成（1998—2000 年）				
年龄间隔	可能报废的数	已报废的数	报废率	生存率（%）
10 ~ 11	4	1	25.00	10.51
9 ~ 10	11	1	9.09	14.01

续表

生存曲线的形成（1998—2000 年）				
年龄间隔	可能报废的数	已报废的数	报废率	生存率（%）
8~9	17	2	11.76	15.41
7~8	22	4	18.18	17.45
6~7	31	6	19.35	21.35
5~6	42	4	9.52	26.42
4~5	50	6	9.52	26.47
3~4	73	19	26.03	33.24
2~3	102	27	26.47	44.94
1~2	149	27	18.12	61.12
0~1	213	54	25.53	74.65
0				100.00

一旦得到了生存曲线，分析师就可以利用最小二乘曲线拟合法得到一条拟合得最好的衣阿华曲线。曲线拟合的结果是一条有着 4 年寿命的曲线。从这个分析中，基于对公司历史的工程图的使用/报废情况的分析以总结出一项新专利的平均寿命大致为 4 年。

3. 资产周转率法

很多情况下，详细的无形资产寿命没有记录或无法得到，则可以根据资产周转情况近似得出无形资产的剩余有效寿命。生命周期曲线分析方法在估算从成熟期（或 100% 有用性）到使用生命周期终结的经济生命周期模式时是非常有用的，但是有的资产从零开始发展，且上升缓慢，这使自身商业成熟时间推迟，如果想要预测这样的资产所带来的收入，生命周期曲线法就派不上什么用场了。

对于无形资产而言，也存在报废或周转的现象，对于一组相同或类似的无形资产，如一组计算机程序，其周转率就是根据已经报废的程序数量和刚开始拥有的程序数量之比计算得出的，假设年初时，所有者拥有 200 个计算机程序，年末统计发现耗掉了 50 个，那么该计算机程序的周转率就是 25%。估算无形资产未来的周转率通常是利用资产几年周转率的加权平均值来确定（每年的权重取决于所有者/经营者与分析师沟通后根据经验判断得出的结果），无形资产的剩余有效寿命就近似等于平均周转率的倒数：

无形资产剩余有效寿命 = 1/平均周转率　　　　（式 3 - 11）

通常情况下，关于无形资产报废方面的数据非常有限，预测未来的无形资产周转率需要分析师和所有者/经营者的配合，需要较为丰富的经验和准确的判断，尤其对于未来各年的周转率权重的把握相对主观。但只要估算得当，该方法对于一组无形资产的剩余有效寿命的估算具有一定的参考价值。

上述方法在公用事业以外领域的应用难度就更大一些。大多数企业没有理由保留着几年前报废资产的数据记录，无论是机械设备，还是客户、用户、雇员、广告商或专利技术。生命周期曲线分析可以用于估算由客户群或用户群流失的收入，而且分析所必需的记录获取难度也很大。举例来说，有了计算机处理系统，取消服务的用户可能从系统上消失。而且由于数据不完整，以及产品或公司本身存在的时间较短，通常只能得到几年的记录，因此生命周期曲线就非常短，必须运用数学方法或借用图版进行延伸。

（三）无形资产受益年限估测

各项寿命度量中，法律寿命、合同寿命、司法寿命比较好确定，一般是由一些法律文件、合同规定或法院裁决取得；物理寿命对于无形资产意义不大，因为无形资产不太会受到物质损耗的影响；功能寿命对于无形资产的限制较其他寿命因素的影响要小，也就是说即使无形资产在功能上仍具有较大价值，由于其他一些因素的影响，其经济寿命可能也会受到不利的影响，功能寿命也就没有什么意义。因此，无形资产的剩余寿命度量中，经济寿命和技术寿命是比较重要的参数。

一般情况下，在无形资产的那些相关的剩余有效寿命中，时间最短的那个值对于无形资产的定价、经济损失和转让价格的分析是最合适的。自然，剩余有效寿命的可靠性取决于分析数据的数量和质量。在没有数据的情况下，就必须使用主观判断了。

完全理解剩余有效寿命分析有助于分析师得到准确的无形资产价值、经济损失和转让价格。甚至许多有经验的分析师在进行无形资产的经济分析时，要么使用永久的寿命，要么就使用其法定或会计寿命，并没有对无形资产的预期有效寿命进行估算。

六、收益法在无形资产价值评估中的应用

以许可费节省法为例：

（一）评估目的及对象

本次评估对象为《狄仁杰之通天帝国》这一电影作品。评估目的是为电影作品版权人进行院线市场发行放映提供价值参考依据，即给出其在国内院线的放映权价值。

（二）评估基准日

《狄仁杰之通天帝国》预计2010年9月29日上映，假定以该日作为评估基准日。预测期内票房收入均按天折现至评估基准日。

（三）评估模型

采用许可费节省模型：

$$V = \sum P_t K/(1+r)^i, (i = 1, n) \qquad \text{（式 3-12）}$$

其中：V 代表电影作品放映权的价值，K 代表放映权的许可费率（版税率），P 代表电影作品分账前的票房收入或净收入，r 代表该电影作品的折现率，n 代表该电影作品的收益期。

（四）参数确定

1. 票房收入 P_t 及收入期限 n 预测

假设已经知道《狄仁杰之通天帝国》国内院线放映共可获得 28 862.22 万元的票房收入。根据国务院对电影票房的管理规定，每部电影均应在电影票房收入实现以后，由县及县以上城市电影院按照电影票房收入 5% 的标准向省级电影专项资金管理委员会交纳电影事业发展专项资金（简称电影专项资金）；另外，还要按照未提取国家电影事业发展专项资金的全部电影票房收入计算缴纳营业税；全部电影票房收入扣除国家电影专项管理资金和营业税金及附加后剩余的部分按照协议规定的方式和比例进行分账。因此，电影放映权的计算基础应该确定为制片方与院线进行分账前的全部电影票房收入。按照财税［2009］31 号文件《国家税务总局关于支持文化企业发展若干税收政策问题的通知》规定，从事电影发行的电影集团取得的电影发行收入可免征营业税，该税收优惠政策执行期限为 2009 年 1 月 1 日至 2013 年 12 月 31 日。因此按照规定不进行营业税计算。上述票房收入提取国家电影事业发展专项基金后为 27 419.109 万元。

电影放映期限即为其放映收入期限。《狄仁杰之通天帝国》2010 年 9 月 29 日上映，根据发行机构与放映机构对当时市场需求以及竞争影片的分析及签署的合约，放映期限 41 天，因此确定收益期 n 为 41 天。

为方便计算，假设上述收益在 41 天中平均获得（也可以考虑根据票房收入特点，分不同阶段不同，比如首周、第二周多，以后逐渐降低一定比例等方式），即日均收益 P_t 为 267.504 万元。

2. 许可费率 K

许可费率按照行业平均方法确定，按照统计的电影行业许可费平均值，取 $K=40\%$。

3. 折现率 r 的确定

在本案例中，以上市公司华谊兄弟 2007—2010 近 4 年的平均总资产收益率（营业收入/总资产）48% 为基础（代替行业风险报酬率），考虑到对单独一部电影的投资（获得一次收益流）要低于成立一家电影制作公司（持续获得收益流），因此单部电影的投资收益要高于企业的收益率，或者说投资一部电影的风险会高于一个电影制作公司。因此需要考虑增加一定的个别风险。又考虑到本部电影导演、演员、内容、档期等均比较好，投资回收期限较短，风险相对较小，设定个别风险为 4%，总折现率则为 52%，对应的日折现率为 52%/365 = 0.14%[①]。

4. 评估结果

将上述参数代入许可费节省评估模型 $V = \sum_{i=1}^{n} P_t K/(1+r)^i$，计算得出 $V =$

① 比较好的方法是将营业收入中电影分账收入分出，同时将总资产中与电影制作相关的投资分出，计算两者之比，作为收益率参考。但实际无法做到，因此假设该比例与全部收入与投资之比相同。

$\sum_{i=1}^{41}(267.504\times40\%)/(1+0.14\%)^{i}=10\ 646.11$（万元），与不进行折现的电影许可费（27 419.109×40% = 10 967.64）相差321.53万元。

5. 主要评估参数敏感性分析

为分析不同参数变化对评估结论的影响程度，对折现率、票房收入、分成率分别进行敏感性分析。

（1）折现率的敏感性分析。折现率是收益法中一项重要参数，它的变化直接影响着评估结果的大小，本次对折现率分别按照变动10% ~20%进行敏感性分析，结果如表3 - 10所示。

表3 - 10　　折现率敏感性分析

折现率变动	折现率	评估结果（万元）	与折现率为52%的评估结果的差异
+20%	62%	10 583.36	-0.59%
+10%	57%	10 614.67	-0.30%
0%	52%	10 646.11	0%
-10%	47%	10 677.68	+0.30%
-20%	42%	10 709.38	+0.59%

从该计算可以看出，对应于单部电影作品，由于放映权收益实现期限较短，折现率变化对放映权价值敏感度较低。

（2）票房收入与分成率预测的敏感性分析，如表3 - 11所示。

表3 - 11　　票房收入敏感性分析

票房收入变动	票房收入	评估结果（万元）	与预测票房收入的评估结果的差异
+20%	32 902.93	12 775.33	+20%
+10%	30 161.02	11 710.72	+10%
0%	27 419.11	10 646.11	0%
-10%	24 677.20	9 581.50	-10%
-20%	21 935.29	8 516.89	-20%

分析结果显示，电影作品放映权价值受票房收入预测影响比较大，基本是同比变化，这为我们指出了电影作品放映权价值评估需要关注的重点。由于许可费分成公式中，收益额是分成率乘以票房收入，因此分成率变化对评估结果的影响与票房收入变化具有相同的效果，对评估值影响也较大。

第二节 成本法

一、成本法评估无形资产的适用性条件

采用成本法评估，需要估计一项相似资产或能够提供相似服务潜能或效用的资产的重置成本。这种方法的基本前提是将购买或开发新无形资产产权的成本与该产权在其生命周期内所能提供服务的经济价值相比较，它不直接考虑可以实现经济收益的金额或该收益可能持续的时间。

从理论上讲，只要经济收益确实存在，且收益量和收益持续时间足以弥补其成本费用就可以运用成本法。从计量角度来看，如果能够获得如下信息，则成本法就可以在评估无形资产时运用：

（1）开发或购买一项相同无形资产所需的成本。

（2）开发或购买一项能够提供相同效用或服务潜能的无形资产所需的成本。

（3）对于上述成本进行的必要修正，以反映目标无形资产的具体特征，例如：经济性贬值或技术性贬值。

（4）该项无形资产为开发者带来的任何机会成本。

由于这种方法没有反映资产潜在的收益，所有经常适用于技术使用的萌芽期或没有适用市场或没有获得收益的无形资产，一般情况下，成本方法（但并非总是如此）为无形资产提供最小的价值。

成本法对评估高度专业化的资产特别有用，因此作为某些无形资产的定价方法是可行的，如计算机软件、组合劳动力、公司惯例、质量控制程序、工程图纸、流水线惯例、采购程序、包装设计和分销网络等。当其他估价方法不适用时，或者对那些已经用其他方法确定了总价值的资产进行分配时，经常会用到成本法。使用成本法分析时，在进行贬值估算时应该考虑到无形资产的剩余有效寿命。

成本法既可以作为评估无形资产价值的基本方法，也可用来验证其他方法的估计结果。仅使用成本法这一种方法为无形资产价值估值，出现错误的可能性很大。最可取的办法是采用一个或两个其他估值方法，和成本法一起来确定其价值。

二、无形资产重置成本及其估测

（一）无形资产的重置成本及其构成

1. 无形资产的成本特点

（1）不完整性。购买无形资产的各项费用是否计入无形资产的成本，是以费用支出资本化为前提的。我国现行财务制度一般把科研费用从当期生产经营费用中列支，因此企业账簿上反映的无形资产成本是不完整的，大量的账外无形资产的存在是不可忽视的事实。

即使是按国家规定进行费用支出资本化的无形资产的成本核算一般也是不完整的。因为无形资产的创立具有特殊性，有大量的前期费用，如培训、基础开发或相关试验等往往不计入该无形资产的成本，而是通过其他途径进行补偿。

（2）弱对应性。无形资产的创建经历基础研究、应用研究和工艺生产开发等漫长过程，成果的出现带有较大的随机性、偶然性和关联性。有时有这类情形发生：在一系列的研究失败之后偶尔出现一些成果，由其承担所有的研究费用显然不够合理。而在大量的先行研究（无论是成功，还是失败）成果的积累之上，往往可能产生一系列的知识资产，然而，这些研究成果是否应该以及如何承担先行研究的费用是很难判断的。因而，开发无形资产的费用估算是比较困难的。例如手游市场中三成游戏难见天日，面市的游戏中九成不受欢迎也属惯例，研发投入经常就成“水上漂”了。

（3）虚拟性（象征性）。既然无形资产的成本具有不完整性、弱对应性的特点，因而无形资产的成本往往是相对的。特别是一些无形资产的内涵已经远远超出了它外在形式的含义，这种无形资产的成本只具有象征意义。例如商标，其成本核算的是商标设计费、登记注册费、广告费等。而商标的内涵是商品内在的质量信誉，包括了该商品使用的特种技术、配方和多年的经验积累，而商标形式本身所花费的成本只具有象征性或称虚拟性。

2. 无形资产重置成本的基本构成

以重置为基础的方法，根据消费者的意识、市场份额和其他因素按当前价格水平以资产重置的支出来决定价值。这种方法不反映从资产的所有和使用中带来经济利益。相反，它只反映资产的最小价值。

与无形资产相关的成本包括：法律费用、申请/注册费用、市场营销和广告费、进行再创造研究的付出、技术开发的专用设备、人员成本、生产成本等等。但并非每种发生的成本都被包含在其成本中，估算的时候必须根据现有的经济环境考虑需要包括的成本种类，以及进入市场所生成的机会成本。因此对每一种无形资产来说都有其独特的费用支出，如表 3－12 所示。

表 3－12　无形资产成本费用说明

无形资产类型	成本费用
商业标识：商标	1. 该商标产品的广告、印刷、海报等方面的费用 2. 商标产品扩展的系列产品，如原产品的不同型号等的生产和销售 3. 使用现有商标的新产品的生产和销售 4. 用于体育、娱乐、文化等促销事件的赞助费用
商品包装	1. 使用一些包装、标签、容器等系列产品的生产或销售费用 2. 使用一些包装、标签、容器等不同型号或形式的产品的生产或销售费用 3. 基于当前消费者品位来更新包装所用的市场研究和工业设计方面的费用 4. 注册改进的新包装所花的费用 5. 控告使用相似包装的人所花的诉讼费用

续表

无形资产类型	成本费用
商品名称	1. 在多种产品、新产品或产品扩展系列上使用/推广该名称所花的费用 2. 在各种媒体宣传该品名所花的费用 3. 在背投、手册、价格清单、保单、传单等上面一直使用该名称所花的费用 4. 控告使用相似或相同名称的公司所花的诉讼费用
版权（包括文学、音乐、戏剧和舞蹈作品、电影、音像制品等）	1. 公开发表/生产版权作品所花的费用 2. 定期再生产和销售复制品或录音带所花的费用 3. 准备和销售衍生作品的费用 4. 版权作品销售/租赁的广告和促销费用 5. 定期展出版权产品的生产和宣传费用 6. 为了宣传产品建立网站所花的费用
软件/半导体芯片	1. 编辑/存档/图解计算机软件所花的费用 2. 维护/改进源代码安全性所花的费用 3. 定期提升软件的能力/效率所花的设计/编码费用；注册新的和改进后的软件所花的费用 4. 生产/广告/销售半导体芯片产品所花的费用 5. 定期改进芯片产品的性能、效率和速度所花的研发费用 6. 向最终消费者（计算机的使用者）宣传芯片产品特性所花的费用
专利（包括实用性专利、植物专利、设计专利）	1. 生产/推广实用性产品/流程/发明所花的费用 2. 向制造商/加工商促销实用性专利所花的费用 3. 在所有媒体中向最终使用者宣传产品/流程/发明所花的费用 4. 维护/改进产品/流程/发明的研发费用；申请新专利所花的费用 5. 植物研究和开发新品种植物所花的费用 6. 向农业顾客进行商品的广告/推广所花的费用 7. 新产品或扩展系列产品设计的使用和推广费用 8. 为了满足消费者的偏好的变化、产品的变化，进行更新和现代化设计所花的市场研究和行业设计费用；申请新设计专利所花的费用

3. 估算无形资产的重置成本

估算无形资产的成本，要分清是自创无形资产还是外购无形资产。自创无形资产的重置成本是根据无形资产生产过程中所消耗的费用估算，外购无形资产的重置成本则是根据购买的相关费用估算，二者所依据的数据信息来源不同。外购无形资产由于其原始购入成本在企业账簿上有记录，相对于自创无形资产的重置成本的估测更容易一些，一般包括购买价和购置费用。因此成本法主要应用于估计自创无形资产的价值，特别适用于无法确定该无形资产产生的可辨认的收益流的情况。

（1）自创无形资产的重置成本。自创无形资产的重置成本由创制该无形资产所消耗的物化劳动和活劳动费用构成，基本公式为：

$$自创无形资产的重置成本 = 材料成本 + 人工成本 + 间接成本 + 开发商利润 + 企业家奖励 \quad（式3-13）$$

①材料成本包括无形资产开发过程中的有形要素的支出和应计额，如计算机磁盘、电影或录音带母带、工程图纸等。通常情况下，材料成本在无形资产开发总成本中占据的比例不大，但也不容忽视。

②人工成本在无形资产的开发总成本中通常占很大比重，包括与无形资产开发有关的人力资本的耗费和应计额，如支付给员工的工资薪金和合同商的货币报酬，人工成本应该在评估基准日以现行成本进行评估。

③间接成本通常包括相关税收、额外收入和附加福利、管理和监督工作、支持和秘书工作，以及公用工程和经营费用。

④开发商利润和企业家奖励通常是很容易被忽视的成本因素。同有形资产一样，开发商也期待从无形资产的投资中获得一定的合理利润。企业家奖励是激励无形资产所有者进入开发过程所必需的经济收益额，与使用上一代无形资产的风险相比，无形资产所有者在新开发过程中承担的风险应该得到补偿。

（2）外购无形资产的重置成本。外购无形资产的重置成本包括无形资产的购买价和购置费用，一般有购置的原始记录，或者可以参照现行的交易价格，评估相对容易，基本公式为：

$$外购无形资产重置成本 = 无形资产账面成本 \times \left(\frac{评估时物价指数}{购置时物价指数}\right) \quad （式 3-14）$$

外购无形资产的账面成本包括买入价和相关税费，其中买入价应该包括支付给无形资产创建者一定的合理利润以及交易流通费用。相关税费方面，按照我国税法规定，无形资产转让属于营业税中的转让无形资产的税目，需交营业税，适用税率为5%。

在评估实践中，由于无形资产的有形损耗通常不存在，对于无形损耗可以采用一个综合贬值比率，确定时应注意到无形资产的使用效用和时间的非线性关系，如商标的效用随着企业的发展可能存在非线性递增趋势，专利的效用随着技术的进步可能存在非线性递减趋势，评估人员需要针对具体无形资产的类型和特点进行分析。

（二）运用成本法评估无形资产应注意的问题

1. 概念界定的问题

在某特定国家中既定情况下“贬值”的意思可能与本国所熟知的含义有所不同。例如在发达国家中，一台“半自动”技术的机器可能因为含有大量陈旧技术在应用中会遭到处罚，但在一个欠发达地区，它可以很好地完成它的工作。从估值的角度来看，必须对这些概念予以清晰界定。

2. 重置成本与价值的关系

一个专利产品可能被廉价创建，但仍然有较高的价值，因为产品有巨大的市场需求，不管其销售价格是多少。但如果经济条件不利于产生利润，那么很难赋予无形资产任何价值，无论其重置或替代成本的数额有多高。例如20世纪50年代末，美国政府花了几百万美元发展核动力飞行器。构建了一个原型，并进行了测试。遗憾的是，发动机没能产生足够的升空推力。运用成本法提供的价值示值约为9位数。但是，考虑到核动力航空技术的应用潜力，以及经济利益的前景，成本法提供的价值是错误的。未能使飞行器升空的航空技术，其目前的价值应该是零。

3. 跨国运用的可行性问题

有人可能认为，从一个国家到另外一个国家间成本法的应用将是非常一致的，但这是一个错误的认识，首先不同国家的标的资产是否具有一致性，尤其是可用的标准是否一致。其次一般使用者都习惯了假设几乎任何类型的资产都是现成可用的，并且没有对在重置资本中可能经历的严重的延迟这种情况进行考虑，例如用于船舶集装箱装卸的大型起重机的建设可能会存在着全球性积压，很显然如果两到三年后有一个延迟交货订单的情形，就会增加二手起重机在市场上的价值，并且在很大程度上这是一个全球性的市场。

还有在不同的国家之间，其他成本也可能存在巨大差异，譬如无形资产的安装成本可能有明显的不同，劳动力价格可能更高或更低，生产力也可能有显著不同，而且与管理费用、利润和效益相关的成本在也会有极大不同。

三、无形资产贬值及其估测

（一）无形资产贬值类型

一般认为无形资产的贬值主要包括功能性贬值和经济性贬值。

由于无形资产的非实体性特征，大部分无形资产都不太可能受到物理性损耗（但并非完全不可能）的影响。

功能性贬值是指由于无形资产无法完成其最初设计功能，随着时间的推移，由于设计或工程技术的改进或替代，效用降低，从而使价值降低。

经济性贬值（又称外部贬值）是指由于无形资产现行使用以外的事件或条件以及无法控制的影响造成目标无形资产价值降低，如国家相关发展政策的影响、市场需求的变化等等。

经济性贬值对于无形资产价值评估而言，是连接成本法和其他收益法的重要纽带，由于成本法很难直接考虑到无形资产的收益、风险、市场竞争等因素对价值的影响，因此经济性贬值的量化就显得十分重要，然而问题在于实际上经济性贬值很难单独计算和准确量化。一般情况下，经济性贬值的确定和量化可以在重置成本减去物理性贬值、功能性贬值后的评估值基础上，估算目标无形资产是否能在预期剩余使用寿命期间内产生合理的报酬率，若能产生合理的报酬率，则表明没有明显的经济性贬值，反之，则存在明显的经济性贬值。

造成经济贬值的原因有很多，包括市场需求变化如产品需求减少、材料和劳动力资源损失等，当地经济变化如资产的使用模式的改变等，法律变化包括法规、条例、分区、行政命令的变化，以及不良事件的侵蚀等。尽管经济贬值无论如何都以一定的程度出现在几乎每类无形资产中，但在该资产所属企业难以界定其资产的边界时，其价值非常难以衡量。例如我国的国有企业，这些企业不仅包括生产性资产，还包括“社会性”资产，如职工住房、学校、日托中心，以及其他社会基础设施。在这种情况下，从所属企业的资产区分出来就变得非常困难，所以经济贬值的测量结果可能很难进行量化。

在用成本法评估时，如果各类贬值没有被有效识别或者不能量化，也就无法从重置成本中适当扣除，那么由此产生的评估结论就是错误的或不完整的。无论计算哪种贬值，都与剩余有效寿命的估算有关，因此影响该无形资产寿命估计的因素都会影响成本法的评估结果的合理性。

（二）无形资产贬值估测方法

一项或一组无形资产的贬值是指其数量或效用随时间变化而预期的损失。这也就是说，一项有版权的出版物的特许费收入会随时间的变化而减少、专利产品的销售量随时间而减少。预测无形资产的收益时，其中一项很重要的工作是预测与之相关的产品/服务生命周期，当产品/服务的生命周期结束时，无形资产的价值就会降低，如果无形资产未能有其他的用途开发和转移，其生命也随之结束。因此对于无形资产而言，一般是利用其效用随时间的变化来预测一个贬值率。

贬值率的估算一般有两种方法，专家鉴定法和剩余经济寿命法。专家鉴定法是指相关技术领域的专家对目标无形资产的先进性、适用性进行判断分析，从而确定其成新率的方法。剩余经济寿命法是指评估人员对无形资产尚可使用的经济年限进行预测和判断的过程。尽管在评估其贬值时考虑很多主观因素，但是寿命评估分析可以量化这些贬值。例如，有一组工程制图（属于商业秘密），关于其形成和报废的数据都可以得到。假定通过这些数据分析，我们可以得出这些工程制图的平均寿命为8年，则已经使用了6年的工程制图的剩余有效寿命为2年，且该制图的贬值率就应该为75%（6/8）。但在许多案例中，关于无形资产报废方面的数据是很有限的。

表3－13给出了3年的平均报废率，这组无形资产的剩余有效寿命的近似值就等于平均报废率的倒数。

表3－13　周转率/资产报废率与剩余有效寿命——基于资产报酬率

资产报废率因子	1998年	1999年	2000年
年初的有效报表（万元）	213	250	300
本年的报废数（万元）	41	53	59
报废率（%）	19.25	21.20	19.67
平均报废率（%）			20
估算的剩余有效寿命＝1/平均报废率			5年

第三节
市　场　法

市场法是以竞争和均衡的相关经济原理为基础的。市场法利用从相似资产的销售或许可而获得实际资产的可比交易价值。采用市场法评估一项无形资产的价值是由可获取的市场活动价格信息而决定的，即涉及相同或相似资产的交易买价或卖价。鉴于无形资产的特殊性，几乎不可能找到两项相同资产的市场交易数据。即便是存在这样的市场数据，通常也只涉及两项相似的资产，而并非完全相同的资产。作为一种对比交易价格方式的替代选择，通过分析相同或相似资产的交易价格，就能够提供一个评估中可参考的比较乘数。例如：可能能够确定类似无形资产的一个典型的市盈率，或者一类相似无形资产的回报率等比率。

当市场中存在与被评估的产权有相似特征的具体无形资产的交易时，可以直接运用市场法。当无形资产已经作为一个资产组的一部分（通常作为一个企业的一部分）进行交易时，需要对资产的购买价格进行分配，以确定该无形资产的数额。

市场法从市场中寻找能够用来替代虚拟交易主体的替代物，其中包括对交易可比性的分析，以及对必要和可能的调整的分析。使用市场法分析时，在以下的两种情况中要考虑无形资产的使用寿命：确定参照交易资产与被评估无形资产的可比性；为了使参照交易与被评估的无形资产更具有可比性，应估计对参照交易资产做哪些调整。

一、市场法评估无形资产的适用性分析

与其他方法相比，市场法的优势在于它依赖于市场销售、租赁和许可。如果能得到可靠的交易数据，则市场法被认为是最直接和最体系化的评估方法。

与成本法一样，市场法基于替代原则。当市场法运用于以下交易情况时是适用的：

（1）具有可比无形资产的交易活动。

（2）存在一个活跃、公开的市场，并且已知可比无形资产的交易价格和条款。

（3）该交易的时间与可比无形资产的交易时间具有可比性。

（4）交易各方在无关联条件下各自精明、理性行事。

因为从来没有一个实际交易与可比交易完全匹配，评估师始终面临着对可比性的合理判断，以及判断为提高相似度应该对实际交易要素做怎样的调整。

在三种评估方法中，市场法的运用可能最受限制，造成这种难以适用的因素包括：

（1）市场可能不活跃，只有很少的交易。

（2）极度缺乏关于市场交易是否存在的信息，以及与市场交易相关的详细信息（如交易双方、销售条款、资产的法律描述、价格等）。

（3）无形资产法律保护的不足可能妨碍市场活动或影响了市场交易的有效性。

（4）评估报告的特殊性以及对市场交易数据的缺乏，使数据库的开发与使用之间存在巨大的差距。

二、可比性问题

使用市场法评估无形资产价值，最为关键的是选取参考的可比性交易，搜集和选择相关资料，其次是对影响价值的差异因素进行调整，对交易的环境进行全面分析。在比较目标无形资产和参考无形资产交易的要素方面，包括被评估资产的财产权利、买方和卖方交易动机、融资条款、交易条件、规模、属性和经济特征等，比较的要素需要根据市场数据进行检验，测试哪些要素可能对变化敏感，以及如何影响到无形资产的价值。

市场法应用于无形资产时最困难的方面是可比性。涉及具体无形资产项目的交易仍然

是比较罕见的，交易实际发生时，通常交易条款是不向公众披露的。譬如即使能得到一个涉及某个专利或商标的具体交易的定价信息，其交易的价格很有可能并没有体现在其他专利和商标的价值中。对专利和商标这样的无形资产的估值不像对房地产评估中那么容易找到可比的市场交易。在研究无形资产的可比性时，一些最重要的、应当被考虑到的因素包括行业、市场份额、利润、新技术、进入的阻碍、增长前景、法律保护和剩余经济生命周期等。

（一）行业的影响

一个企业的所有有形资产和无形资产所用于的行业对其有很大的影响。行业周期和经济情况会限制企业的价值和它们所拥有的无形资产。如果进行交换的资产属于同一个行业，在同样的环境中、有同样的人口因素、政府监管及投资风险，则市场交易是最有用的。如果一个化妆品行业的商标已经交易，则其交易价格可能就是其他化妆品商标价值的示值。然而，这是假设以上因素的影响是相同的情况下的。一个在钢铁行业交换的商标对化妆品商标的估价是不会有参考价值的。

（二）赢利能力

赢利能力对于无形资产维持高收益和持续收益是非常关键的。如果对赢利能力的衡量标准是相同的，那么即使同行业中的市场交易与被评估资产的可比性较差，也是可以作为价值参考意见的。运动产品是一个很好的例子，运动鞋市场的主要厂家生产的是质量几乎同等的产品，然而一些品牌的产品实际上已取得了主要竞争对手平均值以上的利润，这应部分归功于消费者对商标的认可以及与该商标名称相关联的正面属性。如果要交易运动鞋的商标，同行业中另一个商标的价值示值可能是无法得到的，但可以根据与该商标相关的利润水平进行合理的比较。虽然行业交易是判断可比性的一个根本因素，但是赢利能力可比性也是非常重要的。

（三）市场份额

市场份额通常同赢利能力联系在一起。控制一个大市场的份额从多个经济层面会使一家公司扩大赢利。无形资产譬如专利产品和商标等有助于维持重要的市场份额，因此无形资产的价值必须反映这个因素。如果不能比较市场份额，无形资产交易也是不可比较的。当评价交易市场是否是真正合适的市场时，应该考虑市场效率、市场的及时性以及市场的适用性。

（四）新技术

在寻找可比资产的市场交易时，必须考虑来自新产品和新技术的影响。当把可比无形资产交易看作被评估资产的市场价值示值时，必须确保新技术对这些交易的影响与其对资产价值的影响是可比的，其中无形资产的贬值必须体现在对价值的判断中。

新技术对无形资产的价值有着重要的影响，新技术代表的潜在竞争力可以影响无形资产剩余的经济生命周期。计算机软件业飞速发展，许多软件程序只有几年的经济生命周期。例如1985年，第五代系统推出了第一个硬盘备份程序，使一个硬盘能在10分钟内备份到软盘上，这对程序员而言是一个梦幻般的产品。此前制作每个保护备份要花几小时的时间。这件产品大卖，但在不到2年的时间里，16个竞争产品进入市场。即使在同一行业内，新技术对无形资产影响的程度也是不一样的。

（五）进入障碍

进入障碍可以提升无形资产的价值。障碍包括分销网络、大量的资本投资以及根深蒂固的竞争对手。制药业的许可是进入障碍的一个例子，从一定意义上来说，竞争者为了进入市场必须跨越的障碍支撑了目前公众接受的专利药物产品的价值。时间的延迟允许当前产品享受更少的竞争、更高的定价选择，以及最有力的占领市场的机会。市场的主导地位可以通过许多方面实现，包括广告、建立客户对品牌的忠诚度，或者发展高端产品的配套设施等。因此，具有跨越市场障碍的无形资产可能比在一个开放市场中运行的类似产权更有价值。

（六）成长前景

成长的前景与价值相关，这是因为一个成长的收入流比一个平稳或下降的收入流更有价值。来自无形资产的收入流是根据收入前景来估计的。假如投资风险相同，高效的成长与高价值就是正相关的。如果被比较的产权未来收入的成长前景与被评估产权截然不同，那么所谓的可比较的市场交易就没有用了。

（七）法律保护

无形资产的价值来自对排除他人使用该产权的法律保护。当这种保护的法律性遭到质疑时，无形资产的价值就会降低，对专利而言尤其如此。一项涵盖了整个行业活动的专利技术的价值远大于一项只涉及行业部分活动的专利。如果一项专利技术可以随便设计，那么该专利的潜在价值是微小的。当专利受到侵权诉讼后，一旦其法律有效性得到再次确认和承认，这项专利技术依然是非常有价值的，通常可以根据获取特许经营权的需求者数量来检验其诉讼后的价值。

（八）剩余生命周期

对无形资产的估价还必须考虑剩余生命周期，不具有相似剩余使用生命周期的无形资产不是一个好的对比。例如有类似的产业应用、生产潜力、赢利和市场份额特征的两项专利，如果其中一个的有效期只有几年，两者仍然不具有合理的可比性。

（九）相关性问题

分析哪些交易资料对分析目标无形资产的价值有用，应该首先明确哪些是相关的，哪些是不相关的。譬如无形资产的类型是什么？无形资产的效用可比吗？防御性或进攻性策略可比吗？所选择的交易能反映该资产的最佳效用吗？无形资产所在企业可比吗？交易数据的日期可比吗？等等。

（十）数据的可比性

最后需要考虑所选择的观察数据与目标资产具有多大的可比性，以确定所选择的数据是否能作为可比性交易（comparable transaction）或指导性交易（guideline transaction）的参考，因此把数据分为可比交易数据或指导性交易数据。

可比性交易可直接与目标无形资产相比，但应具有合理的可比性，所有的可比性交易并不是说可以完全等同比较的。而指导性数据是指那些不能与目标资产直接比较的数据，例如指导性无形资产与目标资产或许不属于同一类型、不在同一企业中经营、不发挥相同效用或者已使用年限不同，但指导性交易仍然为目标资产提供非常有用的定价依据，但要注意以下情况：

（1）有些看起来可比的交易，可能存在异常条件，而估值对这一条件是敏感的情况下要特别注意其可比性。

（2）认为交易时间是可比的，但估值对之异常敏感时。例如，近年来在首次公开发行活动中就存在着不同寻常的市场活动。发明者或公司规模太小，以致于不能公开进行集资，为了达到首次公开发行的临界规模要求需要收购小公司，这种行为已经形成了一个比较活跃的市场。但也许在一两年之内，这个市场数据就可能不适用了。

（3）无形资产潜在利用范围使分析市场交易变得尤为困难，可能无法获得可比数据。

当能够获得可供参考的价格乘数时，通常还要对其进行调整，以反映目标资产与其相同或相似资产之间的差异。这些调整必须反映目标资产不同于与其相同或相似资产的特点。这种修整可能只是一种定性的估计，而并不是在一个定量的层面估算。需要进行定性调整的情况举例如下：①被评估的品牌可能比可比资产更加拥有市场主导地位。②被评估的药品专利可能比可比较资产拥有更好的疗效和更少的副作用。

三、市场途径下无形资产的评估方法

（一）直接销售交易法

无形资产价值评估中，应用市场法时大多选择的是销售交易法。销售交易法是指根据实际市场交易中可比无形资产的销售交易信息进行评估，在此基础上再进行差异调整，从而得出目标无形资产的评估价值，在保证相关资料可获得的前提下，销售交易法是最直接、最系统的价值评估方法。使用销售交易法对无形资产进行价值评估时，应具备两个关键的条件：

（1）应该存在一个充分活跃的交易市场，存在并可获得至少 3 个与目标资产具有可比性的参照物；或者能够从有关方面获得可比参照物的评估信息资料，如著作权管理机关对著作权资产评估的登记信息。

（2）所获得的参照物的价值决定因素应与目标资产基本相同，这些决定因素的具体情况能够搜集并可以量化。

当无形资产的市场交易作为企业整体或部门交易中的一部分时，使用市场法评估无形资产价值，可能涉及对企业整体或部门交易及价值问题的考虑。在此情况下，使用市场法评估无形资产价值，可以先通过市场法评估目标企业的整体价值，在此基础上进行合理的价值分配，即减去其余各项资产，得出的余值通常归属于无形资产的价值。

企业价值 = 净营运资本 + 有形资产 + 非知识产权类无形资产 + 知识产权类无形资产

对这些要素继续细分如下：

净营运资本 = 流动资本 − 流动负债

有形资产 = 土地 + 建筑 + 机器 + 办公设备等

非知识产权类无形资产 = 人力资源 + 合同 + 销售网络等

知识产权类无形资产 = 专利权 + 商标权 + 著作权等

在以上因素中，长期负债、净营运资本、有形资产的价值都可以通过资产负债表得出。所有者权益则需要通过股票市场信息获得，但企业财务报告大都不能直接提供无形资产的信息。如果企业未上市交易，则需要借助其他的市场信息，如：市盈率，现金流、税前收入、股东权益的账面值等。根据市场有效性假说，股票市场可以实时真实地反映市场条件的变化对企业价值带来的影响，任何时点的股票价格代表了将所有因素都包含在内的最好的市场估值。

采用市场法评估无形资产价值虽然比较直接，但由于交易案例信息披露有限，且无形资产之间被评估权利类型、使用范围、方式等存在的差异很难进行调整，因此限制了其在实务中的应用。

（二）示值法

在市场上无形资产的交易通常是作为整个公司或部门交易的一部分来完成的，很少看到一个特定的专利或商标作为独立的财产被交易，通常交易会包括企业中与无形资产相关的部分。即使当特定无形资产单独进行交易时，价格也是很少被披露的。有时无形资产被独立进行交易，譬如有很多商标和域名都是从破产的企业中购买的。这表明商标在这种情况下可能有价值，但是这个数据对公开市场交易的指导价值是值得商榷的。

下面以专利为例来说明如何利用示值法评估无形资产的价值。假设在某一并购活动中，被并购公司的绝大部分利润都基于某一个专利产品，其股价为每股 4 元。一般情况下，被并购者以并购者的报价进行交易，通常还比报价稍微高一点。溢价即报价以上的价格代表的风险，也就是另一个买家提出一个更高报价的风险。在这种情况下，如果股票以 7 元的报价交易，则 3 元的差别可以看作专利保护的价值，再乘以股份数，专利的价值就可以得到。同一家公司、同一产品、相同的分销体系且服务于同一市场，如果没有专利其价值要少得多。如果没有关于“竞争对手抄袭”这项保护，有竞争力的产品几乎可以立刻进入市场。

四、无形资产价值评估方法比较

前文介绍了关于无形资产价值评估方法的原理和应用，对于无形资产价值评估而言，在评估方法的选择上，收益法是最适用也是最应该常用的方法，市场法是最受欢迎的理想方法，但因评估条件的限制时常成为评估方法中的次要选择，成本法作为一种基本的评估法，在无形资产的价值评估中应该作为最后选择和辅助手段，但我国目前由于条件所限，在无形资产尤其是文化类企业的价值评估中，大多数仍然采用成本法。表3－14总结了各种方法的原理、优缺点和适用情形。

表3－14　　无形资产价值评估方法比较

方法	描述	优点	缺点	适用情形
市场法	• 首选方法 • 无形资产价值参考其他（自愿买卖双方达成的）可比交易的市场价格	• 最符合市场价值的定义 • 方法直接系统，可得出令人信服的评估结果	• 无形资产市场发展尚处于初步阶段，公开市场信息的获取、分类和验证难度较大 • 无形资产之间缺乏可比性	诉讼赔偿/许可交易/转让定价等
收益法	• 基本方法 • 无形资产价值为未来经济收益的现值	• 最为常用、最易理解、最易操作的方法 • 体现无形资产的收益特性 • 信息资料相对容易获得 • 无法使用市场法时的最佳选择	• 建立在很多变量分析的基础上，需要大量的研究工作 • 需要评估师丰富的评估经验和知识储备	诉讼赔偿/许可交易/转让定价等
成本法	• 最后选择 • 无形资产价值为复制或重置该项无形资产的成本	• 当无法使用市场法和收益法时使用，或对于收益法或市场法的辅助分析 • 作为无形资产价值分析的起点	• 成本不等于价值 • 没有考虑到无形资产的收益特性和市场价值 • 无形资产的成本因素和贬值因素较难量化	诉讼赔偿/保险评估/全新无形资产估价

第四节 实物期权法

一、实物期权的概念

期权是一种特殊的合约协议，它规定持有者在给定日期或该日期之前的任何时间内有权利以固定价格买进或卖出某种资产。在不确定性条件下，期权是有价值的，而且不确定性越大，期权的价值就越大。如果资产含有期权，那么资产的风险越大，其价值可能也越大。实物期权，是以期权概念定义的现实选择权，是与金融期权相对应的概念。实物期权方法为企业管理者提供了如何在不确定性环境下进行战略投资决策的思路。实物期权的一般形式包括放弃期权、扩展期权、收缩期权、选择期权、转换期权、混合期权、可变成交价期权以及隐含波动率期权等等。

（一）实物期权与金融期权的区别

金融期权与实物期权虽然应用的模型相同，但是其含义以及参数所代表的意义已经不同了。其差异主要表现在以下三个方面：

（1）标的资产的性质不同。金融期权的标的资产一般是在金融市场上能够自由交易和连续交易的资产，例如股票、利率和指数等，这些都是期权合约经常使用的标的资产，由于这些资产已经高度市场化，因此在其定价所需的基本变量值可以很容易取得，使利用金融期权估值模型简便实用。而实物期权的标的资产性质更为复杂，以无形资产为例，标的资产往往是刚获批的专利或者专有技术。首先由于创新性，很多无形资产是首次进行交易，并无历史数据可用。其次由于涉及法律保护，很多无法在市场上自由的交易，其具体数据也属于商业秘密，无法直接得到。因此有效运用金融期权估值模型的关键问题之一就是能否对模型参数进行有效确定，这关系到最终估值结果的准确与否。

（2）期权所有者对期权的控制力不同。对于金融期权来说，期权是标的资产的衍生品，允许买空卖空，期权卖出者不需要实际拥有标的资产就可以卖出期权，这样一来，期权所有者与标的资产所有者往往不是同一主体。因此，标的资产独立于期权所有者，期权所有者只能随标的资产价格变动而做出行权或者放弃行权的判断。对于实物期权而言，期权所有者与标的资产所有者一般是同一主体，在实物期权存续过程中，所有者有能力对标的资产进行控制，并能发挥管理的作用，从而影响实物期权的价值。

（3）期权标准化程度不同。金融期权是一种标准化合约，很容易就可以判断出其种类。实物期权则更加灵活，在使用实物期权估值时，往往只是借用金融期权的实质，而并不直接套用其外在形式，因此也就无法找到类似金融期权的“合约”。同时，每类实物资产的特征各异，其边界条件受多种因素影响而模糊不清，需要对各个参数进行详细的异质分析。

综上所述，将金融期权应用到无形资产评估领域不能简单生搬硬套，而需要充分详细的分析，特别是期权模型中常用的五大基本参数，它们的有效转换对于评估至关重要，表3－15对比了金融期权与实物期权之间的基本参数的不同。

表3－15　金融期权与实物期权基本参数的比较

金融期权	参数	无形资产实物期权
标的金融资产当前价格	S	无形资产预期收益现值
执行价格	K	无形资产购买或开发成本现值
距到期日的时间	T	无形资产剩余存续期
标的金融资产价格的波动率	σ^2	无形资产预期收益的波动率
无风险利率	r_f	无风险利率

（二）实物期权法的具体技术方法

数值分析法、解析方法和近似计算法是期权定价的基本方法。数值分析法有二项式期权定价模型（BOPM）、蒙特卡罗模拟等；解析方法主要有布莱克—斯科尔斯（Black-Scholes）模型和计算复合期权的Geske模型；近似计算法如B－A－W的美式期权模型等。目前实物期权估价模型仍然主要引用金融期权的估价模型，广泛使用的是二项式定价模型和布莱克—斯科尔斯模型。

1. 二项式定价模型

二项式定价模型是一种离散时间序列的估值模型，它假设在下一时间末，股票价格只有两种可能的结果——上升和下降。在期权定价前，首先构造一个证券组合，保证该组合的价值与期权价值在单期中的现金流相同，从而保证组合的价值与期权的价值相等。由于证券组合的价值是可以从市场中得到的，根据风险中性原理，通过逆向定价，就可以得到期权的价值。在有效市场中，如果所有市场参与者都是风险中性的，风险中性原理保证了有些金融资产都将具有相同的资本成本，即无风险收益率。具体定价过程如下：

假设当前的股价为S，在下一时期，股价可能上涨到S_u，也可能下跌到S_d。无风险利率为r_f。同时假设当股价上涨时，期权的价值为C_u，当股价下跌时，期权的价值为C_d，如图3－8所示。

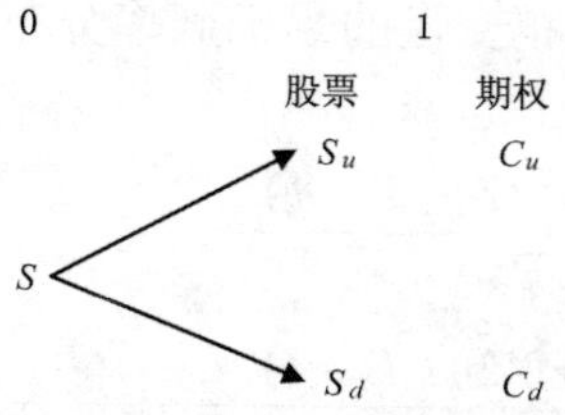

图3－8　单期股票价格和期权价值二项树

将一定数量的股票和一定金额的债券作为一个组合，假设股票数量为Δ，债券金额为B，使其满足下列等式：

$$S_u\Delta + (1 + r_f)B = C_u \quad \text{（式3－15）}$$

$$S_d\Delta + (1 + r_f)B = C_d \quad \text{（式3－16）}$$

解式3－15和式3－16得到：

$$\Delta = \frac{C_u - C_d}{S_u - S_d},\ B = \frac{C_d - S_d\Delta}{1 + r_f} \quad \text{（式3－17）}$$

最终，期权的价值C就等于该组合的成本：

$$C = S\Delta + B \quad \text{（式3－18）}$$

利用二项式定价模型进行估值，不仅计算简便，而且由于模型不涉及高深数学理论，便于理解。同时，将单期模型每一期的两种情况继续递推，就可以推广到多期模型，多期模型更接近于现实情况。

在传统的净现值中，用期望行为以及这些行为产生的现金流来计算一项投资的价值。如果在未来的投资中存在扩展或放弃，在DCF方法中分析人员通常通过使用决策树来考虑这种灵活性，给出每条路径的最终结果，并制订出最佳计划。然后根据决策概率计算每个路径产生的现金流现值，从而计算公司的当前价值。

2. 布莱克—斯科尔斯期权估价模型（B－S模型）

当经济学理论由一般经济均衡发展到无套利经济均衡时，微观金融经济学也逐步将资产定价的基础由一般均衡假定转换为无套利均衡假定，布莱克—斯科尔斯模型就是以无套利假定为出发点的，并且该模型是建立在连续时间上的估价模型，开启了连续时间金融方法论的新篇章。布莱克—斯科尔斯期权估价模型的基本假设如下：

（1）基础标的证券的价格遵循几何布朗过程；

（2）允许卖空标的证券；

（3）没有交易费用和税收，且所有证券都是完全可分的；

（4）在衍生证券有效期内标的证券没有现金收益支付；

（5）不存在无风险套利的机会；

（6）证券交易是连续的，价格变动也是连续的；

（7）在衍生证券的有效期内，无风险利率为常数。

在实际应用过程中，上述假设条件可以适当放松，例如无风险报酬率可以随着时间变化等，这对于评估结果影响不大。B－S 模型如下①：

$$c = SN(d_1) - Xe^{-r_f(T-t)}N(d_2) \quad （式 3－19）$$

其中，$N[X]$ 为标准正态分布变量的累积概率分布函数，$T-t$ 是期权至到期日的天数，同时：

$$d_1 = \frac{\ln(S/X) + (r_f + \sigma^2/2)(T-t)}{\sigma\sqrt{T-t}} \quad （式 3－20）$$

$$d_2 = \frac{\ln(S/X) + (r_f - \sigma^2/2)(T-t)}{\sigma\sqrt{T-t}} = d_1 - \sigma\sqrt{T-t} \quad （式 3－21）$$

布莱克—斯科尔斯模型由于是连续时间估价模型，更加符合金融资产价格实时变化的特点，并且应用简单，得到广泛的肯定。

为了利用 B－S 期权估值方法，必须尽力量化模型中主要的价值决定因素，这些因素

---

① 具体推导过程如下：

首先假设股票的价格 S 遵循几何布朗运动，因此有：

$$dS = \mu S dt + \sigma S dz$$

其中：μ 表示股票的连续期望收益率，可为常数；μS 为股票价格的漂移率；σ 表示股价波动率；dz 表示一个标准维纳过程。

假设 f 是以股票为标的物的期权的价格，则 f 一定是 S 和 t 的函数，从而服从伊藤过程，从而有：

$$df = \left(\frac{\partial f}{\partial S}\mu S + \frac{\partial f}{\partial t} + \frac{1}{2}\frac{\partial^2 f}{\partial S^2}\sigma^2 S^2\right)dt + \frac{\partial f}{\partial S}\sigma S dz$$

构建证券组合：卖出一单位期权同时买入 $\partial f/\partial S$ 单位股票，以消除 dz 的影响，根据风险中性原理，可以推出：

$$\frac{\partial f}{\partial t} + r_f S\frac{\partial f}{\partial S} + \frac{1}{2}\sigma^2 S^2\frac{\partial^2 f}{\partial S^2} = r_f f$$

这就是布莱克—斯科尔斯微分方程，反映了瞬间当中衍生证券与其标的资产之间的价格对应关系。

欧式看涨期权到期时（T 时刻）的期望价值为：

$$E[\max(S_T - X, 0)]$$

其中，E 为对算式求取期望，K 为期权的履约价格。根据风险中性原理，假设期权价格为 c，可以得到：

$$c = e^{-r_f(T-t)}E[\mathrm{Max}(S_T - X), 0]$$

对上式进行求解得到式 3－19。

包括：

（1）资产目前价值；

（2）资产在未来价值方面的变化；

（3）可以通过相关资产的利用而合理预测收益（即布莱克—斯科尔的术语表中的“已支付的股息”）；

（4）期权的“行使价格”，通常被认为与商业化投资机会所需投资金额相等；

（5）期权到期的时间（经济生命周期）；

（6）在期权的有效期限内预测的无风险利率。

这些因素对期权估值结果的影响如下：

（1）相关资产价值的增加将导致期权价值的增加；

（2）对该资产进行商业化过程中所耗费成本的增加将导致期权价值的降低；

（3）相关资产价值波动性的增加将导致期权价值增加；

（4）期权到期时间的延长将导致期权价值增加；

（5）无风险利率的上升将导致期权价值增加；

（6）资产在期权有效期内所产生收入的增加将导致期权价值降低。

现金流波动性地增加导致期权价值的增加，这似乎有悖常理。人们习惯于认为：“巨大波动性 = 高风险 = 高折现率 = 低现值”。由于期权代表的是一种机会而不是义务，所以仅在与其将具有稍微成功、相当大成功或极其成功的结果时才进行行权。假如结果是灾难，而且损失被限制到期权价格，就不会被行权。这就意味着期权定价所给出的价值会高于典型的 DCF，因为它向成功“倾斜”。因此，较大的波动性即意味着蕴藏着更大的成功机会。

为什么当使用实物期权法的时候所计算的投资价值有时会高于使用传统的折现现金流模型计算的投资价值呢？在对市场观察的基础上，公司具有可以改变其投资和运行项目方式的灵活性。因此，一家石油公司在石油价格为 15 美元/桶的时候将不会生产与价格上升至 35 美元/桶的时候同样数量的石油或开发同样多的新矿井。

二、无形资产中的期权权益

（一）无形资产的实物期权特性分析

首先，无形资产不同于有形资产，它是一种权利，不具有实体形态。企业取得无形资产后一般需要跟其他有形资产相结合，此时，为有形资产而进行的投资就是期权的标的资产，从而无形资产形成一项选择权。随着市场进一步明确，未来价值进一步确定，企业可以选择是否进行后续投资、是否扩大投资或终止已经发生的投资。因此企业拥有了无形资产就是获得了进行某项投资的权利，具有期权的机会选择性。拥有一项无形资产就相当于控制了未来获得超额现金流的机会权利。

其次，利用期权法实际上是将无形资产价值看作企业的投资机会来评估。任何一种机会若要成为有价值的期权，相关的资产就必须具有某种程度的排他性，无形资产恰好具有排他性和垄断性的特点，使权利人的收益具备增长的潜力。同时无形资产具有报酬波动性大和时效性的特点，这正是期权的要素特征。

无形资产可以看成是购买期权，产品的期望利润流现值（或更基础的变量）是其标的资产，无形资产使用的有效期是期权的最后执行时间，利用无形资产进行投资生产的初始投资支出是期权的执行价格。由于在无形资产有效期内的任何时间投资者都可以投资于无形资产开发，因此无形资产实际上可看成是一个美式期权。无形资产中蕴含了各种实物期权，包括扩张、延迟、放弃以及转换期权。

（二）拥有潜在未来现金流的期权权益

最难估价的无形资产是当前不存在而在未来可能会产生现金流的资产。虽然这些资产很难以折现现金流法进行估价，且通常不太可能以相对估价法估价，但是他们拥有期权特征，最好使用期权定价模型进行估价。这里首先将未开发专利以及自然资源储备作为期权进行研究，然后再来考虑两种定义并不十分清晰的无形资产——新的市场及产品开发的期权和放弃的期权。

1. 未开发专利

专利提供给公司开发以及出售某件产品或服务的权利，因此可以看作一项期权。虽然未开发专利在目前财务上可能并不存在且不会产生现金流，但是因为它在未来能够被开发，因此仍旧拥有相当大的价值。

将专利作为期权进行估价。假设公司的收入来自于专利的使用。公司仅在产品销售所产生的期望现金流的现值超过开发成本时才会开发该项专利，如图 3 – 9 所示。否则，公司就会将该项专利搁置，从而不会导致任何更多的成本。如果 I 是该项专利的市场开发成本的现值，V 是来自开发的期望现金流的现值，则：

$$
\begin{aligned}
\text{拥有某项产品专利的收入} &= V - I(V > I) \\
&= 0(V \leqslant I)
\end{aligned}
$$

这样，一项产品专利就可以看作一项买方期权，其中产品为标的资产。

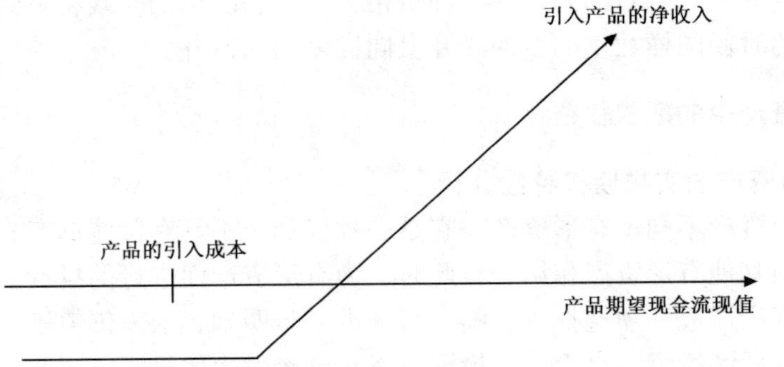

图 3 – 9　引入产品的收入

期权方法最大的局限在于使用时所需的信息。为了对每一个专利单独进行估价需要所有的要素信息，而这些信息通常仅由公司管理者掌握。实际上，某些信息，例如期权定价中使用的期望方差，可能连内部人都无法获得，但对每个专利进行单独估价的时候都需要计算。

在这些限制条件下，实物期权方法可以用于对拥有一个或两个专利且实物资产很少的小型公司的价值评估。对于拥有大量当前资产以及数百个专利的公司来说，折现现金流估价更为实际。将新的技术看作期权可以认识到公司的成长战略，因为如果该公司擅长收购处于初期且拥有技术开发价值（期权）的公司，就会将它们转化为商业的成功（执行这些期权）。

2. 自然资源期权

自然资源公司如石油和采矿公司，其现金流来自现有的资源储备，但是同样拥有未开发储备，当这些资源（石油、黄金、铜）的价格上涨的时候，公司将有可能对这些储备进行开发，因此这些未开发储备可以看作买方期权。

在一项自然资源投资中，标的资产为自然资源，而资产的价值基于资源的数量以及资源的价格。因此，在一项金矿中标的资产是矿中黄金储备，其价值是基于黄金价格得出的。这种投资大部分包括开发资源的最初成本，估算的储备价值以及开发成本之间的差异就是资源所有者的利润（如图 3 - 10 所示）。设开发成本为 X，估算的资源价值为 V，则自然资源期权的潜在收入如下：

$$
\begin{aligned}
\text{自然资源投资的潜在收入} &= V - X(V > X) \\
&= 0(V \leqslant X)
\end{aligned}
$$

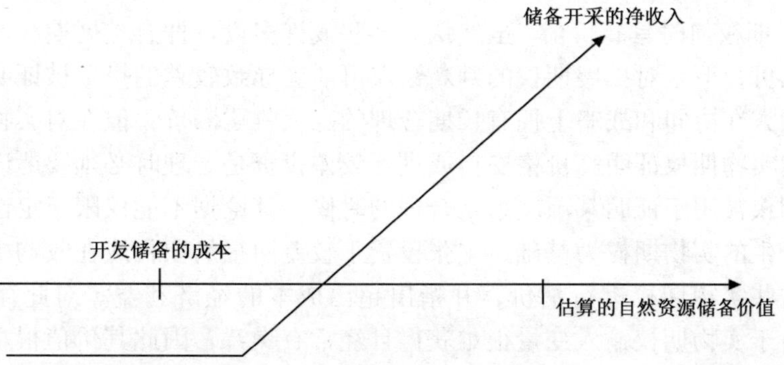

图 3 - 10　开发自然资源储备的收入

因此，对一项自然资源期权进行投资，拥有的收入与买方期权（看涨期权）类似。一个自然资源公司所拥有的资产从根本上可以被看作期权，所以对公司本身的估价可以使用期权定价模型。

（三）扩展和放弃的期权

1. 扩展至新的市场和产品的期权

有时公司对项目的投资是因为该投资使他们能够在未来进行更长远的投资或进入其他市场。在这种情况下，可以将最初的项目看作允许公司对其他项目进行投资的期权，因此应该愿意对这类期权支付一定的价格。换句话说，一家公司可能会接受净现值为负的初始项目，而这是为了获得未来项目产生较高的正净现值的可能性。

（1）期权扩展的收入。扩展期权能够评估初始项目。假设该初始项目会给公司带来未来扩展和投资新的项目的权利。当前评估的投资于未来项目产生的期望现金流现值为 V，即该项目所需的投资总额为 X。公司必须在未来的某个时间点决定是否进行未来投资。如果公司不投资于该项目，则无法进行下一步或者未来的投资。这一决策表达在图 3－11 的期权收入中。正如所看到的那样，在达到规定的时点时，如果该时点期望现金流的现值大于扩展的成本，则公司将扩展新的项目。

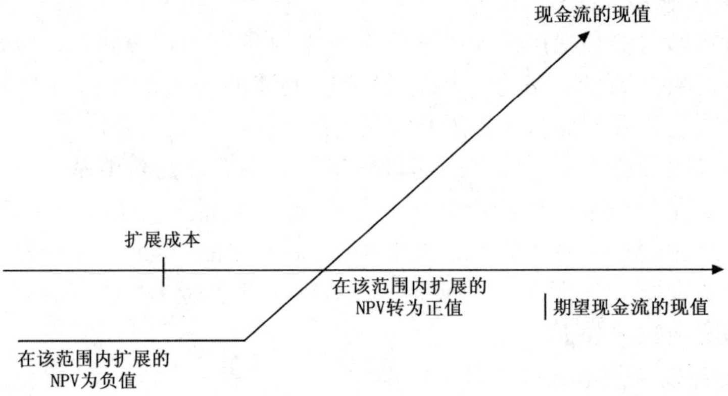

图 3－11　扩展项目的期权

（2）扩展期权何时具有价值。虽然认为某些或许多投资拥有扩展期权这一观点得到了一定程度的认可，但是对扩展期权的判断错误可能会导致较差的投资被证明是合理的。虽然实际上收购方在协同和战略上拥有长期合理的巨大收购溢价，但在对实物期权价值进行衡量以及使用实物期权证明高价格支付或进行较差投资是合理时必须要严谨。

当实物期权被用于证明某项决策是合理的时候，其论据不能仅限于定性方面。换句话说，以项目产生的实物期权为基础，主张投资于较差回报的项目或在收购中支付溢价的管理者应该对这些实物期权进行估价，并指出超出成本的经济利益。对此存在两种反对观点：第一是由于实物期权输入变量很难获得且经常有噪音，因此其价值很难评估；第二是期权定价模型的输入变量能够轻易地被操纵以支持任何可能得出的结论。虽然两种观点拥有一定的根据，但是有估价总比没有估价要好得多。实际上，尝试对利用实物期权进行价值评估过程就是了解价值驱动因素的第一步。

（3）拥有价值的扩展期权的确定。并不是所有的投资都包含期权，而且即使存在期权，也并不是所有的期权都拥有价值。要评估某项无形资产的投资是否产生了有价值的期权，需要了解以下三个关键问题。

①第一个投资是否是后续投资或扩展的必要条件？如果不是，第一个投资对后续投资或扩展的重要性有多大？也就是说当将专利价值或未开发石油储备价值作为期权时，公司如果不投资于研发或购买其他公司的专利就无法产生专利，如果不在政府拍卖中投标或从其他石油公司购买就不会获得未开发石油储备的开发权。很明显，这里的初始投资（投资于研发，在拍卖中竞标）是公司拥有第二个投资的必要条件。

②公司是否拥有后续投资或扩展的唯一权？如果不是，初始投资是否为公司后续的投资提供了较大的竞争优势？期权价值最终并非来源于第二个以及后续的投资产生的现金

流，而是来源于这些现金流所产生的超额收益率。第二个投资获得的超额收益率越大，第一个投资的扩展期权价值就越大。超额收益率的潜力与第一个投资为公司进行后面的投资所提供的竞争优势的大小紧密相关。

譬如当开发投资是为获得专利时，专利应该给予其拥有公司唯一的生产该产品的权利，以及在市场潜力很大的情况下获得来自该项目的超额收益率的权利；反之公司可能没有获得在后来投资中的竞争优势，因此这些投资是否能够产生超额收益就十分令人怀疑。在现实中，大多数的投资介于上述两种情况之间。拥有的竞争优势越多，获得的超额收益就越大，期权价值也就越大。

③竞争优势是如何维持的？在竞争市场，超额收益率会吸引竞争者，且竞争会减少超额收益。公司拥有的竞争优势维持能力越强，初始投资中包含的期权价值就会越大。竞争优势的维持能力是由两种力量决定的：第一种是竞争的自然属性，如果其他条件保持不变，在竞争激烈的行业中，竞争优势下降得更快；第二种是竞争优势的自然属性。如果公司所控制的资源是有限而且稀缺的（例如自然资源储备以及空闲土地），则竞争优势可能会持续更长时间。此外，如果竞争优势来自于市场中第一个行动者或第一个拥有科学技术者，则该优势很快会受到冲击。在期权价值中期限最直接地反映了这种竞争优势，期权的期限可以设置为竞争优势的期间，仅将此期间内获得的超额收益计算为期权的价值。

如果所有这三个问题的答案都是肯定的，那么扩展期权就是有价值的。如果一个公司由于其初始投资而使扩展投资项目处于领先，就可以认为该期间会有较高的现金流，在之后现金流会逐渐降低，从而降低扩展的现金流现值以及期权价值。目前的观点认为竞争会限制净现值增长的程度，而且期权价值具有上限限制。

2. 放弃投资的期权

当投资于新的项目，公司会担心投资不盈利以及实际现金流低于期望的现金流。拥有放弃不盈利项目的期权是具有价值的，尤其是在未来有重大损失的项目上。

放弃期权的权益。例如，假设 V 是项目持续到期限假设的持续价值，L 是同一时点、同一项目的清算或放弃价值。如果该项目拥有 n 年的持续期限，可以将该项目的持续价值同清算（放弃）价值相比较。如果持续的价值较高，则该项目应该持续；如果放弃价值较高，则放弃期权的持有者会考虑放弃该项目。收益可以写为：

$$\text{拥有一项放弃期权产生的收益} = 0(V > L\text{时})$$
$$= L - V(V \leqslant L\text{时})$$

该收益体现在图 3-12 中，由期望股票价格决定。同前面两种情况不同，放弃期权采用的是卖方期权的特征。

正是因为放弃期权对独立项目拥有价值，所以它能够在投资选择中加入放弃的灵活性。例如两家公司根据 DCF 来评估可能看起来非常形似——相同的期望现金流、相似的资本成本、相等的资本回报率以及相等的期望增长率，如果用 DCF 模型计算，则两家公司价值相等。然而，假设第一家公司（A 公司）已经在其大型投资中建立了系统的退出条款——它对其顾客承担短期而非长期义务，没有长期的联盟协议以及租赁，而第二家公司（B 公司）则没有类似的条款。通过对放弃期权的分析，就会发现 A 公司的价值较高。

放弃期权还可以为公司的收入增长质量提供有用的分析。一家公司承诺可以在效益不

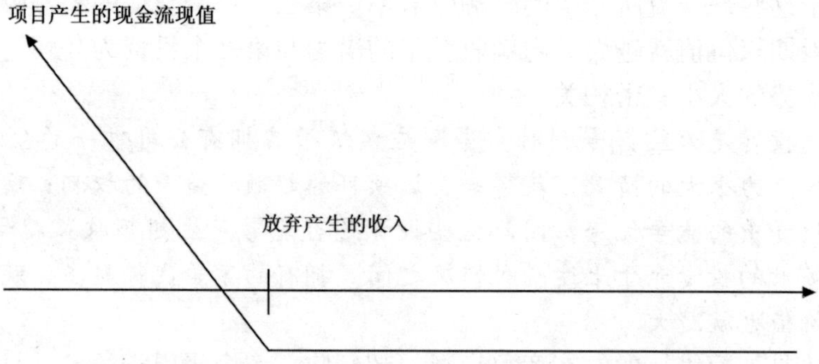

图 3－12　放弃一个项目的期权

好的时候以极少的成本甚至无成本退出，诱使顾客签订长期合同购买其产品，可以使收入快速增长，但是应该从其价值中扣除已经给予顾客的放弃期权的价值部分。

思考题

1. 分别阐述收益法、成本法、市场法以及实物期权法评估无形资产的适用性。
2. 收益途径下评估无形资产的方法有哪些？并予以说明。
3. 测算超额收益的常用方法和其他方法有哪些？简要介绍。
4. 你认为无形资产运营中的风险因素有哪些？
5. 如何确定无形资产的折现率？
6. 无形资产受益期限有哪些类型？
7. 阐述估计无形资产经济寿命的方法。
8. 阐述无形资产的贬值类型及其估计方法。
9. 试说明可比性在无形资产市场法中的作用。
10. 市场途径下评估无形资产的方法有哪些？
11. 试说明实物期权与金融期权的区别。
12. 你认为无形资产在哪些方面体现了实物期权特性？为什么？

第四章

技术类无形资产评估

【学习目的与要求】

通过本章的学习，了解技术类无形资产的评估特点，熟悉技术类无形资产评估程序，掌握技术类无形资产评估对象的界定要求，掌握三种评估方法应用于技术类无形资产的技术要点。

第一节 专利资产和非专利技术的评估

专利制度的作用是将技术的外部经济效益内部化，保障发明人的经济利益，使其获得的收益可以补偿发明创造的成本。可见，得到专利制度保护的技术是可以为发明人带来经济利益的。我国《专利资产评估指导意见》中对专利的定义是：专利资产是指权利人所拥有的，能持续发挥作用且能带来经济利益的专利权益。从中可以看出，专利资产的两个必备条件，同时也是专利资产的两个显著特征：能够被特定权利主体拥有，并且可以为权利主体带来经济利益。依据《专利法》的规定，专利权具有特定的权利主体，而且由于专利能够使其权利主体依据法律获得合法的垄断地位，从而为权利主体带来经济收益。因此，专利可以成为资产。

一、专利资产的评估

专利作为依法获得特定权利的资产，是一种技术型无形资产，虽然它具有资产的两个特征，但与一般资产相比仍存在着明显的差别。这些差别导致专利资产价值的评估有别于一般资产，这就要求评估专利资产的评估人员应充分认识和了解专利资产的特征。

（一）专利资产的特征

1. 法律特性

专利资产的法律特性主要由于专利资产是依专利权而形成的资产，而专利权是依专利法的规定而界定的权利。这些特性包括：

（1）专利资产具有垄断性。专利资产具有的垄断性是由法律赋予专利权利人一段时间对该资产的垄断，这是专利获得超额经济收益的保证。

（2）专利资产具有时效性。专利资产的时效性是指其权利的时限是由法律规定的。我国《专利法》对三种专利的保护期限做了明确的规定，即一旦超过法定规定的保护期限，《专利法》将不再提供保护，则该技术成为公知技术，不再为其权利所有者带来超额经济收益，也就不具有无形资产价值。

（3）专利资产具有地域性。专利资产的地域性是指一项技术仅在其获得专利权的国家或地区，依当地法的规定获得保护。这是由于《专利法》是一部国内法，专利资产的地域性特性对国外专利技术及国内专利技术在国际市场的价值有决定性作用。

（4）专利资产具有不稳定性。由于专利权在授权以后，其随时可能因各种原因而失效，如未交年费或是经过无效程序，都可能导致丧失专利权。因此，专利资产成为资产的首要前提为专利是有效专利。如何对专利有效性进行核实将在下面章节详述。

（5）专利资产受约束性。根据我国《专利法》的规定，专利权垄断的法定边界是“专利权利要求书”记载的范围，即专利资产的范围是由“权利要求书”确定的。由于有形资产具有确定的形态，它的资产范围是直观的，一般不需要通过额外的法律文件进行确认。对于专利资产而言，它的资产范围是依法获得的保护范围，因此需要通过对专利文件——“权利要求书”进行分析，确定它的资产范围。如果没有对“权利要求书”进行全面的分析，将导致评估对象与实际情况相差甚远。造成这种差异的原因，主要包括以下三种情况：第一，由于专利文件的撰写质量问题，导致专利权利人希望获得的权利范围与实际获得的保护存在明显的差异；第二，根据《专利法》的规定，专利法保护的是技术方案，对于一些不属于技术方案的描述，专利法是不提供保护的；第三，委估对象的权利要求中存在侵害了他人在先权利的要求，不被专利法保护。由于目前普遍存在对专利的认识不足，仅从专利证书及权利人的介绍确定专利的保护范围，而没有认真分析真正专利的权利要求书，这种做法严重破坏了专利技术评估的科学性及准确性。

（6）专利资产具有共享性。专利资产的共享性是指专利权人可以许可多家在同一时间、不同地点同时使用专利资产。

2. 技术特性

专利法保护的对象是具有新颖性、创造性和实用性的技术方案，因此专利资产也相应的具有技术特性。其具体包括：

（1）专利资产的技术公开性。专利法的实质是以给予专利权人一段时期的技术垄断换取技术的公开，从而促进技术进步及科技创新，因此专利资产具有技术公开性。

（2）专利资产的技术可能存在着不完整性。专利资产的技术不完整性主要是由于企业及个人在申请专利过程中，或多或少保留一些技术诀窍。这种技术诀窍可能不会妨碍该项专利权的获得，但对专利资产的技术完整性产生影响，从而影响技术的价值。

（3）专利资产的技术可能存在不成熟性。根据专利法的规定，每项专利的批准均需要相当一段时间，如我国发明专利的获得一般需要 2 ~ 3 年时间，因此企业及个人在申请专利时，技术方案可能并不完善不成熟。另外，随着专利战略日益获得各个国家及企业的重视，“产品未到，专利先行”已成为当今各企业的基本战略之一，这也使得很多专利技术在申请专利时并不成熟。

3. 经济特性

（1）专利资产的垄断收益。专利权是一种法定的垄断权，其他企业及个人未经专利权人的许可，不能使用该专利技术，专利权人因此享有相应的垄断收益权。

（2）专利资产的收益不稳定。技术资产与有形资产相比，其收益能力的确定具有一定的难度，这种难度主要体现在技术资产在应用过程中存在的风险，包括技术风险、市场风险、资金风险及管理风险。后面的章节将对技术资产在应用过程中存在的风险进行详细介绍。另外，由于技术资产属于无形资产，在交易过程中，与有形资产相比，存在一定的困难，增加了技术价值实现的难度。这些困难包括技术交易价格的不确定性、技术移植的难度及技术交易的多样性。

（3）专利资产的研发成本不易界定。一般而言，技术研制开发的成本往往与技术价值没有直接的对应关系，而且研制的成本难以核算。根据我国的财务制度，专利资产的研究开发成本不能完全资本化，各个企业一般将其中部分成本费用化，已计入历史各期损益，很难重新剥离。另外，由于各个企业往往从事多项研究，难以分离某一特定专利资产的成本，从而导致专利资产的研发成本较难界定。

（4）专利资产之间的可比性弱。专利资产应具有新颖性、创造性和实用性，因此每项专利均具有独特性，专利资产之间的可比性不强。

4. 风险特性

专利资产与传统意义上的资产相比，具有一定的风险，即其为权利人带来超额收益的能力是不确定的。该部分将在后面章节详细阐述。

（二）专利资产的评估特点

1. 依法评估

专利资产是依法而获得的权利，相关法律不仅确定了保护对象、保护期限及相应权利，而且对权利的获得及要求均做了详细的规定。这些不仅决定了专利资产的法律特性，同时对专利资产的价值有着显著的影响。因此，专利权评估应建立在对专利资产法律关系深入分析的基础上依法评估。

2. 技术鉴定为先导

专利权的价值评估要求评估师熟悉甚至精通专利权相关领域的背景知识及技术要领。因此，专利权的评估必须以技术鉴定为先导，只有在确定专利权的技术先进性与领先性的前提下，才能准确地评估专利权的价值。例如，欲评估一项改善手机功能的专利技术，应先鉴定该专利技术对手机相应功能实现和价值体现的作用。

3. 专利资产需要从经济和法律两个层面界定

专利技术成为资产的条件是：专利技术可以为特定权利人带来经济利益和专利技术的获利能力通过法律获得保护。法律在对专利技术提供保护的同时，也对专利技术获得保护的条件做了明确的规定。也就是说，专利技术成为资产，必须符合法律的相关规定。另外，法律同时还对专利技术获得保护的范围及时限等做了明确规定。这使专利资产与一般有形资产相比，在资产确认方面比较复杂。

二、非专利技术的评估

非专利技术又称“技术秘密”，也称“技术诀窍”，是指为特定的人所知的未公开其完整形式，处于保密状态，但未申请专利的具有一定价值的知识或信息，主要包括设计资料、技术规范、工艺流程、材料配方、经营诀窍和图纸、数据等技术资料。非专利技术与专利权不同，从法律角度讲，它不是一种法定的权利，而仅仅是一种自然的权利，是一项收益性无形资产。从这一角度来说，进行非专利技术的评估，首先应该鉴定非专利技术，分析、判断其存在的客观性。

（一）非专利技术的特性

一般来说，企业中的某些设计资料、技术规范、工艺流程、配方等之所以能作为非专利技术存在，是根据以下特性判断的：

（1）实用性。非专利技术的价值取决于其是否能够在生产实践过程中操作，不能在生产经营中应用的技术不能称为“非专利技术”。

（2）获利性。非专利技术必须有价值，表现在它能为企业带来超额利润。具有获利能力是非专利技术能够转让的基础。

（3）保密性。保密性是非专利技术的最主要特性。如前所述，非专利技术不是一种法定的权利，其自我保护是通过保守秘密实现的。

（二）非专利技术与专利技术的区别

非专利技术与专利技术的区别主要表现在以下几个方面：

（1）非专利技术具有保密性，而专利技术则是在专利法规定范围内公开的。一项专利技术一经公开，获取它所耗费的时间与投资远远小于研制它所耗费的时间和投资。因此，专利技术必须要有法律手段保护发明者的所有权。而非专利技术则不将其技术公开，所有者只有通过保密手段进行自我保护。

（2）非专利技术的内容范围很广，包括设计资料、技术规范、工艺流程、材料配方、经营诀窍和图纸等。

（3）专利技术有明确的法律保护期限，非专利技术没有法律保护期限。

（4）专利技术受《专利法》的保护，对非专利技术进行保护的法律主要有《合同法》、《反不正当竞争法》等。

（三）非专利技术的评估特点

非专利技术虽然也属于技术类无形资产，但由于其自身的特点，形成了其相对独特的评估特点。以下是其评估特点的主要方面：

（1）非专利技术内容范围广，评估方法灵活。非专利技术包括的范围很广，设计资料、技术规范、工艺流程等都可以作为非专利技术。由于不同类型的非专利技术具有不同的资产特点，因此不同类型的非专利技术适用的评估方法各不相同，非专利技术的评估方法选用比专利权评估更加灵活。

（2）评估对象界定难度高。由于非专利技术不像专利技术那样可以通过标准的法律文件进行界定，因此作为评估对象的非专利技术确定较难。比如，评估企业的经营诀窍时，确定评估对象就有一定的难度。

（3）评估对象的价值与技术保密性相关度高。保密性是非专利技术区别于专利技术的重要特点，也是影响非专利技术资产价值的重要因素。因此，对非专利技术进行资产评估时，需要重点关注资产持有方的保密措施及内部控制体系是否完善，是否能够发挥出应有的作用。因此，资产价值与保密性密切相关是非专利技术评估的重要特点。

第二节 技术类无形资产评估的准备工作

本节将以专利资产评估的准备工作为例进行说明和讲解。

一、评估对象界定

专利资产的确认，包含明确专利资产的基本状况及核实专利权的有效性。

（一）明确专利资产的基本状况

明确专利资产的基本状况通常包括以下内容：

（1）专利名称。专利名称是指专利申请保护的主题名称，不应包含非技术词语。

（2）专利类别。专利类别是指发明、使用新型、外观设计三类。

（3）专利申请的国别或者地区。专利申请的国别或者地区是指专利申请的地域范围。因为一个国家或一个地区所授予和保护的专利权仅在该国或该地区的范围内有效，在哪个国家申请，就在哪个国家受保护，对其他国家和地区不发生法律效力，其专利权是不会自动被其他国家和地区确认与保护的，若要保护，需要在相应的国家和地区另行申请。

（4）专利申请号或者专利号。专利申请号或专利号是指专利申请一经国务院专利行政部门受理，授予其申请号，即在提交专利申请时给出的编号。专利申请审查没有发现驳回理由的，做出授予专利的决定，同时授予专利号，即在授予专利权时给出的编号，其专利号沿用其申请号。

（5）专利的法律状态。专利的法律状态通常包括所有权人（在申请阶段为专利申请人，授权后为专利权人）及其变更情况，专利所处的专利审批阶段、年费缴纳情况、专利权的终止、专利权的恢复、专利权的质押，以及是否涉及法律诉讼或者处于复审、宣告无效状态。

（6）专利申请日。专利申请日是指国务院专利行政部门收到专利申请的申请书、说明书和权利要求书的日期。如果申请书是邮寄的，以寄出的邮戳日为申请日。信封上寄出的邮戳日不清晰的，除当事人能够提出证明外，以国务院专利行政部门收到日为递交日。专利申请人享有优先权的，以优先权日为申请日。

（7）专利授权日。专利授权日是指实用新型专利申请和外观设计专利申请经过初步审查合格后，国务院专利行政部门所指定的法定公告的日期，以及发明专利申请根据发明专利申请人的请求，经过实质审查合格后，国务院专利行政部门所指定的法定公告的日期，它是专利权的生效日。

（8）专利权利要求书所记载的权利要求。发明或者实用新型专利权的保护范围以其权利要求的内容为准，说明书及附图可以用于解释权利要求，因此权利要求是发明和实用新型专利保护范围的依据。专利权利要求书所记载的权利要求包括产品权利要求和方法权利要求。产品权利要求包括人类技术性生产的物；方法权利要求包括有时间过程要素的活动。外观设计专利权的保护范围以表示在图片或者照片中的该外观设计专利产品为准。

（9）专利使用权利。专利使用权即专利许可使用的权利，包括专利权人使用和其他人使用。其他人使用包括专利权独占许可、独家许可、普通许可和其他许可形式。

（二）核实专利权的有效性

专利资产凭借法定的垄断权，为特定权利主体带来经济收益。对专利资产有效性的分析，是对专利权的核实，也就是判断该技术是否享有法定的垄断权。对专利技术有效性的判断包括以下两个层次：

（1）核实该专利是否为有效专利，著录项目是否属实。对专利权的核实，不能仅凭“专利证书”确知该专利的有效性。“专利证书”虽是依法授予专利权的凭证，但在授权以后，专利权随时可能因各种原因而失效，如未交年费或是经过无效程序都可能导致丧失专利权。根据我国专利管理制度，失效后的“专利证书”国家并未收回，而是在《专利公报》上予以公告作废，但是作废的“专利证书”仍保留在原专利权人手中。因此，不能仅以“专利证书”证明专利权的有效性，还必须要求委托方提供专利局或省、直辖市、自治区、国务院有关部委专利管理机关出具的确权证明，或通过检索，确认该专利权的法律状态是否为有效。对于已向专利局提出专利申请并正在受理中的专利申请权，要核实中国专利局发出的“受理通知书”和缴费凭证等。

（2）核实该专利是否具有专利性。由于我国对实用新型专利实行初步审查制度，很多已授权的实用新型专利是不符合专利法的实质性要求的。因此，即使是有效的实用新型专利，仍有可能因不具备“三性”，经过无效程序，丧失专利权。在无效程序中，关键是对技术专利性的判断。实用新型专利的稳定性是不足的。评估人员在评估之前，必须对委估对象的权利稳定性进行分析。由于专利技术的专业性较强，在必要的情况下，应咨询有关该技术领域的专家，对专利技术进行分析。只有在确定专利权有效的前提下，才能够开展对专利技术的评估。对于丧失专利权的技术，实质上也就丧失了作为资产的条件，不再具有评估意义上的价值。对于评估人员而言，在对专利资产进行评估的过程中，应首先判断委估对象权利的有效性。

二、评估数据资料准备

依据无形资产评估的操作规范，我国专利资产评估一般采用三种方法：成本法、收益法、市场法。在评估专利资产时，由于专利资产的特性，实际选取评估方法时，必须考虑其使用前提条件及评估的具体情况。在评估操作实务中，应注意以下问题对评估方法选取的影响：

（1）对于尚不能确认为资产的技术，如处于研制阶段的技术，原则上不予评估；对于难以确定能否达到发明目的的委估技术，原则上也不能进行评估。

（2）对处于研制、小试阶段，技术研制虽未完成，但可预见其技术能取得成功技术，可以进行评估，但由于其未来的市场参数、财务参数、投资参数难以确定，此类技术不宜采用收益法进行评估。

（3）对于已经获得专利保护、技术较为成熟，且市场参数、财务参数、投资参数相对确定的专利资产，不宜选取成本法评估，选择收益法评估效果可能更好。

专利资产评估应用收益法的情形较多。收益法的运算过程在前面已经详述，重要的任务之一是搜集相关资料，以确定方法运用中的各项技术参数和指标。评估人员应搜集以下资料：

（1）专利资产的权利人及实施企业基本情况。

（2）专利证书、最近一期的专利缴费凭证。

（3）专利权利要求书、专利说明书及其附图。

（4）专利技术的研发过程、技术实验报告，专利资产所属技术领域的发展状况、技术水平、技术成熟度、同类技术竞争状况、技术更新速度等有关信息、资料；如果技术效果需检测，还应当搜集相关产品检测报告。

（5）与分析专利产品的适用范围、市场需求、市场前景及市场寿命、相关行业政策发展状况、宏观经济、同类产品的竞争状况、专利产品的获利能力等相关的信息、资料。

（6）以往的评估和交易情况，包括专利权转让合同、实施许可合同及其他交易情况。

（7）法律法规资料，主要包括：①经济法律法规（特别是国有企业改制、合资合作、技术贸易等经济行为法规、合同法、公司法）；②专利相关的法律法规；③资产评估法规；④委估对象所处的行业政策。

（8）资产占有方管理方面的资料，主要包括：①企业合同、章程、简介、企业基本情况；②企业会计制度或会计核算方法；③内部管理制度（包括生产经营、劳动管理、工资奖励、劳保福利及财产物资管理制度等)；④企业所有权人及经营决策管理者关于与经营管理和财务会计有关的重要问题的历次决议及决定。

以上介绍了专利资产评估的准备工作。对于非专利技术评估的准备工作，评估数据资料的准备与专利资产评估大同小异。而评估对象的界定，由于非专利技术不像专利技术可以通过相关法律文件的查阅进行检验，因此需要通过查阅委托方提供的非专利技术的名称、详细技术内容、非专利技术的历史和来源、非专利技术的转让情况、非专利技术的技术检测报告、技术鉴定报告来完成。

第三节 运用收益法评估的条件要求和技术要点

专利资产与非专利技术在价值评估方法上具有相似性，鉴于篇幅限制，此处详细介绍专利资产的价值评估方法，非专利技术的价值评估可参考专利资产的相应内容。

目前，国内外资产评估界对专利资产的评估方法都是借鉴了较为成熟的有形资产评估方法发展而来的，主要有三种方法：收益法、成本法和市场法，其中，收益法的应用最为广泛。

一、收益法应用的基本条件

收益法是指通过测算被评估资产未来收益并折成现值，以确定资产价值的方法。根据评估专利技术转让或许可使用选取参数的渠道不同，收益法在应用上可以表示为下列两种方式：

$$专利技术评估价值 = \sum_{i=1}^{n} \frac{KR_i}{(1+r)^i} \qquad (式4-1)$$

式中：K 为专利技术分成率；r 为折现率；R_i 为第 i 年的收益额；i 为收益期限序号；n 为收益期限。

$$专利技术评估价值 = \sum_{i=1}^{n} \frac{R_i}{(1+r)^i} \qquad (式4-2)$$

式中：R_i 为被评估专利技术的第 i 年的超额收益；i 为收益期限序号；r 为折现率；n 为收益期限。

收益法是依据资产未来预期收益经折现或本金化处理来估测资产价值的。其涉及三个基本要素：①被评估资产的预期收益；②折现率或资本化率；③被评估资产取得预期收益的持续时间。因此，能否清晰把握上述三个要素，就成为能否运用收益法的基本前提。从这个意义上来讲，专利资产评估应用收益法必须具备的前提条件是：

（1）被评估专利资产的未来预期收益可以预测，并可以用货币来衡量；

（2）专利资产拥有者获得预期收益所承担的风险也可以预测，并可以用货币来衡量；

(3) 被评估专利资产预期获利年限可以预测。

我国目前大多采用收益法进行专利资产评估。收益法的应用主要体现在对评估参数的选取上，收益额、收益期限、分成率、折现率等主要参数的合理估算是收益法有效运用的主要内容。

二、超额收益的估算要点

(一) 超额收益的分类

在专利资产评估中，收益额是指专利资产带来的超额收益，也就是专利资产在未来各年预计获得的超额收益。它与专利资产价值的差异仅在于专利资产价值是各年收益额经折现后的总和。专利资产超额收益的确定通常有三种方法，即直接法、分成法及割差法。在计算过程中，一般需要对技术实施方的销售收入及成本状况进行预测。有关成本状况的预测，可根据会计准则处理；对销售收入的预测，由于待估的专利技术很多是尚未应用于生产实践的，因此在预测销售收入时，应分为已实施专利和未实施专利两种情况。

1. 已实施专利销售收入的预测

已实施的专利是指那些已经转化或正在转化为现实生产力的专利技术。这种专利技术较为成熟，其经济效果和市场前景都比较明朗，并且有一定的历史数据可供参考。其一般步骤为：首先识别增长曲线类型，而后进行参数估计，得到拟合方程，最终对拟合方程的拟合度进行检验，并进行显著性检验，如果方程通过检验，则可以使用它进行未来销售收入的预测。

2. 未实施专利销售收入的预测

未实施专利由于没有经过实践检验，没有市场和效益的历史数据可供参考，所以这类专利资产未来收益的预测比较困难。在专利权的被许可实施方或受让方还不确定时，一般采用从市场的总体出发，逐步分析，最后得出专利产品的销售情况；即首先明确专利产品所处市场的总规模，然后调查分析专利产品市场状况，也就是市场类型及规模经济程度。一般说来，不同的市场类型对应着不同的竞争程度，也影响着每个厂商可能占有的市场份额，而是否存在规模经济性，也决定着厂商的生产规模。最后，结合专利产品自身的特性，确定专利产品在该市场上可能占有的份额，得出销售收入的预测值。在交易对象已经明确的情况下，可以根据被许可方或权利受让方的生产规划、生产能力、营销能力，结合产品市场规模，预测出产品在专利剩余经济寿命期内各年的销售情况。

(二) 超额收益的估算方法

专利资产收益额的测算是采用收益法评估专利资产的关键步骤。如前所述，专利资产收益额是由专利资产带来的超额收益。评估人员在估算专利资产的超额收益时，应当注意区分除专利资产以外的其他因素对超额收益的贡献。各种估算方法测算的超额收益应当是扣除了其他因素贡献之外的，仅为专利资产带来的超额收益。下面介绍一些常用的估算方法。

1. 直接估算法

通过未使用专利资产与使用专利资产前后收益情况对比分析，确定专利资产带来的收益额。在许多情况下，从专利资产为特定持有主体带来的经济利益上看，我们可以将专利资产划分为收入增长型和成本费用节约型。

（1）收入增长型专利资产，是指专利资产应用于生产经营过程，能够使产品的销售收入大幅度增加。增加的原因在于：

第一，生产的产品能够以高出同类产品的价格销售；

第二，生产的产品采用与同类产品相同价格的情况下，销售数量大幅度增加，市场占有率扩大，从而获得超额收益。

第一种原因，在销售量不变、单位成本不变的情况下，由于销售价格高而形成的超额收益可以参考以下方式估算：

$$R = (P_2 - P_1)Q(1 - T) \quad \text{（式4－3）}$$

式中：R 为超额收益；P_2 为使用被评估专利资产后单位产品的价格；P_1 为未使用被评估专利资产前单位产品的价格；Q 为产品销售量；T 为所得税税率。

第二种原因，在单位价格和单位成本不变的情况下，由于销售量增加而形成的超额收益可以参考下列公式计算：

$$R = (Q_2 - Q_1)(P - C)(1 - T) \quad \text{（式4－4）}$$

式中：R 为超额收益；Q_2 为使用被评估专利资产后的产品销售量；Q_1 为未使用被评估专利资产的产品销售量；P 为产品价格；C 为产品的单位成本；T 为所得税税率。

同时应该注意的是：销售收入增加可以引起收益的增加，它们是同方向的，由于存在着税收因素，销售收入和收益一般不是同比例变动，这在计算中应予以考虑。

（2）费用节约型专利资产，是指专利资产的应用使得生产产品中的成本费用降低，从而形成超额收益。当假定销售量不变、价格不变时，可以参考下列公式计算为投资者带来的超额收益：

$$R = (C_1 - C_2)Q(1 - T) \quad \text{（式4－5）}$$

式中：R 为超额收益；C_1 为未使用被评估专利资产产品的单位成本；C_2 为使用被评估专利资产后产品的单位成本；Q 为产品销售量（此处假定销售量不变）；T 为所得税税率。

实际上，收入增长型和费用节约型专利资产的划分，是假定其他资产因素不变的情况下，为了明晰专利资产形成超额收益来源情况的人为划分方法。在实际中，专利资产应用后，其他资产因素也会发生变化，超额收益是各资产因素共同作用的结果。评估者应根据情况，加以综合性的运用和测算，以科学地测算超额收益。不能简单地把上述超额收益都划归为专利资产。

2. 差额法

当无法将使用了专利资产和没有使用专利资产的收益情况进行对比时，采用专利资产和其他类型资产在经济活动中的综合收益与行业平均水平进行比较，也可得到专利资产获利能力，即"超额收益"。

第一，搜集有关专利资产的产品生产经营活动财务资料并进行盈利分析，得到专利资产产品的经营利润和销售利润率等基本数据。

第二，对上述生产经营活动中的资金占用情况（固定资产、流动资产和已有账面价值的其他相关资产）进行统计。

第三，搜集行业平均收益率等指标。

第四，计算专利资产带来的超额收益。

第五，其计算公式为：

专利资产带来超额收益 = 净利润 − 净资产总额 × 行业平均净利润率 （式 4 − 6）

使用这种方法，应注意这样计算出来的超额收益有时不完全由被评估专利资产本身带来（除非能够认定企业只有待估专利资产一种无形资产），通常是由一无形资产组合（专利资产组合）带来的超额收益。在此种情况下，需要对超额收益进行分配处理。

3. 分成率法

专利资产收益通过分成率来获得是目前国际和国内技术交易中常用的一种实用方法。其计算公式为：

$$\text{专利资产收益额} = \text{销售收入（利润）} \times \text{销售收入（利润）分成率} \times (1 - \text{所得税税率}) \quad \text{（式 4 − 7）}$$

对于销售收入（利润）的测算前面已经介绍，关于专利资产分成率是需要讨论的。

既然分成对象是销售收入或销售利润，因而就有两个不同的分成率。实际上，由于销售收入与销售利润存在着内在联系，可以根据销售利润分成率推算出销售收入分成率，反之亦然。因为：

$$\begin{aligned}\text{收益额} &= \text{销售收入} \times \text{销售收入分成率} \times (1 - \text{所得税税率}) \\ &= \text{销售利润} \times \text{销售利润分成率} \times (1 - \text{所得税税率})\end{aligned} \quad \text{（式 4 − 8）}$$

所以，

$$\begin{aligned}&\text{销售收入分成率} = \text{销售利润分成率} \times \text{销售利润率} \\ &\text{销售利润分成率} = \text{销售收入分成率} \div \text{销售利润率}\end{aligned} \quad \text{（式 4 − 9）}$$

在专利资产转让实务中，一般是确定一定的销售收入分成率，俗称“抽头”。例如，在国际市场上，一般技术转让费不超过销售收入的 1% ~ 10%，如果按社会平均销售利润率 10% 推算，当技术转让费为销售收入的 3% 时，则利润分成率为 30%。从销售收入分成率本身很难看出转让价格是否合理，但是，换算成利润分成率，则可以加以判断。

评估人员在利用分成率法确定专利资产收益额时要根据实际情况分析，合理确定分成收益。

4. 要素贡献法

有些专利资产已经成为生产经营的必要条件，由于某些原因不可能或很难确定其带来的超额收益，这时可以根据构成生产经营的要素在生产经营活动中的贡献，从正常利润中粗略估计出专利资产带来的收益。我国理论界通常采用“三分法”，即主要考虑生产经营活动中的三大要素——资本、技术和管理，这三种要素的贡献在不同行业是不一样的。一般认为，对资金密集型行业，三者的贡献依次是 50%、30%、20%；技术密集型行业，依次是 40%、40%、20%；一般行业，依次是 30%、40%、30%；高科技行业，依次是 30%、50%、20%。这些数据也可供在粗略估算专利资产收益额时参考，而不能直接用于评估专利资产收益额。当然也有按“四分法”来分配专利资产超额收益的，即按照 25%

的分配比率估算专利资产的超额收益。其理论依据是：资本、技术、劳动和管理对企业收益的贡献。

三、折现率估测要点

折现率是资本的期望收益率，它与利率是不相同的。通常所说的利率是资金的报酬，只表示资金（资产）本身最基本的获利能力，与使用条件、用途以及占有者没有直接关系。而折现率则要综合考虑资产的使用条件、用途和占有者等因素对资产获利能力的影响。确定折现率的方法包括构成法、股利增长模型、资本资产定价模型及资本加权平均成本等。目前，国内评估机构一般采用构成法计算折现率，即折现率 = 无风险利率 + 风险报酬率。其中，无风险利率是投资者不冒风险就可以长期稳定获得的投资收益率，一般选用适当年期的国库券的利率作为无风险利率。风险报酬率是对投资风险的额外补偿，当存在收益损失或意外的变化时，投资者需要在无风险投资的安全利率上增加风险系数，它的数值可采用综合评价确定。下面将简要介绍其计算过程及评测指标。

对专利技术投资而言，风险系数由技术风险系数、市场风险系数、资金风险系数及管理风险系数之和确定。根据对投资项目的研究及目前评估实践，各个风险系数的取值范围大致在0% ~5%之间，而具体的数值则根据评测表求得。

（一）技术风险

技术风险评测表见表4－1。

表4－1　技术风险评测表

权重	考虑因素	分值					
		100	80	60	40	20	0
0.3	技术转化风险（1）						
0.3	技术替代风险（2）						
0.2	技术权利风险（3）						
0.2	技术整合风险（4）						

说明：

（1）技术转化风险：工业化生产（0）；小批量生产（20）；中试（40）；小试（80）；实验室阶段（100）。

（2）技术替代风险：无替代产品（0）；存在若干替代产品（40）；替代产品较多（100）。

（3）技术权利风险：发明专利及经过无效、撤销及异议的实用新型专利（20）；实用新型专利（60）；处于申请阶段的专利（100）。

（4）技术整合风险：相关技术完善（0）；相关技术在细微环节需要进行一些调整，以配合待估技术的实施（20）；相关技术在某些方面需要进行一些调整（40）；某些相关技术需要进行开发（60）；相关技术的开发存在一定的难度（80）；相关技术尚未出现（100）。

（二）市场风险

市场风险见表4－2、表4－3。

表 4－2 市场风险评测表

权重	考虑因素		权重	分值					
				100	80	60	40	20	0
0.4	市场容量风险（1）								
0.6	市场竞争风险	市场现有竞争风险（2）	0.7						
		市场潜在竞争风险（3）	0.3						

表 4－3 市场潜在竞争风险评测表

权重	考虑因素	分值					
		100	80	60	40	20	0
0.3	规模经济性（A）						
0.4	投资额及转换费用（B）						
0.3	销售网络（C）						

说明：

（1）市场容量风险：市场总容量大且平稳（0）；市场总容量一般，但发展前景好（20）；市场总容量一般且发展平稳（40）；市场总容量小，呈增长趋势（80）；市场总容量小，发展平稳（100）。

（2）市场现有竞争风险：市场为新市场，无其他厂商（0）；市场中厂商数量较少，实力无明显优势（20）；市场中厂商数量较多，但其中有几个厂商具有较明显的优势（60）；市场中厂商数量众多，且无明显优势（100）。

（3）市场潜在竞争风险。市场潜在竞争风险由以下三个因素决定：

第一，规模经济性：市场存在明显的规模经济（0）；市场存在一定的规模经济（40）；市场基本不具规模经济（100）。

第二，投资额及转换费用：项目的投资额及转换费用高（0）；项目的投资额及转换费用中等（40）；项目的投资额及转换费用低（100）。

第三，销售网络：产品的销售依赖固有的销售网络（0）；产品的销售在一定程度上依赖固有的销售网络（40）；产品的销售不依赖固有的销售网络（100）。

（三）资金风险

资金风险见表 4－4。

表 4－4 资产风险评测表

权重	考虑因素	分值					
		100	80	60	40	20	0
0.5	融资风险（1）						
0.5	流动资金风险（2）						

说明：

（1）融资风险：项目的投资额低（0）；项目的投资额中等（40）；项目的投资额高（100）。

（2）流动资金风险：项目的流动资金低（0）；项目的流动资金中等（40）；项目的流动资金低（100）。

（四）管理风险

管理风险见表 4－5。

表 4－5　管理风险测评表

权重	考虑因素	分值					
		100	80	60	40	20	0
0.4	销售服务风险（1）						
0.3	质量管理风险（2）						
0.3	技术开发风险（3）						

说明：

（1）销售服务风险：已有销售网点和人员（0）；除利用现有网点外，还需要建立一部分新销售服务网点（20）；必须开辟与现有网点数相当的新网点和增加一部分新人力投入（60）；全部是新网点和新的销售服务人员（100）。

（2）质量管理风险：质保体系建立完善，实施全过程质量控制（0）；质保体系建立但不完善，大部分生产过程实施质量控制（40）；质保体系尚待建立，只在个别环节实施质量控制（100）。

（3）技术开发风险：技术力量强，研发费用投入高（0）；技术力量较强，研发费用投入较高（40）；技术力量一般，有一定研发费用投入（60）；技术力量弱，研发费用投入少（100）。

四、收益期评估的测重点

专利资产的经济寿命对其评估价值的影响是比较明显的，因它与专利资产的价值在某种程度上直接相关，即一般地讲，专利资产的经济寿命越长，其价值越高；经济寿命越短，价值越低。因此，进行专利资产价值的评估必然要对专利资产的经济寿命进行评估。

（一）专利资产经济寿命的概念

专利资产的经济寿命可以定义为使用专利资产能带来收益的持续时间；也就是说，在使用专利资产不再有利润产生时，专利资产的经济寿命便告结束。

众所周知，专利资产的经济寿命与有形资产的经济寿命有相同的地方，但也有区别。专利资产的经济寿命往往依托的是法律赋予的寿命、技术的寿命和获利能力的寿命。

1. 法定或合同寿命

专利资产的经济寿命受法律条文规定的影响。对发明专利权的保护期限，世界绝大多数国规定为 10～20 年。我国专利权的保护期限为 20 年。这个期限从颁布专利法的国内外情况来看是较适宜的。因为西方工业发达国家，如德国规定为 20 年，美国规定为 20 年。专利权的寿命平均为 9 年，很少达到 20 年以上的。但经过多年的实践，加上这期间科学技术的发展，尤其是高精尖类技术的发明往往需要较长时间，比如对药品和化学物质生产方法等新技术的开发都需要一个长时间的保护才能补偿发明人的巨额投资，因此，许多国家认为这个保护期过短，不足以保护专利权人的利益。目前，大多数国家对发明专利权的保护期都规定为 20 年，有的国家甚至还规定可以延长，《国际专利法协调条约（草案）》也要求对发明专利权的保护期规定为 20 年。鉴于这些情况，我国专利法也把发明专利权的保护期定为 20 年。

总之，专利资产的法律或合同寿命各种各样，我们进行实际评估时必须对其给予充分的考虑。

2. 实际的经济寿命

大部分专利资产的经济寿命不能用法律条文或合同来确定，所以，必须首先对这些资产进行分析，以便按它剩下的经济寿命来评估其价值。大多数情况下，专利资产的经济寿命都比法定寿命短。如一项有17年法定寿命的专利权，如果科学技术进步了，或是因为它所生产的产品在市场上没有销路时，这项专利的经济寿命会在其法定寿命之内终止，而不会是17年。不过，有些核心专利，特别是一些基础性专利，其经济寿命达到其法定专利寿命的情况也不少。

在确定专利资产的经济寿命时，并不能完全依赖法定寿命或合同寿命来确定。因为这些资产的经济寿命会受到大量外在作用力的影响而变化，专利资产实际的经济寿命与其法定寿命或合同寿命可能会有很大的偏差。如专利权的实际寿命往往是低于法定寿命的，这样，我国专利法规定在下列情况下专利权在期限届满前终止：①专利权人没有按照规定缴纳年费的。②专利权人以书面声明放弃其专利权的。

综上所述，专利资产实际经济寿命与法定寿命或合同寿命是既有联系又有偏差的。所以，对于不同的专利资产，我们在进行实际评估时必须充分考虑二者的关系，否则，评估工作就会出现失误。

（二）影响专利资产经济寿命的因素

专利资产的经济寿命受多种因素的影响，做评估时我们必须有充分的考虑。影响专利资产经济寿命的因素主要有：

1. 专利资产的投入价值和收益价值

专利资产的投入价值主要是专利资产形成的成本。例如，一项专利的形成需要长时间的不断投资，而这种投资包括有效益的和无效益的、大效益的和小效益的，而且专利开发者维护它们也需要一定的投资。它的创造需要投入一定的人力和物力，一般来讲，专利技术价值的大小与其创造时投入人力及物力的多少是正相关的。由此我们不难得出结论：专利资产的价值越大，即其形成时所投入的资本越多，则资本回收期也越长，资本的经济寿命也就越长。

专利资产的使用价值体现在它的未来经济收益能力上。所以，当专利资产没有了未来收益能力，专利资产的经济寿命就结束了，其价值也就成为零。这也就是说，只要专利资产能带来收益，它的经济寿命就在延续。换句话说，专利资产的使用价值越大，它的未来经济收益越多，则专利资产的经济寿命也越长。

2. 社会的变动

社会的变动是影响专利资产经济寿命的一个重要因素，它包括政治和经济变革、自然灾害及战争等。如我国从1978年改革开放以来，市场经济逐渐取代计划经济，质优路活的商品及其相应的技术便自然延长了其经济寿命。

市场的开放程度也能影响专利资产的寿命。如以前中国和苏联相对封闭，这使自己一些很落后的技术和产品也具有生命力。地区也如此，我国西部地区较东部沿海要封闭得多，同样水平的技术和产品，其在内地和沿海的经济寿命便显然不同。国际市场的开放程度也会影响专利技术的经济寿命，专利技术产品走出国门进入国际市场，就可能延长其经济寿命。各国采取贸易保护和关税壁垒政策会在一定程度上影响某些技术的经济寿命，如美国为保护自己汽车工业的发展，想方设法限制他国汽车的进口。因此，市场的开放与封闭对技术、商标等专利资产的经济寿命影响很大，而决定市场开放与封闭的则正是社会的变革。

战争和自然灾害对专利资产的经济寿命也有影响。如一个国家或地区遭受战乱或自然灾害，则其生产必然受到损失和破坏，这种损失和破坏有时常常是难以恢复的，或是恢复需要较长的时间，因此，此技术和产品在遭受战乱或自然灾害后，它的经济寿命便大大缩短了。

3. 技术的进步

技术进步有明显的阶段性和同期性。20 世纪 20 年代，苏联经济学家康德拉季也夫分析了一百多年技术发展阶段性与经济发展速度的关系。美国经济学家熊彼得进一步把近代工业技术分为四个周期：第一周期（1787—1842 年），以蒸汽机、纺织技术为主；第二周期（1843—1987 年），以铁路、炼钢技术为主；第三周期（1898—1950 年），以电、汽车、无线电、飞机为主；第四周期（1951 年后）以材料、原子能、电子技术为主。康德拉季也夫和熊彼德认为，在每一个新技术周期开始时，技术进步推动设备更新，刺激投资，促使经济繁荣，然后经历下降、衰退、恢复，再转入第二周期。

技术进步是一个加速的过程，因此，新技术的经济寿命也在不断缩短。以世界能源结构的变化最显著。1860 年，世界能源 73.5% 靠柴薪，25.3% 靠煤。1910 年柴薪降到 31.7%，煤上升到 63.5%，在这 50 年间，柴薪产量增加 0.4 倍，煤产量增加 7.3 倍。20 世纪以来，由于钻探技术的提高，内燃机的广泛使用，石油和天然气的地位上升，1950 年石油和天然气占世界总能耗的 39%，1973 年上升到 70%。再以材料为例，20 世纪五六十年代以前，钢铁一直是无法替代的；20 世纪 70 年代和 80 年代，合金、塑料、陶瓷、玻璃钢等新型材料不断涌现，大有逐渐取代钢铁的趋势。因此，新技术及新产品的不断产生，使老技术及老产品的经济寿命不断缩短，且新技术及新产品产生的加速使老技术及老产品经济寿命的缩短也出现加速。总之，以上所述变化都与技术进步密不可分，因此，专利经济寿命的发展趋势应该是不断缩减的。

4. 市场的状态

专利资产的经济寿命与专利资产的市场发育密切相关。如一项专利技术因市场原因长期得不到开发利用，那么它的经济寿命就会大大缩短，这也就是专利权常有在保护期未满前而终止的主要原因。同有形资产一样，专利资产作为商品，其价值也是受市场调控的，且由于专利资产的一些特性，如缺乏更多参照物、没有有形损耗等，这使专利资产价值受市场调控的规律更难以捉摸。

5. 技术的保密情况

一些技术秘密是企业专利的一部分，但它又没有申请专利，这是因为专利会暴露出作为专利的那些基本知识，或者企业通过商业秘密可以延长对它们的使用时间，这些大都有很高的潜在价值。评估师在评估时要观察这种安全保护确保这些技术不会公开的程度。因为这与专利资产的经济寿命是直接相关的。

专利、商标等的经济寿命与技术保密是分不开的。可口可乐商标之所以有那么高的价值，全在于此种饮料的配方及工序的保密。试想，可口可乐的配方及工序等一旦被泄露出去，类似的饮料必将大量涌现，而那时可口可乐的价值必将会一落千丈，其经济寿命也会很快结束。

（三）评估专利资产经济寿命的方法

1. 专利资产经济寿命的统计回归法

通过统计回归法估测专利资产经济寿命的步骤如下：

（1）根据专利的特征，从专利数据库中提取某一类型的专利数据，并分析这一类型专利的寿命分布特征，使用统计分析的方法，进行寿命分析。

（2）利用专利数据，使用统计分析和回归分析的方法，进行专利寿命分析。

下面以专利 ZL02121917.6 的同类型专利的寿命分布为例，对统计回归法的应用进行说明，数据库来源于国家知识产权局。

通过检索专利数据库，本发明涉及一种脱臭吸附材料，其特征在于包含 RB 陶瓷和/或 CRB 陶瓷作为除臭材料。本发明的脱臭吸附材料具有优异的防臭性能，而且其长期持续性也优异，在以成形体的形式提供使用时，其形状可进行自由加工，容易加工成形为复杂的形状。该专利属于如下技术领域内的专利：材料或物体消毒的一般方法或装置；空气的灭菌、消毒或除臭；绷带、敷料、吸收垫或外科用品的化学方面；绷带、敷料、吸收垫或外科用品的材料。

步骤一：通过检索专利数据库，并进行相应的数据处理获得专利寿命数据。表 4-6 为该类型专利的部分专利寿命数据。

表 4-6　　部分专利寿命数据

申请号	申请日	法律状态日	寿命（年）
CN02826540-8	2002 年 10 月 18 日	2006 年 10 月 18 日	4
CN90102362-0	1990 年 5 月 4 日	1994 年 5 月 11 日	4
CN00130873-4	2000 年 12 月 20 日	2004 年 12 月 29 日	4
CN01108791-9	2001 年 8 月 27 日	2005 年 9 月 7 日	4
CN01821373-1	2001 年 12 月 28 日	2006 年 1 月 11 日	4
CN02813132-0	2002 年 6 月 28 日	2006 年 12 月 27 日	5
CN85203750	1985 年 9 月 11 日	1990 年 3 月 14 日	5
CN01808307-2	2001 年 4 月 18 日	2005 年 10 月 19 日	5
CN01134222-6	2001 年 10 月 26 日	2006 年 5 月 3 日	5
CN00100016-0	2000 年 1 月 4 日	2004 年 7 月 14 日	5
CN90101673-X	1990 年 3 月 29 日	1995 年 9 月 27 日	6
CN00240228-9	2000 年 11 月 23 日	2006 年 5 月 24 日	6
CN00216806-5	2000 年 3 月 13 日	2005 年 9 月 14 日	6

续表

申请号	申请日	法律状态日	寿命（年）
CN99815387 – 7	1999 年 11 月 9 日	2005 年 5 月 18 日	6
CN88101682	1988 年 2 月 27 日	1993 年 9 月 8 日	6
CN98100122 – X	1998 年 1 月 12 日	2004 年 7 月 14 日	7
CN97181279 – 9	1997 年 11 月 24 日	2004 年 6 月 2 日	7
CN99803899 – 7	1999 年 2 月 4 日	2005 年 8 月 24 日	7
CN99803900 – 4	1999 年 2 月 2 日	2005 年 8 月 24 日	7
CN97181788 – X	1997 年 12 月 22 日	2004 年 7 月 14 日	7
CN95195960 – 3	1995 年 9 月 26 日	2003 年 4 月 2 日	8
CN98807470 – 2	1998 年 7 月 15 日	2006 年 1 月 25 日	8
CN91110467 – 4	1991 年 11 月 12 日	1999 年 6 月 2 日	8
CN94100044 – 3	1994 年 1 月 3 日	2001 年 7 月 25 日	8
CN95190915 – 0	1995 年 9 月 21 日	2003 年 4 月 30 日	8
CN88219621 – 9	1988 年 5 月 23 日	1996 年 11 月 27 日	9
CN89213104 – 7	1989 年 7 月 31 日	1998 年 2 月 4 日	9
CN88202902 – 9	1988 年 4 月 3 日	1996 年 10 月 9 日	9
CN89217127 – 8	1989 年 9 月 9 日	1998 年 3 月 18 日	9
CN92201879 – 0	1992 年 2 月 2 日	2000 年 8 月 16 日	9
CN91106642 – X	1991 年 3 月 5 日	2000 年 9 月 6 日	10
CN95191629 – 7	1995 年 2 月 1 日	2004 年 8 月 11 日	10
CN88200156	1988 年 1 月 4 日	1997 年 7 月 16 日	10
CN89102347 – X	1989 年 4 月 18 日	1998 年 11 月 18 日	10
CN03157963 – 9	1996 年 5 月 16 日	2006 年 1 月 25 日	10
CN94209740 – 8	1994 年 5 月 3 日	2004 年 11 月 3 日	11
CN95191628 – 9	1995 年 2 月 1 日	2005 年 8 月 24 日	11
CN85109219	1985 年 12 月 1 日	1997 年 1 月 15 日	11
CN86102798	1986 年 4 月 19 日	1997 年 6 月 4 日	11
CN92106780 – 1	1992 年 10 月 23 日	2003 年 12 月 17 日	11
CN94194556 – 1	1994 年 12 月 13 日	2007 年 2 月 7 日	12
CN92108533 – 8	1992 年 8 月 14 日	2004 年 10 月 13 日	12
CN93114146 – X	1993 年 9 月 30 日	2005 年 11 月 30 日	12
CN94102130 – 0	1994 年 2 月 23 日	2006 年 4 月 26 日	12
CN95192124 – X	1995 年 3 月 14 日	2007 年 5 月 16 日	12
CN98105853 – 1	1991 年 4 月 2 日	2003 年 11 月 26 日	13
CN87105852 – 9	1987 年 8 月 27 日	2000 年 10 月 18 日	13

续表

申请号	申请日	法律状态日	寿命（年）
CN90105776 - 2	1990 年 3 月 1 日	2003 年 4 月 23 日	13
CN89103828 - 0	1989 年 6 月 3 日	2002 年 7 月 31 日	13
CN87103518	1987 年 5 月 15 日	2000 年 7 月 12 日	13
CN88100319	1988 年 1 月 14 日	2002 年 3 月 6 日	14
CN88106379 - 7	1988 年 8 月 4 日	2002 年 9 月 25 日	14
CN89101494 - 2	1989 年 3 月 14 日	2003 年 5 月 7 日	14
CN85105362	1985 年 7 月 13 日	1999 年 9 月 8 日	14
CN85103723	1985 年 5 月 17 日	1999 年 7 月 14 日	14
CN88100127	1988 年 1 月 14 日	2003 年 3 月 5 日	15
CN90102471 - 6	1990 年 4 月 6 日	2005 年 6 月 8 日	15
CN85107871	1985 年 9 月 26 日	2001 年 5 月 16 日	16
CN86103457	1986 年 5 月 21 日	2002 年 1 月 9 日	16
CN89105570 - 3	1989 年 8 月 5 日	2005 年 10 月 5 日	16
CN87104229 - 0	1987 年 6 月 12 日	2007 年 10 月 10 日	20

步骤二：通过专业统计软件 SPSS 分析上述的专利寿命数据，如图 4 - 1、表 4 - 7 所示。

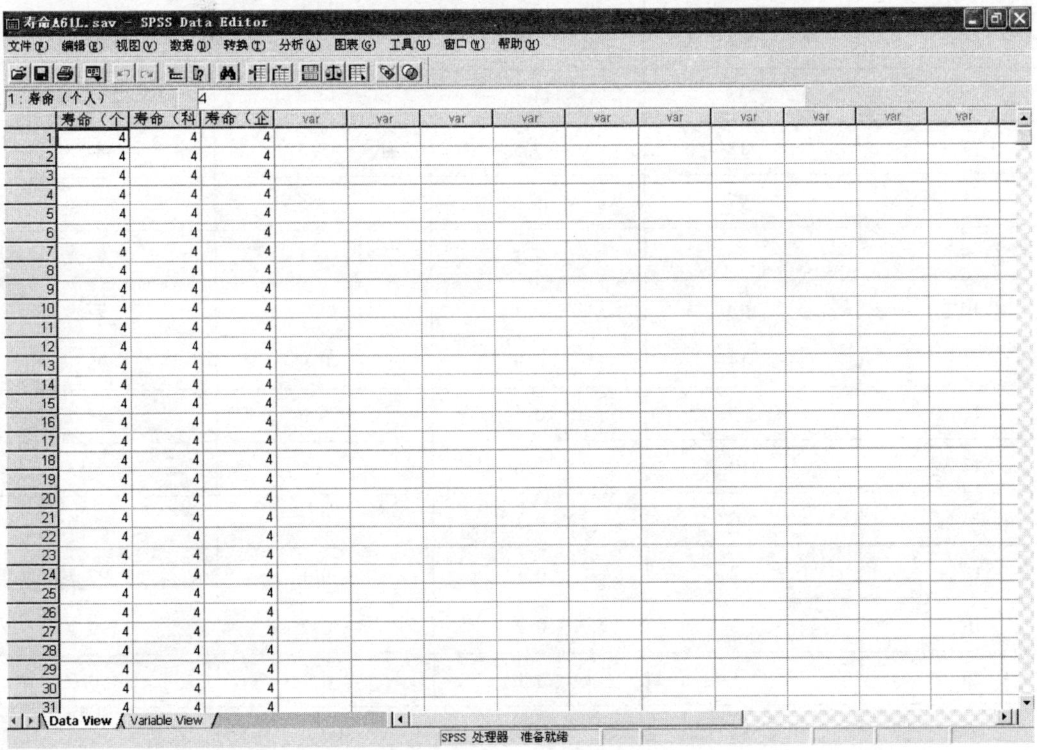

图 4 - 1　专利寿命数据

表4-7 统计数据

Descriptive Statistics

	N	Minimum	Maximum	Mean	Std. Deviation
Valid N (listwise)	1 584	4	20	5. 60	2. 043

步骤三：统计结果描述。通过统计软件的分析，该类型专利的寿命数据共有 1 584 个，其中，寿命最短的只有4年，寿命最长的为20年，失效专利平均寿命为5.6年。

该类型专利的寿命数据共有有效观察值1 584个，最大值为20年，最小值为4年，平均寿命为5.60年。

在简单的统计描述之后，再对该类型专利寿命的分布频率进行了分析，结果如表4-8及图4-2所示。该类专利的专利寿命≤6年的专利占77.0%；专利寿命≤9年的专利占94.1%。从另一角度看，专利寿命>6年的专利占23.0%；专利寿命>9年的专利占5.9%。从统计学的角度来看，该类专利存活超过9年的比例只有5.9%，为小概率事件，所以该专利的存活期限一般情况下≤9年。

表4-8 统计数据

Valid	Frequency	Percent	Valid Percent	Cumulative Percent
4	631	39. 8	39. 8	39. 8
5	354	22. 4	22. 4	62. 2
6	235	14. 8	14. 8	77. 0
7	118	7. 5	7. 5	84. 5
8	97	5. 5	5. 5	90. 0
9	66	4. 1	4. 1	94. 1
10	49	3. 1	3. 1	97. 2
11	14	0. 9	0. 9	98. 1
12	9	0. 6	0. 6	98. 7
13	10	0. 6	0. 6	99. 3
14	5	0. 3	0. 3	99. 6
15	2	0. 1	0. 1	99. 7
16	3	0. 2	0. 2	99. 9
20	1	0. 1	0. 1	100. 0
Total	1 584	100. 0	100. 0	

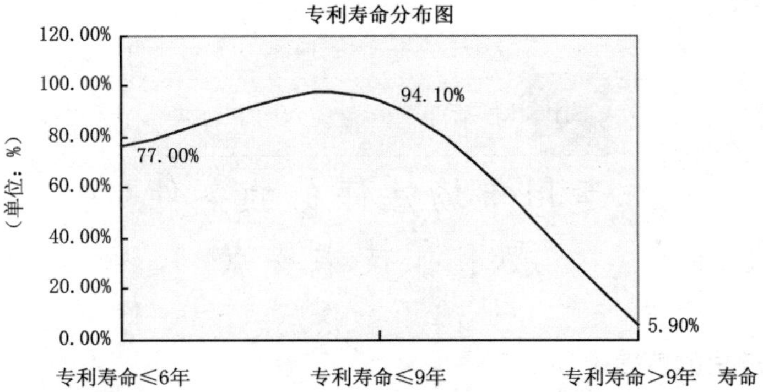

图4－2　分析结果

2. 专利资产经济寿命的综合评价法

与确定分成率的步骤相同。首先，由该技术领域的专业人员根据行业惯例，确定待估技术可能的经济寿命期的范围，再由该技术所处的技术发展阶段得到待估技术剩余经济寿命期的可能取值范围。其次，根据评价表4－9进行评分，得到专利技术的剩余经济寿命期，进而确定待估专利技术的剩余寿命。

表4－9　　各因素权重测算表

权重	考虑因素		分权重	分值（%）					
				100	80	60	40	20	0
0.4	技术自身状况	先进性	0.6						
		应用范围	0.4						
0.3	相关技术状况	替代技术	0.7						
		相关技术配合（1）	0.3						
0.3	外界因素	需求	0.7						
		原材料（2）	0.3						

说明：

（1）相关技术配合：相关技术完善（100）；相关技术在细微环节需要进行一些调整，以配合待估技术的实施（80）；相关技术在某些方面需要进行一些调整（60）；某些相关技术需要进行开发（40）；相关技术的开发存在一定的难度（20）；相关技术尚未出现（0）。

（2）原材料的选取考虑原材料的价格是否受到时间及其他因素的影响：是否因为特殊需要而需要特定的采购地，是否存在供应商垄断而使供应存在不确定性。原材料的供应充足（100）；原材料的供应不稳定（40）；原材料的供应紧缺（0）。

第四节 运用市场法评估的条件要求和技术要点

一、市场法应用的前提条件

市场法是指在市场上选择若干相同或近似的资产作为参照物，针对各项价值影响因素，将被评估资产分别与参照物进行比较调整，再综合分析各项调整的结果，确定资产价值的方法。

应用市场法应具有充分活跃的市场、可比参照物及公开信息。目前，我国技术市场尚处于初步阶段，市场交易量小，市场环境不稳定，有关交易的技术经济信息和资料不完备；而且由于技术本身的创造性和新颖性，一般较难在公开市场上找到可以参照的技术资产的交易资料。市场法的运用在技术评估中有一定的局限性。

二、参照物的选择要求

作为参照物的专利资产与被评估专利资产至少要满足形式相似、功能相似、载体相似及交易条件相似的要求。所谓形式相似，是指参照物与被评估资产按照专利资产分类原则，可以归并为同一类。所谓功能相似，是指尽管参照物与被评估资产的设计和结构不可避免地存在差异，但它们的功能和效用应该相同和近似。所谓载体相似，是指参照物与被评估资产所依附的产品或服务应满足同质性要求，所依附的企业则应满足同行业和同规模的要求。所谓交易条件相似，是指参照物的成交条件与被评估资产模拟的成交条件在宏观、中观和微观层面上都应大体接近。关于上述要求，中国资产评估协会发布的《专利资产评估指导意见》指出："注册资产评估师在分析交易案例的可比性时，应当考虑交易资产的特点、交易时间、限制条件、交易双方的关系、购买方现有条件，专利资产的获利能力、竞争能力、技术水平、成熟程度、剩余法定保护年限及剩余经济寿命、风险程度、转让或者使用情况，实施专利资产是否涉及其他专利资产等因素。"

三、可比指标的选择标准

影响市场法评估专利资产价值的主要差异指标包括：

（1）授权时间。专利资产的价值具有较强的时效性，不同时点的价值可能有很大差异。参照专利技术的授权日期如果距离评估基准日较长，必须通过授权时间调整系数进行相应的调整。

（2）权利种类。专利资产包括发明、实用新型等不同类型，采用市场法对专利技术进行评估时，应对不同类型的专利通过调整系数进行调整。

（3）交易限制条件。公平市场条件下的交易价格与特定条件下的交易价格是有很大差别的。运用市场法评估时，应特别关注参照专利资产的交易条件，并对非市场化的交易进行相应的调整。

（4）交易方的关系。如果参照专利资产交易的双方是关联方，那么关联方之间的交易价值是不能被认为是公允价值，需要进行相应的修正。

（5）剩余经济寿命。专利资产是有经济寿命的，处在不同寿命阶段，其价值差异巨大。因此要根据参照专利资产与被评估专利资产的经济寿命差异进行调整。

（6）风险程度。由于参照专利资产的价格形成条件不可能与被评估专利资产完全相同，因此需要评估人员关注参照专利资产价格确定时的市场利率、供求关系等风险因素，并与评估基准日时对应的风险状况进行对比，在此基础上进行相应的调整。

四、对比分析量化要点

（1）作为市场法应用基础的价格信息应满足相关、合理、可靠和有效的要求。在这里，相关是指所搜集的价格信息与需要做出判断的被评估专利资产的价值有较强的关联性；合理是指所搜集的价格信息能反映被评估专利资产载体结构和市场结构特征，不能简单地用行业或社会平均的价格信息推理具有明显差异的被评估专利资产的价值；可靠是指所搜集的价格信息经过对信息来源和搜集过程的质量控制，具有较高的置信度；有效是指所搜集的价格信息能够有效地反映评估基准日的被评估资产在模拟条件下的可能的价格水平。

（2）经验数据的运用。在专利资产评估中，需要对许多主观影响因素进行量化处理。现阶段，对于主观因素的量化处理大多借助专家的经验和判断，因此通过一定数据的积累，形成相关的经验数据用来指导相关的数据测算，能够大大提高评估的准确性和经济性。合理的运用经验数据是提高市场法评估准确性的前提之一。

五、初步结果筛选与评估结论确定

经过上述的交易时间修正、交易限制修正等，就可以得到在评估基准日的待评估对象的若干个价格，如果交易实例选取五个，就可能得到五个价格。

通过计算公式求取的若干个价格可能不完全一致。而被估对象价值只能有一个。在评估实务中求取最终的待估对象价值经常采用的分析方法有以下几种：

（1）平均值法。即取各个可比对象的平均值或加权平均值作为被评估对象的价值。

（2）中间值和众数法。以可比对象的最大值和最小值的平均值作为被评估对象的价值；或以可比对象出现次数最多的价值作为被评估对象的价值。

（3）回归分析法。选取某一个或多个影响价值的指标，采用回归分析的方法建立一个回归公式，利用回归公式估算被评估对象的价值。

第五节 运用成本法评估的条件要求和技术要点

一、成本法应用的前提条件

一般来说，在技术资产评估中，应用成本法的场合主要是：为了摊销技术资产的成本费用；为了确定资产清查中专利的价值；为了帮助确定技术制成品的销售价格；或为了向侵权者提出索赔额等。此外，在技术资产的未来收益难以预测或风险难以量化的情况下，可以使用成本法。

二、重置成本估测要点

根据企业取得专利资产的来源情况，专利资产可以划分为自创专利资产和外购专利资产。不同类型的专利资产，其重置成本构成和评估方式不同，需要分别进行估算。

（一）自创专利资产重置成本的估算

自创专利资产的成本是由创制该资产所消耗的物化劳动和活劳动费用构成的。自创专利资产如果已有账面价格，由于它在全部资产中的比重一般不大，可以按照定基物价指数做相应调整，即得到重置成本。在实务中，自创专利资产往往无账面价格，需要进行评估。其方法主要有两种：

（1）核算法。核算法的基本计算公式为：

专利资产重置成本 = 成本 + 期间费用 + 合理利润　　（式 4－10）

其中，

期间费用 = 管理费用 + 财务费用 + 销售费用　　（式 4－11）

期间费用是指创建专利资产过程中分摊到该项专利资产的费用。

（2）倍加系数法。对于投入智力比较多的技术型专利资产，考虑到科研劳动的复杂性和风险，可用以下公式估算专利资产重置成本：

$$\text{专利资产重置成本} = \frac{C + \beta_1 V}{1 - \beta_2} \times (1 + L) \qquad \text{（式 4－12）}$$

式中：C 为专利资产研制开发中的物化劳动消耗；V 为专利资产研制开发中活劳动消耗；β_1 为科研人员创造性劳动倍加系数；β_2 为科研的平均风险系数；L 为专利资产投资报酬率。

（二）外购专利资产重置成本的估算

外购专利资产一般有购置费用的原始记录，也可能有可以参照的现行交易价格，评估相对比较容易。外购专利资产的重置成本包括购买价和购置费用两部分，一般可以采用以下两种方法估算：

（1）市价类比法。在专利资产交易市场中选择类似的参照物，再根据功能和技术先进性、适用性对其进行调整，从而确定其现行购买价格，购置费用可根据现行标准和实际情况核定。

（2）物价指数法。它是以专利资产的账面历史成本为依据，用物价指数进行调整，进而估算其重置成本。其计算公式为：

$$\text{专利资产重置成本} = \text{专利资产账面成本} \times \frac{\text{评估时物价指数}}{\text{购置时物价指数}} \qquad (\text{式} 4-13)$$

（三）相关费用的估算

从专利资产价值构成来看，主要有两类费用：一类是物质消耗费用，另一类是人工消耗费用。前者与生产资料物价指数相关度较高，后者与生活资料物价指数相关度较高，并且最终通过工资、福利标准的调整体现出来。不同的专利资产两类费用的比重可能有较大差别，一些需利用现代科研和实验手段的专利资产，物质消耗的比重就比较大。在生产资料物价指数与生活资料物价指数差别较大的情况下，可按两类费用的大致比例，按结构分别适用生产资料物价指数与生活资料物价指数估算。两种价格指数比较接近、且两类费用的比重有较大倾斜时，可按比重较大费用类适用的物价指数来估算。

三、各种贬值估测要点

专利资产贬值率的确定可以采用专家鉴定法和剩余经济寿命预测法进行。

（1）专家鉴定法。专家鉴定法是指邀请有关技术领域的专家，对被评估专利资产的先进性、适用性做出判断，从而确定其贬值率的方法。

（2）剩余经济寿命预测法。它是由评估人员通过对专利资产剩余经济寿命的预测和判断，从而确定其贬值率的方法。其计算公式为：

$$\text{贬值率} = \frac{\text{已使用年限}}{\text{已使用年限} + \text{剩余使用年限}} \qquad (\text{式} 4-14)$$

公式中，已使用年限比较容易确定，剩余使用年限应由评估人员根据专利资产的特征分析判断获得。

贬值率是运用成本法评估有形资产时使用的一个重要概念。专利资产不存在有形损耗，在评估实践中，一般选择综合考虑了被评专利资产的各种无形损耗（功能和经济方面的）后的折算比率。在确定适用的贬值率时，应注意专利资产使用效用与时间的关系，这种关系通常是非线性的。

四、评估值的确定

专利资产成本包括研制或取得、持有期间的全部物化劳动和活劳动的费用支出。在重置成本、各种贬值及成新率估算完成的基础上，将相关数据带入成本法的计算公式，即可得到评估值。

思考题

1. 专利资产的特点是什么？非专利技术资产的特点是什么？二者的区别是什么？

2. 专利资产的价值影响因素有哪些？

3. 收益法的主要参数有哪些？参数的估算方法有哪些？

4. 不同评估方法应用于专利资产及非专利技术资产评估时如何选用？

第五章 商标资产评估

【学习目的与要求】

通过本章的学习，应当充分认识商标、商标权和商标资产，熟悉商标资产的法律特征、资产特征和价值特征、评估对象的界定要求与评估特点，熟悉商标资产的评估程序和价值影响因素，掌握三大评估方法应用于商标资产评估的技术要点。

第一节 商标与商标资产

商标资产是较早出现的无形资产，且在无形资产中占有相当的比重，也是无形资产中交易较为活跃的部分。随着市场经济的深入发展，商标资产转让、投资、质押融资等经济活动日益频繁，商标资产评估的市场需求也会日益增加，商标资产评估已经成为无形资产评估中的重要组成部分。

在商标无形资产评估实践和研究方面，美、英等国起步较早，水平相对较高，特别是美国评估行业在评估实践和理论研究的基础上，极大地推动了商标无形资产评估学科的发展。许多大学的商学院都开设了无形资产评估课程，形成了许多专著和论述。

一、商标及其分类

（一）商标的概念

商标（Trade Mark）是指自然人、法人或者其他组织使自己的商品或服务与其他企业的商品或服务区别开的可视性标志，包括文字、图形、字母、数字、三维标志和颜色组合以及这些要素的组合。

（二）商标的功能

一般而言，商标具有识别功能、品质证明功能和广告功能。

1. 识别功能

商标是由文字、图形、字母、数字、三维标志和颜色组合，以及这些要素的组合的可视性标志，具有显著性的区别功能，便于消费者将商标商品或服务区别于其他商品或服务。

2. 品质证明功能

商标是用于商品或服务上的标识，与商品或服务不能分离，并依附于商品或服务之上。由于商标与所标识商品或服务的这种依存关系，商品或服务的品质和质量可以通过商标传达给消费者；反过来，商标也成为所标识商品或服务品质的标签和证明。

3. 广告功能

商标所有权人通过商标创意、设计、宣传和广泛使用，使消费者更容易熟悉那些标识品质优良的商品或服务的商标，进而更加了解商标标识的商品或服务。商标能够起到广告宣传的作用。

（三）商标的分类

商标可以根据其采用的形式与结构、标识的指向和用途、享誉程度、是否受法律保护等标准划分为若干种类。

1. 按照商标形式与结构分类

按商标形式与结构分类，商标大致可以分为文字商标、图形商标、字母商标、文字图形组合商标、色彩商标和三维标志商标等。

（1）文字商标是指仅用文字构成的商标，包括中国汉字和少数民族文字、外国文字和阿拉伯数字，或各种不同字组合的商标。

（2）图形商标是指仅用图形构成的商标，包括记号商标、几何图形商标和自然图形商标等。

（3）字母商标是指用拼音文字或注音符号的最小书写单位构成的商标，包括拼音文字和外文字母等。

（4）色彩组合商标是指由两种或两种以上色彩排列、组合而成的商标。

（5）文字图像组合商标是指由文字、图案所构成的商标，也称“组合商标”。

（6）三维标志商标是指用具有长、宽、高三种度量的三维立体物标志构成的商标，亦称“立体商标”。

2. 按照商标标识物及使用者分类

按照商标标识物及使用者分类，商标大致可以划分为商品商标、服务商标、集体商标和证明商标等。

（1）商品商标是商品的标识，用来表明商品的来源，说明商品的生产企业及生产地等，以区别于其他商品。商品商标又可以细分为商品生产者的产业商标和商品销售者的商业商标。

（2）服务商标是服务的标识，用来表明服务的来源，说明服务的提供者，以区别其他服务。像金融、饭店、航空等企业单位使用的标志大都是服务商标。

（3）集体商标是指以团体、协会或者其他组织名义注册，供该组织成员在商事活动中使用，以表明使用者在该组织中的成员资格的标志。

（4）证明商标，是指由对某种商品或者服务具有监督能力的组织所控制，而由该组织以外的单位或者个人使用于其商品或者服务，用以证明该商品或者服务的原产地、原料、制造方法、质量或者其他特定品质的标志。如纯羊毛标志、绿色食品标志等。

3. 按照商标享誉程度分类

按照商标享誉程度分类，商标可以划分为普通商标和驰名商标。

（1）普通商标是相对于驰名商标的一种对商标的称谓，通常是指没有特别的市场影响力及公众知晓程度不是很高的商标。

（2）驰名商标一般是指具有较大市场影响力，广为公众知晓并享有较高声誉的商标。不论驰名商标是否注册，都享有特别的法律保护。

4. 按照商标是否享受法律保护分类

按照商标是否享受法律保护分类，商标可以划分为注册商标和非注册商标。

（1）注册商标是指满足《中华人民共和国商标法》（以下简称《商标法》）的规定，经政府商标管理行政主管部门批准注册的商标。我国《商标法》第三条规定：经商标局核准注册的商标称为注册商标，包括商品商标、服务商标和集体商标、证明商标等。商标注册人享有商标专用权，受法律保护。

相关资料

商标与商号的关系

商标与商号是两个既有联系，又有区别的不同概念。

商标是用来区别商品或服务的，代表着商品或服务的品质和信誉。商标只能与其所依附的特定商品或服务相联系而存在，一个企业可以拥有若干商标。

商号主要是用来区别企业的（也可以用来区别商品或服务），代表着商品或服务的出处和厂商的信誉。商号只与商品或服务的生产厂商主体相联系而存在，商号权属名称权，且与特定人或身份相联系，一个企业只能拥有一个商号。

商标按照《商标法》的要求和规定进行注册和使用，具有专用权。商标权在一定时间内和地域内使用是受法律保护的。

商号按照《公司法》或《企业登记管理条例》登记注册，具有专用权。商号专用权的行使通常不受时间限制、但受地域限制，与主体资格同生同灭。

商号也可以作为商标使用，但商号作为商标使用时，必须依据《商标法》核准注册，才能受到法律保护，享有专用权。

商标也可以申请商号，商标和商号可以用相同的名称。

（2）非注册商标是指未经政府商标管理行政主管部门批准注册的商标。普通的非注册商标不受法律保护。

以上分类是商标的主要分类，在其他的商标分类中，还有防御商标、联合商标等商标类型。

相关资料

商标与品牌的关系

商标与品牌是两个既有联系，又有区别的不同概念。

商标和品牌都可以标识商品或服务，用来区别商品或服务，代表着商品或服务的品质和信誉。

商标是一个法律名词，只有根据《商标法》登记注册后才能成为注册商标，并受法律保护。

品牌是一个经济名词或市场名词，只有当商品或服务的标识赢得了消费者的信赖，这样的商品或服务标识才能形成品牌。品牌是在市场中形成的，只要是市场认可，不需要注册。

商标通过使用和所有者经营，可以转化为品牌或驰名商标（需要通过一定的手续）。当商标商品或服务具有较大市场影响力，广为公众知晓并享有较高声誉的时候，商标就转化为知名品牌或驰名商标。世界上有许多商标经过所有者的努力转化为知名品牌和驰名商标，如可口可乐、青岛啤酒等。

品牌不经过依法注册，通常不能自动转化为商标权。

二、商标权与商标资产

（一）商标权及其特征

商标是识别某商品、服务或与其相关具体个人或企业的显著标识。

商标权是指商标经注册或被认定为驰名商标而获得法律保护，形成了排他使用等的权利。

1. 商标权的获得

绝大部分的商标权是通过商标注册获得的。商标经注册后，商标所有者依法享有商标权权益，并受到法律保护。因《驰名商标认定和保护规定》的存在，驰名商标可能是个例外，即注册和非注册的驰名商标都会受到法律保护。从某种意义上讲，驰名商标本身就是一种商标权。

2. 商标权的各种权能

商标权是一种受法律保护的权利和权益，具体的权利包括排他专用权（或独占权）、转让权、许可权和续展权等。

（1）排他专用权是指商标的所有者享有法律赋予的，禁止他人未经其许可而在同一种商品服务或类似商品服务上使用其商标的权利。但是，商标权中的排他专用权是有地域和使用商品范围或服务范围限制的。商标权具有严格的适用地域性，商标权只有在法律认可的一定地域范围内受到保护，即只能在授予该项权利的国家范围内受到保护，在其他国家则不受法律保护。商标注册申请采用"一类商品、一个商标、一份申请"的原则，商标权只有在核定的商品上使用时才受法律保护。

（2）转让权是商标所有者享有将其拥有的商标转让给他人的权利。如我国《商标法》规定："转让注册商标的，转让人和受让人应当签订转让协议，并共同向商标局提出申请。受让人应当保证使用该注册商标的商品质量。"

（3）许可权是指商标权人依法允许他人使用其注册商标或驰名商标的权利。商标权人一般是通过签订许可合同许可他人使用其拥有的商标权。

（4）续展权是指注册商标权利人有权在每一个法律保护期结束之前的规定时间内，按照规定程序办理延展其注册商标法律保护年限的权利。我国《商标法》规定注册商标的有效期是10年，10年届满如果没有申请续展，则商标的注册将被注销，即商标权失效。由于商标续展权的存在，商标权也被视为一种"永续"的权利。

（二）商标资产及其特征

商标资产具有两个明显的本质特征：其一，作为商标资产，其区别企业商品或服务的功能及作用能够通过营销在消费者意识中形成独特的联想并产生经济利益；其二，以法律保护的形式将商标标识作用所带来的经济利益赋予了商标所有者。所以，商标资产是指能够获取超额收益的商标权。当商标权的使用能够为其所有者或拥有者带来超额收益时，商标权转化为商标资产。

商标资产在法律的层面上表现为注册商标；在市场的层面上表现为商品或服务标识（品牌）的市场竞争力和市场业绩；在消费者层面表现为商品或服务标识（品牌）的知名度、品牌形象、品牌的感知质量、品牌忠诚度等；而在财务层面上则表现为商标标识商品或服务的超额获利能力。

1. 商标资产在形式上具有的特征

（1）商标资产通常为商品商标权和服务商标权。按照我国《商标法》对商标的分类和定义，集体商标和证明商标都存在着商标使用不具有专有性，即排他性，难以单独交易转让，不具备成为商标资产的基本要素。而商品商标和服务商标则是自然人、法人或其他经济组织对其生产经营的商品或提供的服务项目申请注册的商标，具有专有性和排他性的特征。当商品商标和服务商标得到消费者的认可，并在经济上有所体现，商品商标和服务商标就能转化为商标资产。商标资产通常体现为商品商标和服务商标，说明商标资产必须具备专有性和排他性的特征。

（2）商标资产通常为驰名商标（知名品牌）。不论是商品商标，还是服务商标，如果它们仅仅具有区别商品或服务提供者的功能，并不能自然而然地成为商标资产。商标资产必须同时具备区别商品或服务提供者的功能，以及因其使用能够带来超额收益的能力。驰名商标、著名商标和知名品牌基本具备了区别商品或服务提供者的功能和获得超额收益的能力，它们在获得法律保护之后是最典型的商标资产。商标资产通常为驰名商标、著名商标和知名品牌的现象，表明商标资产必须具备市场竞争力、消费者认可、能够获得超额收益能力的特点。

(3) 商标资产可以是独立的商标权或以商标权为核心的资产组合。从商标资产的存在形式上看，商标资产既可以是独立商标权，如某些驰名商标的信誉已经超出或游离出所标识的商品或服务之外，该驰名商标本身就代表着品质和信誉，成为相对独立的“商标资产”。

商标资产更多地是以商标权为核心的资产组合。这种资产组合通常是以商标权为核心，辅以支撑该商标权拥有超额收益能力的相关技术和管理。例如，许多优质商品的商标，除了商标本身之外，往往有独特的配方、先进的制造技术、特殊的工艺和完善的管理予以辅佐，才使其成为商标资产或无形资产。

2. 商标资产的价值特征

(1) 对商标标识的商品或服务的数量和质量具有相对依附性。商标的知名度、信誉度及市场影响力是通过所标识的特定商品或服务的质量、品质和便利性等逐步实现的。大部分商标资产的价值在很大程度上是与其所标识的商品或服务的质量与水平存在着紧密的关系或依附关系。普通商标资产和驰名商标与其标识的商品或服务的依附关系或紧密程度可能会存在某些差别。

(2) 商标资产需要相关技术和管理支撑。商标资产的价值说到底是由其所标识的商品或服务的品质和信誉决定的。而商品或服务的品质与其生产技术和管理紧密相关，尤其是商品商标资产，表现得更为明显。许多商标资产并不单单是一个商标权，往往是若干技术和管理围绕着一个商标权形成的商标资产组合。商标权是一种法律概念，而商标资产是一种无形资产。商标权可以通过设计和申请注册实现，商标资产必须通过经营管理实现。例如，青岛啤酒商标资产是由青岛啤酒商标权与其相匹配的酿酒工艺、配方和管理等组成。青岛啤酒商标资产的价值也是由青岛啤酒商标权及其相匹配的酿酒工艺技术、配方和管理等共同形成。

(3) 广告宣传和营销管理对商标价值具有维持和助推作用。商标在很大程度上发挥着广告的功能。商标是联结产品与市场、产品与消费者的桥梁和纽带，是商品展示自我、介绍自我、宣传自我的重要载体，具有极强的广告作用。商标的价值虽然不是由广告和营销决定的，但是，好的广告宣传和好的营销管理对于商标的市场影响力的形成是有推动作用的，进而会对商标的价值具有维持和助推作用。

(4) 商标资产具有逻辑扩展能力。商标的逻辑延伸通常是指将商标应用在与已经建立的应用有直接联系的产品或服务之中。对于具有良好市场认可和品牌忠诚度的商标而言，通过既有商标名称，商标可以延伸到相关产品或服务上。例如，海尔冰箱的商标可以扩展到包含电视机、空调及其他小型家电产品上等；又如，矿泉水商标可以扩展到饮料、食品上等。

三、商标资产价值影响因素

作为一种资产，在商标资产的形成过程中，也需要在设计、制作、权利申请、自我维护以及广告宣传等环节投入相当的费用，甚至是高昂的费用。但是，商标资产作为一种无形资产，其价值的高低并不完全是由投入费用的多少决定的。商标资产的价值主要取决于它的获利能力，即获得超额收益的能力。如果商标权不能带来超额收益，即使投入再多的费用，商标权也不具有经济价值，商标权也不能转化为商标资产。能否带来超额收益是判断商标资产和商标资产价值的最根本的标志。所有影响商标资产获利能力的因素都是影响商标资产价值的因素。直观地看，商品质量、性能、服务水平、商品或服务的效用价格比等都是影响商标资产价值的因素。进一步分析，商标权的法律状态、企业的生产经营状况、技术状况、管理状况和营销技能等综合素质和能力是影响商标资产价值的深层次原因和因素。因此，商标资产价值的影响因素需要从法律的角度、市场的角度、消费者的角度、管理的角度和财务的角度考虑。

（一）商标权的法律状态

商标权作为一种知识产权，其能否被认可并发挥无形资产的功能和作用，首先取决于它的法律状态。这里所说的法律状态，主要体现在商标的注册状况，注册商标的有效性，注册商标的商品范围、服务领域和地域范围等。

我国实行的是注册商标保护制度。商标注册后才能获得法律赋予的商标专用权，才具有排斥他人在同类商品上使用相同或相似商标的权利，也才具备商标资产的排他性占有权。

我国规定注册商标的有效期是10年，但允许商标权利续展。注册商标在法定有效期间内受法律保护，一旦注册商标失效，商标资产存在的基础就丧失了。注册商标的有效性是其成为商标资产且具有价值的重要条件之一。

我国《商标法》规定，商标权只在注册的商品或服务的范围内有效并受法律保护。商标资产的价值与商标注册的商品或服务种类及范围有关。正常情况下，商标资产的价值与商标注册的商品或服务种类及范围呈正相关关系。

我国《商标法》规定，商标权只在其注册的特定区域内有效并受法律保护。商标资产的价值与商标注册的区域范围有关。正常情况下，商标资产的价值与商标注册的区域范围呈正相关关系。

相关资料

我国有些企业并十分不重视外销商品的国外注册，致使我国一些知名出口商品商标在国外被抢先注册。例如，某些已在国际市场上打开销路的“火炬”牌打火机、“芭蕾”牌珍珠霜、“英雄”牌金笔、“五星”牌啤酒等商标就被他人在国外抢先注册或仿冒注册，致使相关企业、公司难以向这些“注册国”出口上述商标商品。给这些企业和国家出口贸易带来很大损失。这种情况也证实了商标注册的重要性。

（二）商标资产的使用情况及市场影响力

商标资产的使用情况涉及商标是否已经投入使用、商标标识商品或服务的种类及地域范围，以及商标使用状况和效果等。使用中的商标和尚未投入使用的商标，其评估价值会有区别。商标标识商品或服务的种类及地域范围的差别，在一定条件下也会影响商标的价值。投入使用后效果不明显的商标和已经使用多年且具有巨大市场影响力的商标，其价值会差别很大。

商标资产的市场影响力应该是影响商标资产价值最重要的因素。反映商标资产市场影响力的具体指标包括商标的知名度、信誉度、市场占有率和商品及服务的定价或议价能力等。

（1）商标的知名度。是指消费者对商标产品或服务的认知认可程度。商标的知名度越高，商标商品或服务就越受消费者的青睐，商标商品或服务进入市场的阻力就越小，商标商品或服务的市场竞争力越强。例如，驰名商标因其知名度较高，不但具有较高的市场竞争力，而且法律保护的强度也大于普通商标。商标的知名度是商标资产具有较高价值的基础。

（2）商标的信誉度。是指商标商品或服务的质量及其相关服务得到消费者肯定和信任程度的指标。商标的信誉度可能是与商标商品或服务的知名度相伴而生，也可能是由商标商品或服务长期良好的性价比或相关服务形成。商标的信誉度能大大提升商标商品或服务的市场竞争力，也是商标资产具有价值的重要基础。

在正常情况下，商标商品或服务的市场占有率应该是商标商品或服务知名度和信誉度及其市场竞争力等的综合反映和结果反映。商标商品或服务的市场占有率高低将直接影响商标商品或服务的销售量和营业收入，也是直接影响商标资产价值的因素之一。

在正常情况下，商标商品或服务的定价和议价能力与其知名度、信誉度及市场占有率成正相关关系。商标商品或服务的定价和议价能力的强弱将直接影响商标商品或服务的业务收入，也是直接影响商标资产价值的因素之一。

（三）商标商品或服务的生命周期

商品的生命周期一般分为四个阶段：研制阶段、发展阶段、成熟阶段、衰落阶段。处于不同阶段的商标商品的市场影响力不同，商标资产的价值也不相同。通常处于成熟阶段的商标商品具有较强的超额利润能力，其相应的商标资产价值就高。而处于衰退阶段的商标商品，获得超额利润的能力较弱，其商标资产价值也相对较低。仔细分析处于不同生命周期阶段的商标商品，通盘考虑商标商品的市场影响力及其相关获利能力等因素，综合确定商标商品的生命周期对商标资产价值的影响。

（四）商标商品经营企业的经营管理水平

商标资产的价值基础是商标商品的质量，以及由此形成的知名度和信誉度。从商标商品的较高质量到获得较高知名度和信誉度需要有较长时间的积累。在这个过程中，商标商品经营企业的管理水平和经营之道将发挥巨大的作用。良好的企业经营素质和优秀的管理，是形成良好的商品质量及其较高知名度和信誉的保证。商标商品经营企业的素质和管理水平也是影响商标资产的价值不可忽略的因素之一。

（五）商标的广告投入

广告宣传对于商标的市场影响力以及商标的价值具有维持和助推作用。对于大部分商标资产而言，广告投入的数量及广告宣传的密度与媒介的层次会在很大程度上影响商标的知名度和市场影响力，进而影响其价值。

（六）商标商品或服务的获利能力

所有影响商标资产价值的因素，最终都会体现在商标商品的获利能力上，即获得超额收益的能力上。商标商品或服务的获利能力越强，超额利润更多，商标资产价值也就更高。反之，商标资产的价值也较低。商标商品或服务的获利能力是决定商标资产价值的根本性因素。

四、商标资产评估特点

通过上述分析与归纳，影响商标资产价值的因素集中表现在法律注册、市场竞争能力、消费者信赖、管理到位和超额获利能力等方面。显然，商标资产评估的着力点也应该体现在以下几个方面：

（1）商标资产评估以审查商标资产的法律状态为前提。商标是否注册以及注册是否有效，商标注册的商品范围或服务领域以及地域范围等，都将决定和影响商标权的存在和权益边界。审查核实商标资产的法律状态，是界定商标资产、商标资产权益和商标资产评估对象的基础，是评估商标资产的首要工作。

（2）商标资产评估以商标资产的市场影响力分析为基础。商标资产的市场影响力既是其标识的商品或服务品质和服务水平的反映，也是市场对其标识的商品或服务品质和服务水平的认可程度。商标资产的市场影响力既是决定商标资产获利能力的物质基础，也是判断商标资产质量的重要标识之一。商标资产市场影响力分析涉及商标标识商品及服务质量的判断与分析，涉及商标资产知名度和信誉度的调查与评判，涉及商标标识商品或服务的市场占有率调查与分析，涉及商标标识商品或服务的议价能力和定价权限大小的判定等。商标资产的市场影响力分析是商标资产评估中工作量最大的部分。

（3）商标资产评估以判断商标资产的获利能力为核心。不论是审查商标资产的法律状态，还是分析商标资产的市场影响力，其落脚点都是要分析判断商标资产的获利能力，只有商标资产的获利能力才是决定商标资产价值的根本和核心所在。人们可以从两个层面来理解和把握商标权的价值，即耗费价值和效用价值。按照生产费用价值论的观点，在商标设计、开发、注册、保护过程中支付的费用形成了商标耗费价值的基础。依据效用价值论的观点，企业不断提高商标标识商品的品质及营销过程中一贯的诚信服务所形成的商标市场影响力，包括商标标识商品的美誉度、满意度和市场占有率，形成了商标资产的效益价值。在满足商标资产基本特征的前提下，可将商标的设计、制作、注册、广告、法律保护费用等作为评估商标资产价值的参考因素。但商标资产价值的决定性因素，仍然是商标资产所能带来的超额收益。因此，商标资产评估的所有工作都应该紧紧围绕着分析判断商标资产获利能力来展开，包括审查商标资产的法律状态、分析商标资产的市场影响力，以及商标权形成过程中耗费的核算，即从影响商标资产获利能力的角度审查商标资产的法律状态，从影响商标资产获利能力的角度进行商标资产市场影响力的分析，从商标权形成过程中的耗费与其获利能力之间联系的角度分析形成商标权耗费的合理性和资本化程度。总之，判断商标资产的获利能力是商标资产评估的核心工作。

（4）商标资产评估要站在市场的角度评价商标资产的价值。商标资产评估虽然是一种评估师的主观评价，但评估师必须站在市场的角度进行评估。根据评估特定目的等相关条件或站在市场整体的角度，或站在个别市场主体的角度来评价商标资产的价值。评估师不能依据自己的好恶，从自身的角度评价商标资产的价值。选择恰当的市场角度评判商标资产价值是商标资产评估的一个重要原则。

第二节 商标资产评估准备工作

在评估机构在与委托方进行深入沟通、并对评估项目进行必要的风险评价的基础上，签署商标资产评估委托协议合同。之后，评估机构可以开始着手进行商标资产评估的准备工作。这些准备工作主要包括评估对象界定、评估信息资料搜集、选择评估基准日、评估价值前提和价值类型等。

一、评估对象界定

商标权是否构成一种无形资产，并非是由设计、制作、申请、保护等方面所耗费用决定的。商标权的经济价值体现为它能否获得超额收益，不能带来超额收益的商标权难以算作商标资产，也难以成为评估对象。

评估对象应当是被赋予了评估约束条件的评估客体。就商标资产而言，应该是在某种约束条件下的商标权。这样一来，商标资产评估对象界定就涉及评估客体，即商标权的界定和评估客体约束条件的界定两个方面。

（一）评估客体的界定

评估客体的界定大致需要做以下工作：

（1）核实标的商标的法律状态。核实标的商标的法律状态，主要包括判断标的商标是否已经注册，以及注册商标是否有效两个方面。由于非注册商标不受法律保护，不能成为评估客体。如果已经注册的商标长时期不使用也会失效而不受法律保护，不能成为评估客体。因此，核实商标的注册情况、商标权的使用情况及商标权的续展续权情况，是核实标的商标的法律状态的基本工作。

（2）明确注册商标的“头衔”是普通商标还是驰名商标。由于普通商标与驰名商标的市场影响力存在较大的差异，两者的价值影响因素也不完全相同，因而在评估客体界定的时候，就需要明确被评估商标是普通商标还是驰名商标，以便按照不同的评估思路、考虑不同市场影响力因素进行评估。

(3) 明确商标的盈利模式。商标的盈利模式有多种，包括因驰名商标的使用而形成商品或服务价格溢价或因商标的使用致使商标产品或服务的销量增加等。因为商标的盈利模式的不同，商标在增加产品或服务超额收益中的作用也不完全相同，在某些情况下，商标自身的作用更为明显和突出；而在另外一些情况下，商标需要借助于某种技术或某些技术才能发挥作用，以及商标需要借助于其他相关资产的辅助才能发挥作用。明确被评估商标的盈利模式不仅有助于恰当选择评估技术方法评估商标资产价值，而且有助于合理界定商标资产评估中的评估对象。换一个角度说，在某些情况下，商标资产评估对象就是商标资产本身；而在另外一些情况下，商标资产的评估对象可能是以商标资产为核心辅以与其共同发挥作用而又难以分割的相关资产组成的资产组，或组合无形资产。

（二）评估客体约束条件的界定

评估客体的约束条件是指引起商标评估的经济事项以及由这些经济事项涉及的相关法律法规、制度规定等对商标评估的条件限定或约束。评估客体的约束条件主要形成于引起商标资产评估的特定经济事项或经济行为，需要从引起商标资产评估的特定经济事项涉及的相关法律法规等对商标资产权属、评估结果用途和使用者等的约束方面，来分析确定其对评估客体的约束。在商标评估客体约束条件的界定过程中需要考虑的主要因素包括：

1. 明确评估特定目的

根据引起商标资产评估的经济事项，分析评估结论的期望用途和评估报告的期望使用者，以及与该经济事项有关的法律法规，对评估客体和评估过程的总体约束。不同的评估结论期望用途会导致相同评估客体的不同评估视角和评估价值目标。不同的评估结论期望使用者可能会对相同评估客体提出不同的评估要求。与引起商标权评估经济事项有关的法律法规，也会直接或间接地约束评估的价值目标以及评估价值的影响因素。引起商标资产评估的经济事项包括但并不限于以下各项：商标所有权转让、商标权特许使用、商标所有权或使用权投资、商标权质押融资、商标权拍卖、商标权侵权赔偿、商标权财务核算等。

2. 明确被评估商标权属

根据引起商标权评估的经济事项和相关委托协议，进一步明确评估客体的具体权属，是商标所有权转让或商标使用权许可。商标所有权转让是指商标权所有者通过转让放弃商标权，将其转让给受让方所有。商标权许可使用是指商标权所有者在不放弃商标所有权的前提下，特许他人按照许可合同规定的条款使用商标。商标权权属转让内容不同，评估值也不同。一般来说，商标所有权转让的评估值高于商标权许可使用的评估值。如果评估客体的权属是商标的使用权，其权属界定还需要进一步明确使用权特许的程度，如是独家许可还是普通许可等。

3. 明确被评估商标使用对象范围与空间范围

被评估商标的使用对象范围和空间范围也是约束评估对象商标的条件之一。被评估商标的价值高低与其标识的商品或范围的范围以及在多大空间范围内使用有着极为密切的关系。界定商标权标识的商品范围或服务范围以及地域空间范围等是界定商标评估对象的重要工作之一。

相关资料

驰名商标的认定标准

根据我国《商标法》以及《认定和保护规定》的规定，"商标注册人请求保护其驰名商标权益的，应当向国家工商行政局提出认定驰名商标的申请"。

驰名商标的行政认定和司法认定机关认定的标准主要应考虑以下五种因素：①相关公众对商标知晓程度；②商标使用持续时间，包括商标使用、注册的历史和范围；③商标的任何宣传工作的持续时间、程度和地理范围；④商标作为驰名商标受保护记录，包括商标曾在中国或其他国家和地区作为驰名商标受保护的有关记录；⑤商标驰名的其他证明材料，包括使用该商标的主要商品近3年的产量、销售量、销售收入、利税、销售区域等。

相关资料

驰名商标的认定方式

从世界范围看，驰名商标的认定方式包括主动认定和被动认定两种方式。

主动认定，又称"事前认定"，一般是指在发生侵权纠纷之前，应商标所有人的请求，行政机关依职权主动对商标是否驰名做出认定。主动认定着眼于预防可能发生的纠纷，是行政机关认定驰名商标的方式。例如，韩国、泰国的商标注册部门就掌握着一份自己主动认定的驰名商标名单（对外不公开），作为日后审查时的参考。

被动认定，又称"事后认定"，即在发生权利纠纷时，商标所有人认为其商标是驰名商标，应受到特殊保护，在主张权利的同时，向有关行政机关或法院提出驰名商标的认定申请，由行政机关或法院在个案中对商标是否驰名做出认定。

巴黎公约缔约国对驰名商标的认定一般多采用被动认定的方式。例如，法国等国家对于驰名商标的认定主要是与驰名商标的保护结合在一起的。法国法院并不事先认定哪些商标为驰名商标，当市场上发生侵权纠纷或权利冲突纠纷有必要认定某个商标是否驰名、该商标应受到特殊保护时，才由法院根据情况认定。

我国对驰名商标认定的基本做法是"主动认定为主，被动认定为辅"。对驰名商标主要是采取批量认定、主动保护的认定方式，同时也采用"被动认定，个案保护"的国际通行做法。这既有利于驰名商标在个案中受到保护，也有效地避免了无的放矢地主动认定而造成的商标垄断和不正当竞争后果。

二、明确评估基准日、价值前提和价值类型以及初选评估技术方法

(一)明确评估基准日

在商标资产评估之前，应当与委托方商定评估基准日，明确待评商标资产的价值时点。评估基准日的选择应当尽可能地接近引起商标资产评估的经济事项发生的时间，以避免不必要的调整和修正。评估基准日既是商标评估的时间基准，也是约束商标资产评估对象的重要条件之一。

(二)明确评估价值前提和价值类型

商标资产既可以以续用前提进行评估，也可以以非续用前提进行评估；既可以选择市场价值作为评估结果的价值定义，也可以选择非市场价值作为评估结果的价值类型。所谓续用前提评估，通常是指被评估商标资产在其所属企业继续使用的前提下进行评估。所谓非续用前提评估，通常是指被评估商标资产不在其所属企业继续使用的前提下进行评估，包含变现的评估前提和被其他企业使用的评估前提。评估师可以根据评估的特定目的和相关条件，在商标资产评估之前明确商标资产评估的价值前提和价值类型。对于某些普通商标资产而言，由于这些商标资产严重依附于本企业的商品或服务及其企业环境，可能只能以续用前提进行评估。对于某些驰名商标，可以在非续用前提进行评估。商标资产评估价值类型的差异会使评估结果产生较大的差异。商标资产不同的评估价值前提和价值类型的选择和设定，会影响商标资产评估的工作范围、评估参数使用和评估结论。因此，在进行商标资产评估之前明确和设定商标资产评估的价值前提和价值类型至关重要。

(三)初选评估技术方法

从理论上讲，资产评估中的三大评估途径与方法都可以用于评估商标资产。根据商标资产本身的特点，以及从商标资产评估的历史情况来看，收益法使用的频率最高，市场法和成本法的使用频率相对较低。理论层面上的可行性和历史经验数据为评估方法的选择提供了一般性参照，但并不是绝对的依据。在具体评估项目中，需要根据评估的特定目的、评估价值前提及其价值类型等的设定与条件约束，恰当选择适合本次特定商标资产评估的评估技术方法。

初选评估方法的另一个作用是为评估资料搜集提供必要的指引，以减少不必要的重复工作。

三、评估数据资料搜集

信息资料搜集是商标资产评估中的一项基础性工作。从大的方面讲，商标资产评估中的信息资料搜集涵盖了所有影响商标资产价值的各种因素。从操作的环节来看，以下内容应该成为商标资产评估资料搜集的重点。

（一）商标资产的法律状态方面的资料

关于商标资产法律状态方面的资料搜集，包括但不限于以下资料：商标注册有关的法律性证件、商标权人、注册时间、注册地点、注册证书号、有效期及续展条件、保护内容、商标的适用范围、商标的种类等。其概括起来主要有：

（1）被评估商标权注册资料及其相关证明文件；

（2）被评估商标权有效性证明资料；

（3）被评估商标权种类和属性证明资料；

（4）被评估商标权注册的商品或服务领域以及注册区域的证明资料等。

（二）商标资产的市场影响力方面的资料

关于商标资产市场影响力方面的资料搜集，包括但不限于以下资料：

（1）被评估商标权标识商品或服务的质量资料；

（2）被评估商标权标识商品或服务的市场知名度和信誉度资料；

（3）被评估商标权标识商品或服务的广告费投入资料；

（4）被评估商标权标识商品或服务的市场竞争力及市场占有率资料；

（5）被评估商标权标识商品或服务的市场议价能力等资料；

（6）主要竞争对象的市场占有率和盈利能力数据资料等。

（三）商标资产的获利能力方面的资料

关于商标资产获利能力方面的资料搜集，包括但不限于以下资料：商标产品的预期寿命、单位售价、销售量和利润的现实情况和历史数据，商标投入和维护情况，商标企业管理情况等。其概括起来主要有：

（1）被评估商标权标识商品或服务的预期寿命资料；

（2）被评估商标权标识商品或服务销售收入和销售利润率等现实及历史数据资料；

（3）商标权企业的经营管理能力和商标信誉维护水平方面的资料；

（4）被评估商标权设计、开发、注册、维护过程中的投入资料等。

（四）商标资产评估的特定目的方面的资料

关于商标资产评估特定目的方面的资料搜集，包括但不限于以下资料：

（1）引起商标资产评估的经济事项资料；

（2）评估结论的期望用途和期望使用者资料；

（3）引起商标资产评估经济事项涉及的相关法律法规；

（4）委托方及相关当事方对商标资产评估的其他要求等。

（五）商标权的市场活跃程度及相关商标权的交易情况方面的资料

关于商标权的市场活跃程度及相关商标权的交易情况方面的资料搜集，包括但不限于以下资料：

（1）与被评估商标资产相同、相关或相似商标权现在或以往的交易数据资料；
（2）与被评估商标资产相同、相关或相似商标权现在或以往的评估数据资料；
（3）与被评估商标资产相同、相关或相似商标权特许使用费率资料等。

（六）国家知识产权政策及相关要求方面的资料

关于国家知识产权政策方面的资料搜集，包括但不限于以下资料：
（1）商标权及知识产权相关法规；
（2）鼓励企业创新和知识产权保护政策（文件）；
（3）与商标权及知识产权相关的产业、财政和金融鼓励政策等资料。

商标资产评估信息资料搜集的渠道或方式主要有两种：一是委托方提供；二是评估机构自行搜集。需要委托方提供的资料多集中在商标权合法性、有效性、商标商品或服务的历史经营情况、商标企业经营管理情况、商标资产评估目的及其相关约束条件等方面。例如，商标权概况、商标权人概况和商标企业经营业绩情况（前若干年的财务报表）等。

需要评估机构自行搜集的资料多集中在商标资产的市场影响力，与商标资产相关的法律法规及国家政策方面的信息资料。例如，产品市场需求量的调研和分析、商标产品或服务在客户中的信誉、竞争情况、商标产品的市场占有率、商标资产的前景分析、国家产业政策、财税政策等宏观经济政策及其对商标资产的影响，以及市场环境变化和市场风险判断等。

第三节 运用收益法评估商标资产的条件要求及技术要点

从商标资产评估的实践情况来看，使用频率最高的是收益法。下面主要介绍收益法在商标资产评估中的应用。

一、收益法应用的基本条件

收益法是一种建立在将利求本评估思路下评估技术方法的总称。评估对象具有明显的收益能力和相对明确的收益期是应用收益法的基本条件。相对于商标资产而言，收益法非常适合具有明显超额获利能力的驰名商标或著名商标等商标资产的评估。当然，那些评估基准日虽然还不算不上驰名商标或著名商标，但也具有明显超额获利能力或获利潜力的商标资产也可以采用收益法评估。具有明显超额获利能力的商标资产是运用收益法评估的基本前提。

二、超额收益估算要点

由于商标资产依附于所标识商品或服务，商标商品或服务能够产生效益也一定要有有形资产及其他资产共同作用并产生共同收益。商标资产的收益额实际上是由商标资产带来的超额收益。因此，如何从这些共同收益中合理地分离出商标资产产生的收益额是评估商标资产的一个关键问题。在长期的评估实践中，商标资产超额收益的测算大致形成许可费节省评估思路、增量超额收益评估思路、收益分成评估思路和剩余收益评估思路等。

（一）许可费节省评估思路

许可费节省思路是通过参考虚拟的许可使用费价值来评估无形资产的价值。许可费节省评估思路是假定相关当事人不是商标资产的所有者，需要付费从商标资产所有者手上获得一个商标使用许可权，这个特许权使用费就是使用商标资产必要的资金流出或必要费用。如果相关当事人已经拥有该商标资产的所有权或使用许可权，就没有必要向商标资产所有者支付商标许可权使用费，所节约的商标资产许可费就成为被评估商标资产的一种收益。

商标资产许可费通常表现为商标特许使用费率的形式，即商标特许使用费为特许使用商标的商品或服务业务收入或业务利润的一个固定比例，主要包括商标特许使用费占相关销售收入的比率和商标特许使用费占相关销售利润的比率两种形式。许可使用费比率可以由两种方式取得：第一种方式是基于市场上可比较的或相似交易的许可使用费率；第二种方式是基于一个收入或收益的分成，该收入或收益分成是指假设在一个公平交易中，一个自愿的被许可方为获取使用目标无形资产的权利而愿意支付给一个自愿的许可方的金额。

在评估企业拥有的自创商标资产，并且是在评估无形资产许可权益价值时，可以应用许可费节省评估思路及其方法。当然，在利用市场比较方法测算商标资产的许可使用费率时，必须存在较为活跃的可比商标资产许可经营活动和许可贸易，即存在许可使用费市场及市场认可的商标特许使用费率。

（1）提供市场比较获取许可使用费率的具体步骤如下：

第一步：搜集、分析估算可比商标资产的市场或行业许可使用费率；

第二步：用市场或行业许可使用费率乘以被评估商标资产标识商品或服务的业务收入或匹配的价值基础；

第三步：扣除相关税费；

第四步：计算被评估商标资产节约的许可使用费，即超额收益。

（2）通过收入或收益的分成估测许可使用费率的具体步骤。收益分成评估思路是通过估测被特许使用商标的商品或服务的营业收入或营业利润及其分成率，来评估商标权超额收益。其计算公式为：

$$\text{商标资产超额收益} = \text{运用商标资产后的销售收入(或新增销售收入)} \times \text{销售收入分成率} \quad \text{（式 5-1）}$$

或

$$= \text{运用商标资产后的销售利润(或新增利润)} \times \text{销售利润分成率} \quad \text{（式 5-2）}$$

运用此方法的关键是估测和确定销售收入或销售利润以及相应的分成率。

第一步：销售收入或销售利润的估测。在对使用特许商标后的销售收入或销售利润进行预测时，应充分考虑同行业竞争因素的影响、未来市场产品或服务需求数量，以及对受让方的市场份额的预期、与特许商标相关产品或服务的价格的预期、使用特许商标需追加的投资及相关费用的预期等，都应建立在科学、合理、可靠的基础之上。其具体估测方法主要有增量（差别）利润分析法。增量（差别）利润分析法的基本思想可以用下式表达：

$$增量（差别）利润=\begin{matrix}使用商标资产后预期\\销售（收入）利润\end{matrix}-\begin{matrix}未使用商标\\资产时的利润\end{matrix} \quad （式5-3）$$

第二步：分成率的估测。分成率可以按照市场参照法、特许合同约定法、经验法、外推法、边际分析法、约当投资分成法或者其他技术方法确定。其中，经验法中又分为“四分法”和“三分法”等具体方法。

在经验法中，“四分法”的使用频率较高，即按25%作为商标特许他人使用的收益分成基准。无形资产许可中，许可方会得到被许可方凭借使用无形资产获得利润的25%作为无形资产许可费收益。经验法的25%是以利润为基数，也可以将其转换成以销售收入为基数的分成率。对商标资产进行分析评估时，当发现从历史数据和信息中很难得出一个专业化的未来收益预测时，简单的经验法对于无形资产的初始分析十分有用。相对简单的25%法则已被使用多年，现在仍在发挥作用，有人将其称为“许可估值中最著名的探索和经验法则”。特别是当无法获得更多的关于无形资产利益的完整数据时，该法则继续具有较为合理的“积极”和“规范”力量。

经验法体现了过去的惯例和行业的平均水平，作为一种基准，具有一定的经验可信度和参考价值，很多25%经验值的支持者认为，25：75的比例对于许可方和被许可方的利益分配甚为合理，现实中，被许可方确实需要承担无形资产开发和商业化过程中75%左右的工作，所以不应该被评估师忽视。

（二）增量收益思路

增量收益思路是通过将使用商标资产前后企业新增的利润或现金流量折现后作为被评估商标资产的价值。该方法通常适用于市场上无法获得许可费率数据或许可费率数据不可靠的情况，常用于成本节约型或收益增长型商标资产的评估。增量超额收益或增量现金流主要体现在两个方面：一是商标商品或服务价格的溢价，即产品或服务因使用了被评估商标，其销售收入及收益比未使用被评估商标所产生的收益增加额；二是产品或服务的量或市场份额的增加形成的超额收益，即产品或服务因使用了被评估商标，其销售收入及收益比未使用被评估商标所产生的收益增加额。实现增量收益思路的技术方法通常被称作“直接测算法”或“直接估算法”。

1. 价格溢价形成的增量收益

在商品生产经营过程中，特别是商品销售环节应用驰名商标或著名商标，可以较大幅度增加产品的销售收入。销售收入增加的原因在于：驰名或著名商标产品的销售价格高于同类产品，或声誉良好的商标产品在其销售价格与同类产品相同的情况下销售数量大幅度提高，使得市场占有率扩大进而获得增量收益。

第一种原因形成的超额收益可以用下列公式计算：

$$R=(P_2-P_1)Q(1-T) \quad （式5-4）$$

2. 销量或服务量增加形成的增量收益

第二种原因形成的增量收益可以用下列公式计算：

$$R = (Q_2 - Q_1)(P - C)(1 - T) \quad \text{（式 5-5）}$$

价格提高与销量增加形成的销售收入增加和收益增加形成商标资产的增量收益，应根据评估对象实际情况的分析结果，对上述两种情况进行不同组合，合理预测商标资产的综合超额收益。

上述两种计算方式中都涉及产品销售量。如果预测超额收益的过程中不是采用企业评估基准日时的实际销售量，就存在预测销售量问题。预测销售量时需考虑企业生产能力的配套，因超出企业现有生产负荷能力对扩大销售引起的投资增加因素，在计算增量收益时要做必要的扣除。

（三）超额收益思路

超额收益（Excess Earnings Method）思路是通过计算包括评估对象无形资产在内的相关资产对企业的贡献额，再通过扣除来源于其他有贡献的资产的相应贡献，而得到归属评估对象无形资产所创造的超额收益现金流，将此超额收益现金流折现，来确定评估对象无形资产的价值的评估思路及其技术方法。

超额收益思路是通过将归属于被评估无形资产所创造的现金流折现来确定该无形资产的价值。这里的现金流应扣除来源于有形资产等其他资产的相应贡献，以及持续经营情况下所有资产被一起使用而带来的任何附加价值，并有必要考虑因发生无形资产摊销费用而减少纳税给该项资产的买家所带来的利益。这个评估思路亦被称作“剩余收益评估思路”或“投资回报率分摊思路”。该评估思路测算评估对象超额收益现金流的数学表达式如下：

$$\begin{matrix}\text{评估对象超额}\\\text{收益现金流}\end{matrix} = \left(\text{EBITDA} - \begin{matrix}\text{折旧}\\\text{摊销}\end{matrix}\right)(1 - T) + \begin{matrix}\text{折旧}\\\text{摊销}\end{matrix} - \begin{matrix}\text{贡献资产的}\\\text{补偿回报}\end{matrix} - \begin{matrix}\text{其他}\\\text{贡献}\end{matrix}$$

（式 5-6）

超额收益预测既可以使用一个单一期间的现金流，即“单期超额收益”，也可以使用多个期间的现金流，即“多期超额收益”（Multi-cycle Excess Earnings Method，MEEM）。

1. 商标权超额收益思路及其具体测算步骤

商标权超额收益评估思路采用先确定被评估商标资产与企业其他资产共同带来的超额收益，然后再按一定分成比例计算被评估商标资产自身“创造”的超额收益。其具体思路是：估算被评估商标资产与企业其他资产共同带来的收益，把包含被评估商标资产在内的全部收益进行拆分，即扣除被评估商标资产以外的其他有形资产和无形资产所应获得的平均收益，剩余部分就是被评估商标资产应该得到的收益，即属于被评估商标资产的超额收益。商标资产的超额收益具体测算步骤如下：

（1）搜集使用被评估商标资产的产品的生产经营活动财务资料，进行盈利分析，得到经营利润和销售利润等资料；

（2）对上述产生经营活动中的资金占用情况进行统计，包括固定资产、流动资产和无形资产等；

(3) 搜集同行业各类资产平均资金利润指标及相关参数，以此计算企业各类资产的“投资收益”；

(4) 从企业经营收益中扣减各类资产“投资收益”，计算被评估商标资产带来的超额收益。

其中，各类资产的“投资收益”是按照各类资产价值与适当的收益率的乘积计算。

2. (剩余) 超额收益思路涉及的相关资产收益率选取参考建议

对于（剩余）超额收益思路涉及的相关资产收益率的选取参考建议如下：

(1) 营运资本，参考市场参与者的短期贷款利率（如营运资本额度或者短期周转利率）；

(2) 固定资产（如不动产、厂房和设备），参考市场参与者对于类似资产的融资利率；

(3) 劳动力集合（从商誉中分离并单独确认）、客户清单等，参考单一产品公司的加权平均资本成本（WACC）；

(4) 专利，参考初创期单一产品公司的加权平均资本成本（WACC）（可能低于应用于特定项目的折现率）。如果专利的现实经济价值接近或等于项目实现风险，则回报率应该等于该项目的回报率；

(5) 其他无形资产，包括非专利技术、合同权益等，参考目标资产风险的回报率。当市场证据可得时，应当使用市场回报率。在其他情况下，回报率应该通过分析其他资产的风险程度测算投资回报率，且风险越高，回报率越高，超额收益越大。

如果上述资料无法搜集，相关资产的收益率可参考同行业各类资产平均资金利润率。

三、折现率估测要点

运用收益法评估商标资产所要确定的折现率，在确定思路及方法上，与评估其他无形资产确定折现率的思路及方法并无太大的区别。通常情况下，折现率的估测方法有累加法和投资收益率拆分法。

(一) 累加法

累加法是将无形资产获得收益所要面临的各种风险因素累加起来，构成无形资产评估的折现率；即无风险投资报酬率与风险报酬率之和组成。用数学式表达为：

折现率 = 无风险报酬率 + 风险报酬率 （式 5 - 7）

式中，无风险报酬率大都选择政府债券利率。

风险报酬率是在综合考虑了商标资产在获得超额收益的过程中可能要面临的各种风险因素的基础上，通过适当的技术方法估测出来的。对于商标资产而言，其面临的风险主要有市场风险、经营管理风险、财务风险和其他风险等。市场风险主要体现在商标资产所依附的产品或服务的市场容量变化，与商标商品或服务相关的产品或服务的竞争所致的市场份额与价格的波动带来的风险。经营管理风险主要体现在企业商标资产经营管理滞后，商标产品或服务的数量与质量控制不当，以及商标商品或服务营销策略不当可能产生的风险。财务风险主要体现在企业商标商品或服务生产经营规模与资金供给之间的不协调引起的资金链条不畅、产品积压等引起的融资及偿付风险。其他风险通常包括与商标资产存在相关的技术支持、消费者偏好等的变化所引起的风险等。

（二）投资报酬率拆分法

如果能够把影响无形资产价值的风险因素逐一量化，则进行简单的加法即可得到该项无形资产的风险报酬率，但是由于无形资产大多数情况下与其载体及相关资产的作用难以分开，逐项量化是非常困难的事情。采用逆向研究的方式，从企业整体回报率出发，逐一量化其他可以量化的有形和非评估标的无形资产的回报率，则可以倒挤出被评估无形资产的回报率。对于一些特定无形资产的评估，投资报酬率拆分法具有较好的实用性。其应用可以参考以下步骤：

第一步：分析企业利润的来源。明确商标商品或服务能够持续带来超额收益，或者商标商品或服务对企业超额收益有明显贡献；明确企业其他资产在企业整体资产中的比重以及对企业收益的贡献程度。

第二步：估算企业整体投资报酬率。被评估商标所属公司获得的整体投资报酬率应该等于投资者期望获得的回报率，这个可以采用加权平均资本成本模型来确定。

第三步：分拆企业投资报酬率或收益率。企业投资报酬率或收益率的分拆，应分别按照营运资本、有形资产和非评估标的无形资产进行投资报酬率分配。

与运营资本相关的恰当收益率通常低于整体企业的加权平均资本成本（WACC）。其替代投资报酬率可用短期（例如 90 天）存款的利率或货币市场基金收益率为参考基准。

有形资产的收益率总体上可定位于商业银行对固定资产投资的长期贷款利率或抵押的贷款利率。具体使用这些利率时要做必须地调整，以反映具体企业（有形资产）权益主体的风险状况。一般情况下，企业权益主体的风险程度可能会比银行（出借人）的风险稍微高一点。一些专业化的固定资产一定会表现出较高的风险程度，当然也要有更高的风险补偿。

第四步：分割无形资产整体收益率，得到被评估商标的收益率，即被评估商标折现率。无形资产往往是企业整体经营中风险最高的资产组成部分。随着社会的进步和市场转变，某些专利技术可能会被竞争对手的先进技术淘汰，某个商标也可能不再受市场欢迎等。无形资产流动性弱，变通利用能力差，从而增加风险。因此，这些无形资产要有较高的风险补偿报酬率。由于企业的整体回报建立在加权平均的资本成本上，而且货币和有形资产的收益率能被事先估算出来。无形资产整体的收益率可以被分割，被评估商标资产应有的报酬率也可以推算出来。各种无形资产的投资回报率的确定方法也可以参看超额收益测算的剩余超额收益评估思路中的无形资产投资回报率分摊方法。

四、收益期估测要点

（一）商标产品生命周期法

产品生命周期理论，认为产品的生命周期包括四个阶段：引入、成长、成熟和衰退。在估算商标资产生命周期时，可利用商标标识的商品或服务的生命周期间接估算商标资产的生命周期。在评估过程中，评估师应考虑商标标识的商品或服务的整个生命周期，同时也要考虑商标标识的商品或服务目前处于生命周期的哪个阶段。例如，评估师应该考虑商标标识的商品或服务是处于快速成长阶段、初级阶段还是衰退阶段，而且还要考虑商标标识的商品或服务的每个阶段有多长的时间，从而判断商标资产的生命周期。

在商标资产的引入阶段，即商标刚开始使用阶段，此阶段大部分商标的作用通常会很低，随着市场对商标及其所标识的商品或服务的逐渐了解和接受，商标标识的商品或服务的价格或销量会不断增加，商标标识的商品生产或服务达到规模经济。在商标权的保护下，企业经营商标标识的商品或服务可以得到超额利润。到了商标的成长阶段，包含商标权因素的产品或服务在市场上的迅速发展起来，商标资产带来的超额收益迅速增加。在成熟阶段，如果没有其他新的竞争介入，商标标识的商品或服务的销量达到峰值后不再增加，超额收益也保持相对稳定。随着市场结构及消费结构的变换和品牌竞争压力的加大，市场对包含商标资产因素的产品/服务的需求将逐渐减少，直至衰退期。在大多数情况下，商标标识的商品或服务在生命周期中的销售曲线和利润曲线呈现出 S 型，如图 5 - 1 所示。

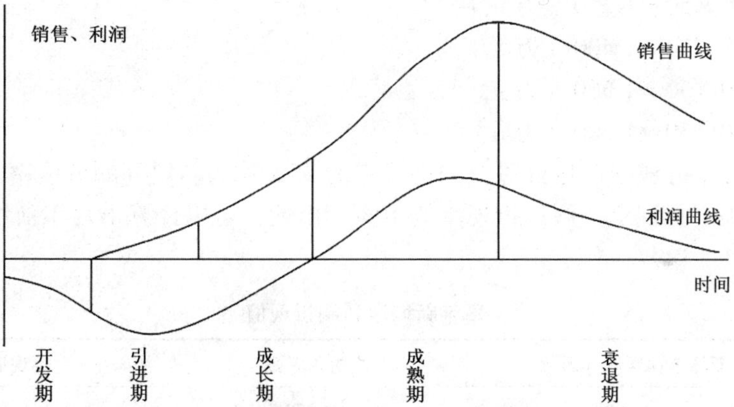

图 5 - 1　商标标识的商品或服务生命周期——S 型曲线

通过判断商标标识商品或服务的经济寿命周期来估测商标资产的收益期。

（二）经济寿命与法律寿命孰短法

收益期限是指商标资产发挥作用，持续具有超额收益能力的时间。商标资产能带来超额收益持续的时间通常取决于商标资产自身的市场影响力和商标标识商品或服务的市场竞争力等持续的时间。对于受让的商标权，其受让的期限、商标权受法律保护的年限等因素也会影响商标资产收益期的判断。一般来讲，判断商标资产获得超额收益的时间，通常要遵循商标资产剩余经济寿命与法律保护年限以及合同年限孰短的原则，通过对商标标识商品或服务的经营周期和寿命周期的判断进行估测。同时，商标资产收益期的估测需要与商标资产折现率估测有机地结合起来。商标资产折现率中风险因素考虑的越充分，在判断商标资产的收益期的时候需要有相应的反映。如果在商标资产折现率中风险因素考虑的不充分，可以通过压缩商标资产的收益期予以弥补。商标资产的收益期估测与商标资产折现率的估测存在着关联关系。

五、收益法评估商标许可权价值（商标使用权评估）举例

【例5－1】 A啤酒厂将清爽牌啤酒的注册商标使用权通过许可使用合同允许B啤酒厂使用，使用时间为5年。双方约定按照啤酒行业商标特许使用费惯例，由B啤酒厂每年按使用该商标新增利润的25%支付给A啤酒厂，作为商标使用费，试评估清爽牌啤酒商标使用权特许使用价值。其评估过程如下：

第一步：预测B啤酒厂使用期限内新增利润总额。新增利润取决于B啤酒厂使用清爽牌啤酒商标后每吨啤酒提价的新增利润和预计产量。对于产量的预测，应根据许可合同的有关规定及市场情况进行，包括许可合同中规定的地域界限。根据评估人员预测，每吨啤酒可新增净利润50元，第一年至第五年B啤酒厂生产的啤酒分别是20万吨、25万吨、28万吨、30万吨、30万吨。由此确定每年新增净利润为：

第一年：$20 \times 50 = 1\ 000$（万元）

第二年：$25 \times 50 = 1\ 250$（万元）

第三年：$28 \times 50 = 1\ 400$（万元）

第四年：$30 \times 50 = 1\ 500$（万元）

第五年：$30 \times 50 = 1\ 500$（万元）

第二步：确定分成率。按许可合同中确定的25%作为新增利润分成率。

第三步：确定折现率。假设折现率为10%。由此，可以计算出每年新增净利润的折现值（见表5－1）。

表5－1　　每年新增净利润折现值

年　份	新增净利润额（万元）	折现系数	折现值（万元）
1	1 000	0.9091	909.1
2	1 250	0.8264	1 033
3	1 400	0.7513	1 051.82
4	1 500	0.6830	1 024.5
5	1 500	0.6209	931.35
合　计			4 949.77

第四步：按25%的分成率计算确定商标使用权的评估值为：

评估值 $= 4\ 949.77 \times 25\% \approx 1\ 237.44$（万元）

【例5－2】 在企业合并对价分摊中对商标权的评估采用超额收益法，通常是采用多期超额收益折现法将企业收益进行拆分，即在息税前利润中扣除由其他有形资产和无形资产产生的收益，得到仅由商标权带来的收益，再用适当的折现率折现，进而得到商标权的评估价值。

被评估A商标权是被合并企业甲价值分摊中甲企业生产的唯一产品的商标权。由于A商标产品的专用性很强，同时也存在着竞争对手，综合考虑A商标产品的市场需求量及

评估基准日的相关因素，A商标权剩余经济寿命以其在本注册期剩余年限5年为准。被合并企业甲评估基准日净利润为2 883.83万元，并假定在未来5年内收益额保持不变。计算公式：

$$\text{商标权收益贡献额} = \text{企业收益} - \text{长期资产贡献额} - \text{营运资金贡献额} - \text{其他无形资产贡献额} - \text{所得税} \quad (\text{式}5-8)$$

长期资产贡献额是在评估基准日长期资产评估值的基础上调整相关资本性支出，进而确定以后年度的长期资产金额。长期资产贡献率采用此阶段长期的、税后的贷款利率6.8%。营运资金额根据历史数据确定，参照以往年度营运资金与营业收入的数据联系，确定有效寿命期内的营运资金占用额，营运资金预期收益率按照1年期税后贷款利率5.8%确定。通过其他评估方法得到流动资产评估值为7 960万元，固定资产评估值为23 561万元，专利权评估值为3 600万元，相应的税后预期收益率为15%。

确定上述相关参数之后，通过折现、加总计算得到本案例中商标权市场价值为939万元（见表5－2）。

表5－2　评估结果表　计量单位：万元

项　　目	资产价值	收益率（%）	收益额
企业收益			2 883.83
流动资产	7 960	5.8	461.68
固定资产	23 561	6.8	1 602.15
专利权	3 600	15	540
商标权收益			280
折现系数		15	3.3522
评估价值			939

第四节　运用市场法和成本法评估商标权资产的条件要求及技术要求

一、运用市场法评估商标权资产的条件要求及技术要求

中国资产评估协会发布的《商标资产评估指导意见》第二十八条规定，注册资产评估师运用市场法进行商标资产评估时，应当对搜集的可比交易案例与评估对象进行比较，分

析在交易时间、权利种类或形式、交易方的关系、获利能力、竞争能力、预计收益期限、商标维护费用、风险程度等方面的差异。

根据《商标资产评估指导意见》的要求，运用市场法评估商标资产的条件要求及技术要点如下：

由于商标资产的个别性和差异性等特点决定了商标资产的市场活跃度较低，交易不频繁，使得运用市场途径及其方法评估商标资产存在诸多的困难。因此，运用市场法评估商标资产需要有活跃的商标权市场支撑。

1. 参照物选择要求

（1）选择的参照物应与评估对象商标资产在性质、权利种类、标识商品或服务的种类、适用范围、市场影响力等方面相同或基本相同；

（2）参照物的成交时间应尽可能接近评估基准日，或其价格可调整为评估基准日价格；

（3）参照物的价格类型要与评估对象要求的价格类型相同或接近；

（4）至少有三个以上的参照物可供比较。

2. 对比指标选择标准

对比指标实际上是那些影响商标资产价值因素中较为重要的部分。将被评估商标资产与参照物之间的对比指标进行比较，找出它们之间的差异，为后续的价格调整和合理评估创造条件。从大的方面来看，作为商标资产对比指标的价值影响因素主要包括被评估商标资产及参照商标标识商品或服务的种类、适用范围和市场影响力因素、交易情况因素、交易时间因素、商标经营管理状况及宣传成本因素等。其中，交易情况因素包括交易类型、市场供求状况、交易双方状况、交易内容（如所有权转让或使用权转让）、交易条件、付款方式等。交易时间因素主要分析参照物交易时同类无形资产的价格水平与评估时点是否发生变化，变化的幅度以及对无形资产价格的影响程度等。商标资产经营管理状况及宣传成本因素主要包括商标资产的营销水平；商标资产的广告投入量及其市场认知程度等。在实际评估中，可以将对上述因素都作为对比指标，也可以根据实际情况选择其中对商标资产价值影响较大且具有可比性的因素作为对比指标。

3. 对比分析量化要求

合理确定对比指标是分析量化评估对象商标资产和参照商标差异的基础，大量占有商标资产交易信息和交易行情是分析量化评估对象商标资产和参照商标差异的保证，合理确定各可比指标对商标资产价值的影响权重是量化分析的关键。

4. 初步结果筛选与评估结论确定

通过对可比因素的量化和调整，估测出被评估商标资产的初步价值，经过可比性程度对比分析，最终确定被评估商标资产的评估价值。

二、运用成本法评估商标权的条件要求及技术要求

（一）成本法应用的前提条件

从理论上讲，只要商标资产的经济收益确实存在，且收益量和收益持续时间足以弥补

其成本费用，就可以运用成本法。从计量角度来看，如果能够获得如下信息，就可用成本法评估商标权：

（1）开发或购买一项相同的商标权所需的成本；

（2）开发或购买一项能够提供相同效用或服务潜能的商标权所需的成本；

（3）对于上述成本进行必要的修正，以反映被评估商标权的具体特征，如功能性贬值或经济性贬值。

换一个角度讲，就是被评估商标具有市场影响力，商标标识商品或服务进入市场能够节省进入成本，就基本具备了采用成本法评估商标权的条件。

在许多情况下，商标标识商品或服务进入市场能够节省的进入成本并不容易直接获取，从而使得获取商标权的重置成本成为判断商标标识商品或服务进入市场节省成本的替代。只有在商标标识商品或服务进入市场能够节省进入成本情况下，才能凸显成本法评估商标权价值的客观性、可行性和合理性。

（二）重置成本估测要点

商标权的重置成本有两种测算思路：其一是从节省进入市场成本的角度测算；其二是从商标权重置的角度测算。由于从节省进入市场成本的角度测算商标权的价值比较困难，特别是相关数据资料难以获取，因此在实际评估实践中大都采用了从商标权重置的角度评估。

商标权的重置成本主要由商标的构思设计、工商注册、市场宣传和形象维护等费用构成。其中，市场宣传和形象维护等费用的投入量与商标权价值形成的转换关系及其量化是商标权重置成本评估的要点，即不能简单地将被评估商标权的全部广告宣传费用及其他维护费用无条件地视同为商标权的重置成本或价值，需要根据商标标识商品或服务的具体情况和所在行业相同或类似商品或服务广告投入效果情况等做具体分析。其计算公式如下：

$$W = C_1 + C_2 + C_3 + \cdots + C_N \tag{式5-9}$$

式中：W 为商标权的重置成本；C_1 为商标设计费用；C_2 为注册费用；C_3 为广告宣传费用等；C_N 为其他相关费用。

（三）各种贬值估测要点

从严格的意义上讲，商标权作为一种特殊的无形资产，并不存在直接的实体性贬值、功能性贬值和经济性贬值。但是，如果被评估商标权与所标识商品或服务形成某种严重依附关系或捆绑关系，商标标识的商品或服务受替代品的冲击、受其他市场因素的影响，可能会存在着经济寿命问题。一旦商标标识商品或服务形成或出现了剩余经济寿命减少的现象，就会间接地影响商标权的经济寿命，从而使得商标权存在贬值的可能性。分析判断被评估商标所标识商品或服务是否存在剩余经济寿命减少现象，使用剩余经济寿命法是判断被评估商标权是否存在贬值的重要渠道之一。

剩余经济寿命法是指评估人员通过对被评估商标权尚可获得超额收益的经济年限进行预测和判断，直接或间接地估测商标权各种贬值的技术方法。从表面上看，商标权的剩余经济寿命与其贬值并不是直接对等的关系，但剩余经济寿命评估分析可以量化商标权存在的各种贬值。例如，从理论上讲，商标权的自然寿命可以无限地长，如果商标资产不存在任何贬值因素，商标资产的经济寿命也会无限地长；而一旦商标资产出现了剩余经济寿命，则意味着商标资产存在着相应的贬值。通过估测商标资产的剩余经济寿命，实际上就相当于将商标资产的贬值因素量化。

剩余经济寿命法的应用可以通过两条途径：其一是利用专家判断，这个方法的效果和质量将在很大程度上依靠专家的主观判断，具有一定的主观性成分。需要通过聘请高水平、高素质的专家来减少主观判断上的失误或偏差。其二是通过相关数据进行分析预测，即预测与被评估商标资产相关的产品或服务的生命周期，当商标资产标识的产品或服务的生命周期将有可能缩短或结束，如果被评估商标资产未能有其他的用途开发和产品或服务标识，并能起到节省市场进入成本的作用，被评估商标资产的经济生命也随之缩短或结束。因此，对于商标资产而言，一般是将其效用随时间的变化来预测一个贬值率。

（四）评估值的确定

被评估商标的评估价值等于被评估商标重置成本扣减各种贬值。其计算公式为：

$$P = W - K \qquad (式 5-10)$$

式中：P 为商标权评估价值；W 为商标权的重置成本；K 为商标权各种贬值之和。

（五）成本法评估商标专用权举例

【例 5-3】 Z 公司收购 Y 公司时，对 Y 公司的唯一的注册商标权 S 进行评估。尽管 Y 公司经营状况并不理想，但由于 Y 公司的商标 S 已经使用十几年，在当地有一定的知晓度。因此，Z 公司收购 Y 公司后可以直接利用商标 S 标识商品，可以节省 Z 公司商品进入市场的成本。评估人员通过对 Y 公司历年广告情况的调查，得知商标 S 的广告主要集中在省市级媒体。从最近 3 年的账务记录中查询得知 Y 公司各年投入的广告费为 20 万元、25 万元和 30 万元。目前在省市级媒体做约当数量密度的广告宣传，并达到商标 S 目前的市场知晓度，大约需要投入 90 万元至 100 万元。评估人员根据上述调查分析，综合商标 S 的设计、注册及其他相关必要费用情况，估测商标 S 的重置成本为 100 万元。由于 Y 公司近年来经营中出现问题和困难，对商标 S 造成了一些负面影响，需要 Z 公司收购后采取适当的宣传及媒体见面会等措施弥补和挽回。考虑上述因素，评估商标 S 存在贬值 20 万元。最终确定商标 S 评估价值为 80 万元（见表 5-3）。

表 5-3　商标 S 重置成本计算表

项　目	数　量	价　格	费用（万元）
省电视台	200 分钟	2 000 元/分	40
市电视台	300 分钟	1 000 元/分	30
报纸	20 个版面	5 000 元/每版面	10

续表

项　　目	数　　量	价　　格	费用（万元）
宣传册	10 000 份	10 元/份	10
设计注册			10
合　计			100

$$P = W - K = 100 - 20 = 80\text{（万元）}$$

第五节　评估方法选择建议及相关案例介绍

一、商标资产评估方法选择建议

根据评估目的的要求，商标资产的评估价值前提可以酌情选择变现前提或续用价值。在不同的评估价值前提下，评估方法的选择存在着效率高低和风险大小的问题。从理论上讲，在变现价值前提下，市场法较为高效，也能降低评估风险。而在续用价值前提下，收益法相对高效，而成本法和市场法次之。在评估价值类型选择与评估方法使用之间虽然不存在匹配关系，其实也存在着效率问题。市场价值采用市场法评估可能效率更高；在用价值采用收益法评估可能效果更好。结合评估价值前提因素，不同评估价值类型与评估方法的选择可参见以下建议：

（一）市场价值评估

变现前提＋市场法
续用前提＋收益法
续用前提＋收益法＋实物期权法（考虑衍生权益）

（二）可变现价值评估

变现前提＋市场法
变现前提＋收益法＋调整系数（或声明）

（三）抵押贷款价值评估

变现前提＋市场法
续用前提＋收益法

（四）在用价值评估

续用前提＋收益法

（五）投资价值

续用前提＋收益法

变现前提＋市场法

二、商标权评估案例

本案例是一例以价值摸底为评估目的的商标权资产评估项目。评估师选用了行业比较超额收益折现的评估技术思路，以预测的委估商标权能为企业带来的超额收益为基础，估算确定委估商标权的价值。

（一）评估基本事项

1. 评估对象

评估对象为A汽车配件有限公司的“X”商标专用权。

2. 评估资产概况

被评估“X”商标包括文字商标和图形商标，是A公司在第12类车辆配件上拥有的注册商标，商标注册证号为第CC号。续展有效期限自1999年12月20日至2009年12月19日。“X”商标先后三次被评为“S省著名商标”，X牌产品先后荣获“消费者喜爱品牌”、“国产精品”等荣誉称号，获得消费者和社会的认同，在特定市场范围有着广泛的知名度。

3. 评估目的

本次资产评估是根据A汽车配件有限公司的委托，确定A汽车配件有限公司“X”注册商标专用权评估价值，为其转让提供价值参考依据。

4. 评估基准日

本项目的评估基准日是2007年12月31日。

（二）评估方法及评估过程

1. 评估分析与评估方法

商标专用权无形资产价值是根据其能够为商标所有人创造效益，并对生产经营长期、持续发挥作用而确定。具体地说，“X”注册商标价值源于“X”商标的市场影响力和信誉，以及企业相关资产、技术和管理的支撑，由商标权为企业带来的超额收益所体现。因此，本次评估选用了收益法及其行业比较超额收益折现方式，对“X”注册商标专用权进行评估。

收益法的计算公式如下：

$$P = \sum_{i=1}^{n} \frac{R_i}{(1+r)^i} \tag{式5-11}$$

式中：P 为评估价值；R_i 为第 i 年预期收益额；n 为收益年限；r 为折现率。

其中，评估价值为商标专用权无形资产的评估价值；预期收益额为商标专用权无形资产带来的超额收益期望值，通过分析预测获得；收益年限是指商标权发挥作用并具有超额获利能力的预期时间；折现率是将商标权未来收益转换为现值的比率，其实质是一种特定条件下的投资报酬率。

2. 评估思路

（1）根据企业提供的评估基准日前5年的财务报告和相关企业的经济指标统计数据，进行历史数据分析，获取企业销售收入和“利润总额/销售收入”的变化情况，计算出“利润总额/销售收入”指标；

（2）将“利润总额/销售收入”指标与同行业对比，测算出企业的超额利润率；

（3）在企业持续经营的条件下，按照企业产品周期和企业历史财务数据的分析，对企业未来5年的销售收入、超额利润率进行预测，对未来5年以后的数据，以未来第5年的数值为准；

（4）确定适当的折现率；

（5）评估商标专用权的价值。

3. 评估过程说明

（1）超额收益额的确定。

①中国汽车摩托车行业历史统计资料。经查阅2003—2007年的《中国汽车工业年鉴》，根据汽车摩托车配件工业主要经济指标及分类构成表，列出相关的汽车摩托车配件行业历年销售收入、销售成本及利润总额等经济指标，如表5－4所示。

表5－4　　汽车摩托车配件行业历年主要经济指标　　金额单位：万元

项　目	2003年	2004年	2005年	2006年	2007年	平均值
产品销售收入	15 882 467	19 606 279	26 336 321	41 221 945	49 017 764	
产品销售成本	12 305 863	15 754 583	22 048 691	33 866 509	41 059 341	
利润总额	1 484 396	1 456 200	1 622 059	2 896 249	4 023 335	
销售收入增长率	25.95%	23.45%	34.33%	56.52%	18.91%	31.83%
毛利率	22.52%	19.65%	16.28%	17.84%	16.24%	18.50%
销售利润率	9.35%	7.43%	6.16%	7.03%	8.21%	7.63%

②中国汽车行业未来发展预测。2007年，国民经济继续平稳快速发展，在国家相关政策的引导下，同时也是为了在市场竞争中不断壮大规模，降低发展所需时间和资金成本，国内企业之间的联合重组进一步向纵深发展。汽车工业出口取得进一步发展，随着汽车产品技术水平的不断提升，出口汽车产品的价值亦在不断提升。在国家大力提倡的“自主创新、自主发展”方针指导下，汽车工业在自主创新、自主发展方面取得进一步发展。经过近些年在市场中的磨练，自主品牌企业包括技术创新能力在内的综合实力进一步增

强，不断推出具有更高技术含量的产品。

未来我国经济仍将保持较高的发展速度，这将为汽车工业的发展提供较好的外部发展环境。国家有关政府主管部门将继续在产业结构调整、规范出口秩序、加快自主创新与自主发展等方面制定政策和措施进行有效管理和引导。同时，为了进一步提升汽车产品的安全、环保、节能等方面的性能，政府主管部门和有关机构也会进一步出台相关的政策、法规和标准。汽车市场竞争将更加激烈，消费需求将更趋于多元化，也将有多个新产品推向市场。企业为了适应市场的要求，将继续在管理、降低成本、产品开发、营销等方面加强创新。

③企业历史经营数据。根据 A 汽车配件有限公司 2003—2007 年财务报表的相关数据，按历年的各项经营数据分析得出成本费用及利润总额占营业收入比例的平均值，考虑到 2007 年的企业生产经营上存在非正常因素，故未将 2007 年的数据纳入平均值的计算中，经分析整理汇总的数据如表 5－5 所示。

表 5－5　G 汽车配件有限公司历史经营数据　金额单位：元

项　目	2003 年	2004 年	2005 年	2006 年	2007 年	占收入比例平均值
营业收入	40 482 200	47 082 383	26 762 678	29 037 104	22 684 833	100.00%
营业成本	33 811 078	34 859 726	22 340 787	25 160 381	24 527 412	81.92%
营业税金及附加	326 086	371 166	183 345	78 657	59 723	0.64%
经营费用	1 509 698	1 695 668	1 091 727	1 334 978	1 199 451	4.00%
管理费用	3 164 399	3 440 122	2 854 330	2 023 115	2 117 883	8.19%
财务费用	1 964 752	7 125 725	489 713	243 156	198 199	5.66%
利润总额	177 970	190 788	708 441	244 583	－5 494 713	1.08%

④企业未来收益额的预测。根据 A 公司提供的以往年度产品的产量、销量、销售收入、生产成本等相关财务资料，以及提供的《新建 H 生产线项目的可行性研究报告》，对企业未来收益做出预测。本次评估进行收益额的测算时，主要考虑以下三个方面的因素：

a. “X”牌产品近几年的销售状况：综合分析以往年度销售收入及其增长率、净利润及其增长率等，在以往历年的经营管理过程中，企业发现原生产线产品与市场发展不适应，因此，公司根据市场结构的变化，努力发展高科技含量的汽车配件，利用新工艺、新技术有效降低生产成本，提高经济效益；

b. “X”牌产品的生产能力：新建 H 生产线项目的可行性研究报告为未来收益的预测提供了一定的依据，积极开发高附加值的新产品；

c. “X”牌产品的销售网络：目前“X”牌产品进入的城市，市场的成熟度如何，是否具有发展潜力。

综合考虑上述各个方面的情况，评估人员对未来的收入及成本费用情况做出如下预测，数据如表5－6所示。

⑤商标权超额收益的测算。根据A公司提供的相关材料，A公司没有可以量化的技术和其他可确指的无形资产，企业的“X”注册商标能成为S省著名商标主要靠高水平的管理和服务赢得客户和市场。因此，将A公司高于行业平均值的超额收益均判断为委估商标权带来的。

本次评估中测算商标专用权为企业带来的超额收益时，综合考虑了以下因素：

a. 根据《中国汽车工业年鉴》中列示的汽车行业历年主要经济指标统计数据和行业内部专家对中国汽车配件行业未来平均利润率的预测，同时考虑谨慎原则，将有效收益期限内行业的销售利润率的预测值定为8%；

b. 按上述营业收入和利润额预测计算企业未来有效收益期限内的销售利润率；

c. 税收方面，企业所得税税率统一为25%。

无形资产能为企业带来的超额收益额测算如表5－7所示。

（2）收益期限的预测。本次评估采用了商标权法律保护年限、商标权有效收益年限孰短原则。

①商标权法律保护年限。本次评估对象为A汽车配件有限公司的“X”注册商标权，续展有效期限自1999年12月20日至2009年12月19日。根据《中华人民共和国商标法》的有关规定，商标注册有效期为10年，但商标注册有效期经申请，可按照每一期10年进行无限续展，因此，从理论上讲，商标的保护期是无限期的。

②商标权有效收益年限。根据市场调查，评估人员认为“X”商标产品属于竞争性产品，“X”商标的获利能力受产品经济寿命影响较大。虽然业内专家预测在今后15～20年的时间里仍然是中国汽车行业的持续发展时期，但考虑到竞争的因素，预计“X”商标的超额获利能力寿命为10年。

综合以上两方面因素的分析，确定本次评估“X”商标经济寿命为10年。

（3）折现率的预测。折现率与商标权获得超额收益的不确定性相匹配，从构成上讲，包括了无风险报酬率和风险报酬率。无风险报酬率通常以政府发行的国债利率或者银行存款利率为参考依据。本次评估基准日一年期存款年利率为4.14%，故本评估项目取无风险报酬率为4.14%。风险报酬率是指投资者承担风险应获得的风险补偿额相对于风险投资额的比率。企业未来面临的主要风险包括行业风险、经营风险、财务风险及其他有关风险，可以采用风险累加的方法确定风险报酬率。根据对行业未来发展波动性的分析，市场需求的变化，以及对企业经营状况、财务状况的分析，将风险报酬率确定为9%（分析计算过程略）。

$$\text{折现率} = \text{无风险报酬率} + \text{风险报酬率} = 4.14\% + 9\% = 13.14\%$$

本次评估中折现率取为13%。

（4）评估值的计算。根据上述各参数的测算结果，代入收益法计算公式，计算商标专用权评估价值，计算过程如表5－8所示。

表 5－6　企业未来利润预测表　金额单位：万元

项　目	2008 年	2009 年	2010 年	2011 年	2012 年	2013 年	2014 年	2015 年	2016 年	2017 年
营业收入	13 294.6	18 612	18 239.1	17 875	17 517.5	17 166.6	16 823.4	16 486.8	16 156.8	15 834.5
营业成本	8 157.413	10 877.174	10 877.174	10 877.174	10 877.174	10 877.174	10 877.174	10 877.174	10 877.174	10 877.174
营业税金及附加	127.578	182.259	182.259	182.259	182.259	182.259	182.259	182.259	182.259	182.259
经营费用	2 013.099	2 013.099	2 013.099	2 013.099	2 013.099	2 013.099	2 013.099	2 013.099	2 013.099	2 013.099
管理费用	493.668	493.668	493.668	493.668	493.668	493.668	493.668	493.668	493.668	493.668
财务费用	742.5	671	563.75	528	440	352	264	176	44	0
利润总额	1 760.342	4 374.8	4 109.15	3 780.8	3 511.3	3 248.4	2 993.2	2 744.6	2 546.6	2 268.3
销售利润率	13.24%	23.51%	22.53%	21.15%	20.04%	18.92%	17.79%	16.65%	15.76%	14.33%

表 5－7　企业带来的超额收益额测算表　单位：万元

项　目	2008 年	2009 年	2010 年	2011 年	2012 年	2013 年	2014 年	2015 年	2016 年	2017 年
营业收入	13 294.6	18 612	18 239.1	17 875	17 517.5	17 166.6	16 823.4	16 486.8	16 156.8	15 834.5
企业销售利润率	13.24%	23.51%	22.53%	21.15%	20.04%	18.92%	17.79%	16.65%	15.76%	14.33%
行业销售利润率	8%	8%	8%	8%	8%	8%	8%	8%	8%	8%
超额收益额	696.64	2 886.72	2 650.14	2 350.56	2 109.11	1 874.59	1 647.01	1 426.11	1 253.77	1 002.32
税后超额收益额	522.48	2 165.04	1 987.61	1 762.92	1 581.83	1 405.94	1 235.26	1 069.58	940.33	751.74

表 5-8 "X"商标评估价值估算表 单位：万元

项目	2008 年	2009 年	2010 年	2011 年	2012 年	2013 年	2014 年	2015 年	2016 年	2017 年
税后超额收益额	522.48	2 165.04	1 987.61	1 762.92	1 581.83	1 405.94	1 235.26	1 069.58	940.33	751.74
折现系数(13%)	0.885 0	0.783 1	0.693 1	0.613 3	0.542 8	0.480 3	0.425 1	0.376 2	0.332 9	0.294 6
超额收益净现值	462.37	1 695.54	1 377.51	1 081.23	858.55	675.30	525.06	402.33	313.02	221.45

A 汽车配件有限公司"X"商标专用权未来超额收益折现汇总值合计为 7 612.38 万元。

（三）评估结果

经过评定估算，A 汽车配件有限公司"X"商标专用权价值为 7 612.38 万元。

（四）案例说明与提示

本案例在评估过程中有以下几点值得注意：

（1）关于 A 公司的超额收益的衡量标准问题。本案例中 A 公司的超额收益的衡量是以同行业平均收益水平为准，这里有两个需要注意的问题：其一是被评估公司的产品结构是单一化还是多元化，以及行业归属判断问题；其二是行业划分标准及其行业平均收益水平的判断问题。

（2）关于 A 公司其他无形资产参与超额收益分配的问题。本案例强调 A 公司除"X"商标专用权以外没有其他可以量化的可确指的无形资产，因此公司的全部超额收益都划归给了"X"商标专用权。这种情况或现象或许可能是一个个案（真的没有其他无形资产）。但常识告诉人们，商标资产发挥作用通常需要其他无形资产及有形资产的"辅助"。本案例中，也可能是由于评估师无法将公司高水平的管理，包括产品质量管理、营销管理、财务管理和管理团队等界定为可确指的无形资产或量化其价值（可能存在不可确指的无形资产，但难以量化）。但这些因素可能构成了公司的商誉，公司商誉其实也应该参与公司超额收益的分配。即使不可确指无形资产（商誉）对公司的贡献难以量化，评估师也应该对此做出明确的说明，特别应该对评估结论可能包含商誉价值做必要的说明。

（3）关于折现率中的风险报酬率的确定的具体分析测算过程问题。在本案例中，折现率中的风险报酬率的确定没有给出具体的分析测算过程，使得折现率的确定略显不足。

思考题

1. 商标成为商标资产应该具备哪些条件？
2. 商标资产具有什么样的价值特征？
3. 判断商标资产超额收益有哪些路径与方法？

4. 如何判断商标产品或服务的经济寿命周期？

5. 如何正确认识广告宣传及其广告费用的数量与商标资产价值的关系？

6. 怎样正确认识商标与品牌之间的关系？

第六章 著作权资产评估

【学习目的与要求】

通过本章学习，了解著作权的评估特点，熟悉著作权资产评估的程序，掌握著作权资产评估对象的界定要求，掌握著作权资产评估方法的适用条件，掌握三种评估方法应用于著作权资产的技术要点。

著作权是指文学、艺术作品和科学作品的创作者依照法律规定对这些作品所享有的各项专有权利。《中华人民共和国著作权法》第五十七条规定“本法所称的版权即著作权”，因此，本书中将版权和著作权视为同一概念。它是知识产权的一个重要组成部分，也是现代社会发展中不可缺少的一种法律制度。我国真正意义上的著作权法是 1991 年颁布的，从 1991 年 6 月 1 日起实施。随着科学进步、社会文化的发展，2001 年我国对著作权法进行了第一次修改，2012 年进行了第二次修改，新的《著作权法》从 2010 年 4 月 1 日起实施。

著作权保护对象的范围很广，从人们比较熟悉的传统文学艺术领域，如美术、音乐等作品，到经济活动中涉及的计算机软件、工程、产品设计图纸和模型，以及容易被人们忽视的演讲等口述作品。在著作权评估中，计算机软件类著作权的价值评估是一个重要的部分，而且计算机软件与一般的文艺类著作权相比较，具有其自身的特点，因此将计算机软件评估单独列出进行介绍。

第一节 著作权评估

一、著作权及著作权资产

（一）著作权的基本要素

1. 著作权的主体

著作权的主体是指著作权的所有人。《著作权法》第九条规定："著作权人包括：①作者；②其他依照本法享有著作权的公民、法人或者非法人单位。"

2. 著作权的客体

著作权的客体是指《著作权法》保护的对象，《著作权法》保护的对象就是作品，具体说就是保护作品的表现形式。一般来说，一部作品可以分为两个部分，即作品的内容及作品的表现形式。在此需要特别强调的是，著作权法保护的是其表现形式，而不保护作品中所表述的思想、情感、观念等内容。也就是说，只要是作者自行创作，即使内容与他人相同，也受著作权法的保护。《著作权法》关于保护对象的规定，决定了评估人员对评估范围的认定，评估人员既不能将作品的内容列入评估范围，扩大评估范围；也不可对于应享有著作权的作品视为公共作品，缩小评估范围。为了更清晰的界定著作权保护的客体，下面将首先分析著作权法保护客体——作品的构成要件，然后，结合《著作权法》中的具体条款，逐一说明著作权法保护的客体内容。

（1）作品的构成要件。作为著作权法保护的对象，作品应符合创造性、可复制性及合法性的条件。

（2）著作权保护的作品。作品是一个笼统的概念，为了明确著作权保护的对象，我国《著作权法》中规定了具体受著作权保护的作品，根据其第三条的规定："本法所称的作品，包括以下列形式创作的文学、艺术和自然科学、社会科学、工程技术等作品：①文字作品；②口述作品；③音乐、戏剧、曲艺、舞蹈、杂技艺术作品；④美术、建筑作品；⑤摄影作品；⑥电影作品和以类似摄制电影的方法创作的作品；⑦工程设计图、产品设计图、地图、示意图等图形作品和模型作品；⑧计算机软件；⑨法律、行政法规规定的其他作品。"

此外，我国《著作权法》的第四条及第五条规定以下作品不受著作权法保护：①依法禁止出版、传播的作品，不受本法保护；②法律、法规，国家机关的决议、决定、命令和其他具有立法、行政、司法性质的文件，及其官方正式译文；③时事新闻；④历法、数表、通用表格和公式。

3. 著作权归属的确定

著作权是一种法律赋予的权利，是一种无形资产，与有形资产的权属确定相比，具有一定的难度。下面结合我国《著作权法》的有关规定，说明如何确定著作权的归属。

（1）基本原则。我国《著作权法》第十一条规定："除著作权另有规定外，著作权属于作者。创作作品的公民是作者。

由法人或者其他组织主持，代表法人或者其他组织意志创作，并由法人或者其他组织承担责任的作品，法人或者其他组织视为作者。

如无相反证明，在作品上署名的公民、法人或者其他组织为作者。"

由于著作权的取得采用自动保护原则，因此，著作权归属确定的基本原则是著作权属于作者，并且规定，作者是指在作品上署名的公民、法人或者其他组织。

（2）具体类别作品著作权的归属。《著作权法》中除了规定著作权归属的基本原则，还针对七种作品的著作权归属分别进行了规范，包括演绎作品、合作作品、汇编作品、委托作品、职务作品、美术作品及影视作品。由于著作权涵盖的范围很广泛，涉及对象多，而且采用"自动保护原则"，对于不同的保护对象，评估人员在判断作品著作权时，必须仔细研究待估作品的特性以及相关法律条款。如何对上述七种作品的著作权的权属做出判断是一个比较复杂的工作，而且它将直接影响评估结果。

4. 著作权的内容

著作权的内容就是法律赋予著作权人的权利内容，它是著作权法的核心，这也是著作权可以为权利人带来经济收益的基础，因此它也是著作权评估中的关键。对于评估人员而言，进行著作权评估的首要步骤是就是确定评估对象，由于著作权是一种法律赋予的权利，因此，它的确定需要依据相关法律的规定。对于法律没有赋予权利人的权利，在评估中是不能计算的。实际上，对于法律没有赋予权利人的权利，权利人也是无法获得收益的。例如，在对《著作权法》修改之前，著作权的内容中没有信息网络传播权，使得网络成为"盗版者的天堂"，著作权人的应有权利无法得到有效的维护。

作品的著作权包括精神权利和经济权利。对于评估而言，一般考虑的是权利人拥有的经济权利，因此，在此将重点对著作权中的经济权利进行分析。

著作权中的经济权利是指能够给著作权人带来经济利益的权利，它是著作权法关键的部分。《著作权法》中将每项经济权利单独列为一款，分别列出 12 种经济权利，并对各项权利的内容做了准确的界定。另外，为避免遗漏，同时规定著作权人享有"应当由著作权人享有的其他权利"。下面对著作权的 12 种经济权利分别进行简要说明。

（1）复制权。复制是指以印刷、复印、临摹、拓印、录音、录像、翻录、翻拍等数字化或非数字化方式将作品制作一份或者多份的行为。它的特征是复制的作品与原作品相比在内容和形式上没有任何变化，复制权就是权利人决定实施或不实施上述复制行为或者禁止他人复制其受保护作品的权利。

（2）发行权。发行是传播作品的重要途径，也是著作权人获得经济收益的重要手段，发行权是指向公众提供作品复制件的权利由著作权人享有。

（3）出租权。出租权是指有偿许可他人临时使用电影作品和以类似摄制电影的方法创作的作品、计算机软件的权利，计算机软件中的程序本身不是出租的主要标的除外。

（4）展览权。展览权是指公开陈列美术作品、摄影作品的原件或者复制件的权利。在此需要说明一点的是，当美术作品原件的所有权转移后，它的展览权也随之转移，即它的展览权由作品的持有人所有。

（5）表演权。表演是指通过演员的声音、表情、动作在现场直接公开再现作品，以及通过放映机、录音机、录像机等技术设备间接公开再现作品或者作品的表演的行为。表演权是一种与复制权相对应的一种权利，著作权人可以自己表演，也可以授权他人表演。

（6）放映权。即通过放映机、幻灯机等技术设备公开再现美术、摄影、电影和以类似摄制电影的方法创作的作品等的权利。

（7）广播权。播放权，即以无线方式公开广播或者传播作品，以有线传播或者无线转播的方式向公众传播广播的作品，以及通过扩音器或者其他传送符号、声音、图像的类似工具向公众传播广播的作品的权利。虽然在原《著作权法》中也规定了播放权，但同时规定："广播电台、电视台非营业性播放已经出版的录音制品，可以不经著作权人、表演者、录音制作者许可，不向其支付报酬。"按照这一规定，电台、电视台不必向音乐著作权人支付报酬。在国外，音乐著作权人的收入主要来源于广播电视系统，英国电视台年收入的5% ~6%都用来支付所播放作品的使用费。然而中国的作曲家却不能从国内的广播电视台拿到任何报酬。在新修改的《著作权法》中，这一条已被修改为"广播电台、电视台播放已经出版的录音制品，可以不经著作权人许可，但应当支付报酬。当事人另有约定的除外。具体办法由国务院规定。"根据新的《著作权法》，播放权将成为音乐作品等著作权人获得收益的重要保障。

（8）信息网络传播权。信息网络传播权即通过互联网向公众提供作品，使公众可在其个人选定的时间和地点获得作品的权利。这个权利也是在修改的著作权法中新增加的，它明确了把作品上网是著作权人的权利。今后，未经著作权人的许可，把其作品在网上传播就将构成侵权，要承担法律责任。有了这些"网络著作权"的规定，网络将不再是"盗版者的天堂"，著作权人可以依法主张自己的权利，获得应得的收益。

（9）摄制权。即以摄制电影或者以类似摄制电影的方法首次将作品固定在载体上的权利。

（10）改编权。即在原有作品的基础上，改变原作品的表现形式，创作出具有独创性的新作品的权利。

（11）翻译权。即将原作品从一种语言文字转换成另一种语言文字的权利。

（12）汇编权。即将原作品或者作品的片段通过选择或者编排，汇集成新作品的权利。

对于摄制、改编、翻译及汇编后的作品，它的著作权由上述工作完成者所有，或由依据法律享有著作权的公民或组织所有。因此，评估人员对著作权进行评估时，不应将摄制、改编、翻译及汇编后作品的收益计算在内。而对于摄制、改编、翻译及汇编作品著作权的价值进行评估时，评估人员应该注意，这种作品的权利人有权自行禁止他人复制、发行或以其他方式使用有关作品，却无权单独许可他人使用自己的作品，他必须得到原作品权利人的许可。这类作品享有的著作权，与"从属专利"的权利人相似，他享有的权利受到原始作品著作权人的约束。

另外，《著作权法》为了避免出现遗漏，同时规定了应当由著作权人享有的其他权利。著作权人可以许可他人行使前款规定的各项权利，并依照约定或者本法有关规定获得报酬。著作权人可以全部或者部分转让规定的经济权利，并依照约定或者本法有关规定获得报酬。

5. 著作权的限制

著作权的限制实际上就是对著作权经济权利的限制。《著作权法》的立法宗旨是为保护文学、艺术和科学作品作者的著作权，以及与著作权有关的权益，鼓励有益于社会主义精神文明、物质文明建设的作品的创作和传播，促进社会主义文化和科学事业的发展与繁荣。从上述表述可以看出，著作权法是为了平衡创作者的专有权与推动社会科技文化的发展。因此，著作权法同时对权利人赋予的权利进行了一定的限制，具体包括以下几个方面：

（1）地域的限制。正如其他知识产权法律一定，著作权的赋予也具有一定的时间和地域的限制。《著作权法》属于国内法，赋予的著作权仅在本国有效，但我国参加了《伯尔尼公约》及《世界著作权公约》，并且是世界贸易组织的成员，根据这些国际公约的条款，使著作权受到保护的地域已经远远超出了一个国家的范围，国内法变成了区域性法律。特别是目前世界上绝大多数国家是世界贸易组织的成员，如果在一个国家享有著作权，可以在世界上绝大多数国家享受相应的保护。在此需要强调的是，著作权的获得由于采用"自动获得"原则，可以通过国际公约在世界各国获得保护。但是对于专利及商标，则必须通过申请，并且符合申请国法律的要求，因此，无法直接通过国际公约在其他国家获得保护。

（2）时间的限制。根据我国《著作权法》的规定，对各种类型的著作权的期限分别做了规定。对于评估而言，法定的权利期限是运用收益法进行评估过程中选择收益期限的一个重要参数。

（3）合理使用。在法律许可下，使用作品可以不经过著作权人许可，不付报酬，但不能侵犯著作权人的其他权利。关于该条款，在新修改的《著作权法》中做了较大改动，对于免费使用作品的12种情形，修改后的《著作权法》做了更为清晰的界定。如原来的"为报道时事新闻，在报纸、期刊、广播、电视节目或者新闻纪录影片中引用已经发表的作品"修改为"为报道时事新闻，在报纸、期刊、广播电台、电视台等媒体中不可避免地再现或者引用已经发表的作品"；原来的"免费表演已经发表的作品"修改为"免费表演已经发表的作品，该表演未向公众收取费用，也未向表演者支付报酬"；原来的"将已经发表的汉族文学作品翻译成少数民族文字在国内出版发行"修改为"将中国公民、法人或者其他组织已经发表的以汉语言文字创作的作品翻译成少数民族语言文字作品在国内出版发行"等。对于过去争议较大的广播电台、电视台免费播放作品，修改后的《著作权法》明确规定，除非当事人另有约定，"广播电台、电视台播放已经出版的录音制品，可以不经著作权人许可，但应当支付报酬"。另外还规定："广播电台、电视台播放未发表的作品，应取得著作权人许可，并支付报酬。广播电台、电视台播放他人已发表的作品，可以不经著作权人许可，但应当支付报酬。"《著作权法》对该条款的修改，使我国在权利限制问题上改变了过去范围过宽的现象，对于评估人员在对著作权的评估，其影响是比较大的。评估人员在计算委估对象的收益时，应该根据新《著作权法》的规定，将相关收益计算在内。

（4）强制许可。由政府部门发放强制许可证，不经著作权人许可，但要支付报酬，目前这种强制许可在我国没有实行的实例。

（5）法定许可。在法律特定的条款下，不经著作权人许可使用已发表的作品，但必须支付稿酬，并且不得侵犯著作权人的其他权利。在本次《著作权法》修改过程中，对于法定许可的相关规定也进行了修改，评估人员同样应给予重视，并在评估过程中，考虑相关条款对委估对象价值的影响。

6. 著作权的保护期

著作权中作者的署名权、修改权、保护作品完整权的保护期不受限制，永远归作者所有。

公民作品的发表权、使用权和获得报酬权的保护期为作者终生至死亡后50年，若为合作作品，至最后死亡的作者死亡后50年。单位作品的发表权、使用权和获得报酬权的保护期为首次发表后50年。电影、电视、录像和摄影作品的发表权、使用权和获得报酬权的保护期为首次发表后的50年。计算机软件的保护期限，在新修改的《计算机软件保护条例》中做了修改。根据新的《计算机软件保护条例》，软件著作权自软件开发完成之日起产生。自然人的软件著作权，保护期为自然人终生及其死亡后50年，截止于自然人死亡后第50年的12月31日；软件是合作开发的，截止于最后死亡的自然人死亡后第50年的12月31日。法人或者其他组织的软件著作权，保护期为50年，截止于软件首次发表后第50年的12月31日，但软件自开发完成之日起50年内未发表的，本条例不再保护。

（二）著作权的资产特点

与其他资产相比较，著作权具有以下特点：

（1）著作权的客体大都是创造性劳动的结晶。所谓创造性劳动，是指从事前人没有做过或者没有做成功的活动，这种创造性劳动通常是无法和其他个别劳动相比较的。所以，著作权主体的个别劳动时间大体上可被认为是客体的必要劳动时间。也就是说，对著作权而言，其个别价值就是其社会价值。如一部文学作品，一件艺术作品或者音乐作品，其产生往往是作者积累于生活、激发于灵感的结果，很难找到其他相似的作品以比较作者付出的劳动量。

（2）著作权的形式具有局限性。著作权保护的范围仅限于思想的物质表现形式，而非思想本身。如一项新技术，如果发明人将该技术的内容撰文发表且未申请专利，则著作权仅仅保护该文章不得被复制、发行，而并不限制他人利用该技术进行生产等。

（3）著作权保护具有独立性。著作权保护的内容强调创作的独立性，而不强调时间性，即思想相同的不同人创作的作品，只要是独立完成的，即分别享有著作权，而不分谁先谁后。

二、著作权评估特点

（一）著作权评估难度大

由于著作权权利的复杂性和未来收益的不确定性，著作权资产评估一直是无形资产评估业务中的难点。缺乏专门的技术标准，使著作权资产评估业务更加困难，致使我国大量的著作权资产评估业务处于停滞状态，影响了著作权所有人及文化创意单位与银行、投资人之间的相互关系，制约了相关产业的健康发展。

（二）著作权权属关系复杂，较难区分

评估对象的确定是评估的关键环节，著作权资产评估对象是指著作权中的财产权益，包括对著作权的占有、使用、收益的权利，同时还包括著作权人享有的转让或者许可他人使用的权利。许可使用形式包括法定许可和授权许可；授权许可形式又包括专有许可、非专有许可和其他形式的许可等。著作权具有多项权利，既具有人身权，也具有财产权，还具有与著作权有关权利的财产权益，在实践中较难区分。

（三）邻接权、衍生收益的确定难度较高

著作权资产评估与其他知识产权资产评估业务相比较，其最主要的特征是著作权资产评估对象组成的复杂性、衍生收益对原著作权资产价值的影响，以及著作权资产时效方面的特征等。邻著作权资产除具有与其他知识产权资产相似的共性外，还具有一些自身特有的个性，如著作权资产在发挥作用时经常需要与邻接权相结合；演绎作品的衍生著作权资产发挥作用时需要包括原创作品著作权的贡献，甚至有些著作权在发挥作用的过程中还会包括商标、非专利技术等其他知识产权资产的贡献。邻接权的原意是与著作权相邻的权利，其确切含义应是作品传播者所享有的权利。在我国《著作权法》中，邻接权包括出版者权、表演者权、录制者权和广播电视组织权。著作权的衍生收益是指由著作权的影响带来的其他类型收益，比如知名作家的广告收入。因此，在确定著作权资产评估对象时经常需要处理著作权与著作权有关权利（邻接权）的问题、原创作品著作权与演绎作品著作权问题、著作权资产与其他相关资产的问题等。

第二节 著作权资产评估准备工作

一、评估对象界定

（一）界定评估对象的作品类型

根据《著作权法实施条例》（以下简称《实施条例》）、《计算机软件保护条例》，作品类型维度包括文字作品、口述作品、音乐作品、戏剧作品、曲艺作品、舞蹈作品、杂技艺术作品、美术作品、建筑作品、摄影作品、电影作品和以类似摄制电影的方法创作的作品、图形作品、模型作品、计算机程序、文档 15 类，以及与邻接权对应的图书和期刊的版式设计、表演、录音录像制品、广播电视节目 4 类，共 19 类。

（二）界定评估对象的权利束

《著作权法》所保护的著作财产权亦称为著作经济权利，是指作者本人或者授权他人采取一定的方式使用作品获得物质报酬的权利。著作权财产权利类型维度包括复制权、发行权等12种明确的权利，根据其定义，从价值评估角度可以将著作财产权分为作品传播相关权利和作品使用方式相关权利。其中，作品传播相关权利包括发行权、出租权、展览权、表演权、放映权、广播权以及信息网络传播权；作品使用方式相关权利包括复制权、摄制权、改编权、翻译权以及汇编权。作品使用方式相关权利最终仍需要通过各种传播相关权利来实现著作权价值，因此，是否具有“作品传播相关权利”，是著作权价值能否实现的关键。

（三）关注评估目的的影响

（1）以财务记账和摊销为目的评估，其对象不仅受国家税法及财务法规的限制，还应满足以下条件：①著作权所有权或著作权的部分权利属于该单位；②该单位确实为获得该项权利付出了代价；③明确哪些费用未曾记入成本，已进入成本部分不能列入无形资产账户进行摊销。

（2）以投资、转让为目的的著作权评估，直接关系到投资各方或者转让方与受让方之间的利益，所以应注意：①确认著作权各项权利的归属；②明确投资、转让的权利的内涵、时间、范围等；③著作权的经济权利或者著作权可获得收益的能力。

二、评估数据资料搜集

资料搜集是指在前期指导、现场考察、专家咨询、市场调查、文件检索过程中所涉及的全部资料的搜集，包括委托方提供的经评估机构核实的资料、专家提供的意见、市场调研过程中所获取的资料、文件检索资料等。在著作权资产评估中，应着重搜集以下几个方面的资料：

（一）产权证明文件

著作权资产权利是否清晰、完整、合法，相应的权利证书是非常重要的依据。《实施条例》第六条规定：“著作权自作品创作完成之日起产生”；《作品自愿登记试行办法》第二条规定：“作品实行自愿登记。作品不论是否登记，作者或其他著作权人依法取得的著作权不受影响。”

作品的著作权不以著作权登记为生效要件，公司投资制作作品自创作产生之日或自其协议取得之日起，即依法单独或与其他权利人共同拥有作品的著作权。但有登记证书的作品在相应的经济行为中，产权会得到更好的保护和利用。

因此，对著作权资产的权利证明资料，一方面是获取权利登记证书，对于没有登记的作品，则需要核对其相应的合同、协议或原始投资资料。发行人自主选择办理作品著作权登记，是否办理著作权登记对发行人行使和保护著作权不产生实质影响。因此，对于未进行著作权登记并取得“著作权登记证书”的作品，确定著作权最终依据为投资方的投资合同和各方出具的著作权声明书等。对于权利不能明确的作品，则需要律师的专业意见。

同时，对于不同类型的文化企业，生产（制作）文化产品或提供文化服务，还需要有相应的特许资格。比如影视作品的生产，分别需要获得“电视剧发行许可证”（甲/乙）、“电视剧制作许可证”（甲/乙）、“电影片公映许可证”、“摄制电影许可证”，以及引进电影、电视剧的资格等。

（二）著作权相关合同

针对特定的经济行为，著作权合同是非常重要的权利文件。通过著作权合同，评估人员能够了解基本要素（合同号、签订日期、甲方公司名称、乙方公司名称、片名）、作品情况［作品名称和内容、集数、片长（分钟）］、权利及限制（播出区域、授权期限、授权权利类型、网络播映权、图书著作权、音像著作权、IPTV 等新媒体、形象使用权）等内容，对于划分收益范围、确定收益期限、确定收益来源等具有比较重要的作用。其中的价格情况［单价、许可使用费、三费（磁带、复制、邮寄）、合同总金额］等对采用市场法、成本法也具有一定的参考意义。

（三）账务清查材料

通过对被评估著作权资产账务清查，主要了解其原始入账时间、金额及其构成内容、与合同的一致性、是否对外许可（销售）、对应合同是否一致、是否有质押、担保、摊销情况、账面价值、对应其他收益——广告等。这些资料一方面是履行评估程序的要求，另一方面也是为采用各种评估方法提供一个基本的参考。比如，对于外购形成的著作权资产，可以了解其原始购置价值，为进行市场比较打基础。对于自创形成的著作权资产，可以了解其成本构成内容，为采用成本法评估提供参考。

进行账务清查时，需要特别关注和识别企业账外著作权资产。对于文化企业，特别是成立时间比较长的国有文化企业，往往会积累大量的账外著作权资源。对于这些著作权，需要按照权利类型和作品类型两个维度建立一个著作权清查明细表，将企业的各项著作权对应的权利类型、作品情况进行登记清查，对于基准日后仍然拥有相应权利的作品，在清查表中明确填报其基准日之后仍然拥有的权利类型、期限、使用范围、使用方式等内容，从而作为对其进行价值评估的基础。

（四）经济及市场资料

对著作权进行评估时，搜集评估时的宏观经济形式、行业供需状况等经济及市场资料是十分必要的。只有充分掌握了经济及市场的相关资料，才能正确分析著作权评估时的市场条件及供需状况，从而合理评估著作权资产的价值。

（五）资产占有方管理方面的资料

资产占有方管理方面的资料包括：①企业章程、简介、基本情况表；②企业会计制度或会计核算方法；③内部管理制度（包括生产经营、劳动管理、工资奖励、劳保福利及财产物资管理制度等）；④董事会关于与经营管理和财务会计有关的重要问题的历次决议及议定。

上述资料是著作权资产评估的基础资料，评估人员应进行认真的核实、分析，它将为下一步的评定估算工作做好充分的准备。

第三节 运用收益法评估的条件要求及技术要点

一、收益法应用的基本条件

收益法是依据资产未来预期收益经折现或本金化处理来估测资产价值，其涉及三个基本要素：①被评估资产的预期收益；②折现率或资本化率；③被评估资产取得预期收益的持续时间。因此，能否清晰把握上述三要素就成为能否运用收益法的基本前提。从这个意义上来讲，著作权评估应用收益法必须具备的前提条件是：

（1）被评估著作权资产的未来预期收益可以预测并可以用货币来衡量；

（2）著作权资产拥有者获利预期收益所承担的风险也可以预测并可以用货币来衡量；

（3）被评估著作权资产预期获利年限可以预测。

二、超额收益估算要点

超额收益法的原理是从使用著作权获得的总收益中抽取出目标著作权的收益部分，即首先计算使用著作权的总收益，然后将其在目标著作权和产生总收益过程中做出贡献的所有有形资产和其他无形资产之间进行分成。有些利润分成分析使用的是经济收益毛指标，如总收入，但大多数利润分成分析分配的是净收益估算值，比如营业收益、营业现金流量或净现金流量。要特别注意不同分成率口径的差异，并注意所采用分成率数据统计口径的差异。

（一）关注分成率的合理估算

确定利润分成率是估算超额收益中十分重要的一个环节。在选择利润分成率时，评估人员应该考虑以下因素：

（1）目标著作权的具体类型（可以通过相关合同进行判断）；

（2）目标著作权所在企业的经营类型；

（3）目标著作权所在企业的行业情况；

（4）目标著作权在所在企业中实际经营的功能分析；

（5）目标著作权和所在企业中其他资产为创造收益所做贡献的相对重要性分析；

（6）市场上的许可使用费率水平和其他著作权转让协议中已知的市场利润分成情况；

（7）分析中选择的经济收益估算指标的范围，已经为著作权所在企业中其他有形及无形资产提供的公平的经济报酬。

（二）关注各类资产投资回报的影响因素及确定过程

著作权单独并不能产生收益，而是需要和一些互补性资产，如营运资本、有形资产和其他无形资产形成资产组合，通过商业化运作，从而产生经济收入。所以，著作权的收益应当是将总的经济收入在这些资产组合中进行合理分配得出。

在分配收入过程中，首先需要分配合理的收入给非知识产权资产，该过程涉及两个重要因素：一是企业资产构成中每项资产所占的相对比重；二是每项资产对应的合适的投资回报率。企业资产的构成包括货币性资产、有形资产、无形资产和知识产权。企业的收入中，每项资产根据各自的重要性程度和相关风险因素，对收入做出了不同程度的贡献。

（1）货币性资产，也指净运营资本，即流动资产减去流动负债。货币性资产是企业资产结构中最具流动性的资产，投资风险相对较小，对应的投资回报率较小。

（2）有形资产，主要是指建筑设施和机器等。有形资产的流动性不如货币性资产，但相比无形资产和知识产权而言，具有一定的市场化因素，如有形资产的功能多样性，即使在公司破产时仍然可以用作其他用途或卖给其他公司。因此，有形资产的风险大于货币性资产，小于无形资产和知识产权。其投资回报率也是高于货币性资产，小于无形资产和知识产权。当然，具有特殊用途的有形资产，其投资回报率也相应较高。

（3）知识产权和其他无形资产。无形资产包括企业的人力资源、网络设施、客户关系、相关合同等；知识产权包括专利、著作权、商标、商业秘密等。无形资产和知识产权通常是企业资产中最具风险性的资产，相比货币性资产和有形资产，无形资产和知识产权流动性很低，功能多样性也较差，因此，相应的投资回报率也会更高，如果企业的加权平均成本已知，货币性资产和有形资产的投资回报率可以估算，那么根据加权平均资本成本途径，无形资产和知识产权的投资报酬率也可以估算得出。一般情况下，由于知识产权相对于无形资产受到专门的法律保护，具有更多的商业化机会，因此知识产权的投资报酬率相对无形资产要低一些，但也不是绝对现象。在著作权产业中，一些新开发的作品著作权，或者具有较强艺术个性的作品著作权，在市场供求关系不确定的情况下，其风险更高。

（三）关注利润分成计算

如评估某企业中某项著作权所产生的经济收益时，需要考虑先从产品的税后净营业利润中减去相关专利、商标等其他无形资产的资本回报，然后再根据合理的利润分成百分比进行分成，得到著作权的价值。

三、折现率估测要点

（一）著作权相关的风险因素分析

折现率即预期的投资回报率，包括无风险回报率和风险溢价。无风险回报率是指评估基准日所在国发行国债利率，风险溢价是在无风险回报率基础上，考虑到收入可能面临的风险和损失，投资者所要求的风险回报。任何形式的经济收入都存在风险，收入可能比预期多或少，可能实现的比预期早或晚，甚至可能没有收入。选择合适的折现率，就是对于预期收入相关的风险要素的定性和定量分析。

著作权持有者大多属于文化企业，相比传统行业，尚未形成成熟的风险发现和防御机制，市场发展具有很多不稳定的因素，企业发展也处于摸索阶段。加上文化消费的一大特点是消费者主导的特色，消费者的消费习惯和心理偏好处于变化中，这给生产著作权产品的企业带来了挑战。

著作权产业中的著作权风险溢价，除了一般性的市场风险、企业风险、购买力风险、政策风险、流动性风险、汇率风险等，还包括著作权相关产业特有的风险和知识产权的相关风险因素，是折现率估算时要重点关注的。

（二）著作权相关产业的风险

著作权相关产业与传统产业相比，具有较高的风险性，主要表现为市场供求关系的不确定性、著作权的保护难度以及国内外激烈的市场竞争环境。目前，国内著作权产业还处在起步阶段，无论在企业管理、市场销售、企业融资等方面都存在一些发展困惑和障碍，这些因素导致投资者在对著作权产业的著作权产品进行投资时，面临的风险比传统产业要高。因此，这部分风险因素也应该体现在投资回报率中。

（三）著作权相关风险

著作权的收入实现过程中常见的一些问题包括：收入是否增加到预期水平？收入期限是否如期实现？收入是否会比预期估计多变？是否需要大量的追加投资？等等。这些问题关系到著作权风险溢价的大小。需要考虑的因素有：①著作权的具体类型；②与著作权使用相关的行业因素；③与著作权相关的产品销售前景和利润率水平；④著作权功用多样性分析；⑤著作权的剩余有效寿命；⑥开发/商业化著作权相关的竞争；⑦著作权前期投资需求；⑧著作权的研发需要投入大量的投资和时间，但是市场环境的改变也许让著作权很快失去价值；⑨著作权后期追加投资需求；⑩著作权是否存在跨国交易，是否存在政治风险和文化风险等。

四、收益期限估测要点

著作权收益期限在著作权价值评估中是一项十分重要的参数。收益法中，著作权的寿命因素是决定著作权收益期限的长短和收益的大小，著作权的价值是其潜在经济寿命的函数。所以，著作权的寿命评估是收益期限评估的基础，是著作权价值评估中必不可少的一部分。

（一）著作权寿命的度量方法

一般而言，著作权的寿命期限包括法律寿命、经济寿命、合同寿命、司法寿命、技术寿命、物理寿命、功能寿命等。在各项寿命度量中，法律寿命、合同寿命、司法寿命比较好确定，一般是由一些法律文件、合同规定或法院裁决取得。物理寿命对于著作权意义不大，因为著作权不太会受到物质损耗的影响。功能寿命对于著作权的限制较其他寿命因素的影响要小，也就是说，即使著作权在功能上仍具有较大价值，由于其他一些因素的影响，其经济寿命受到了不利的影响，功能寿命也就没有什么意义。因此，在著作权的剩余寿命度量中，经济寿命和技术寿命的度量是比较重要也相对复杂的环节。

（二）评估著作权剩余寿命的决定因素和相关数据资料

在著作权的评估分析中，剩余寿命的影响因素和用到的数据资料取决于著作权的种类，表6－1列出了一般的决定因素和数据类型。

表6－1　著作权寿命的相关决定因素和数据资料

寿命决定因素	相关数据资料
法律类决定因素	著作权的申请和注册人认证文件等
合同类决定因素	与著作权相关的商业合同，如使用合同、研发和提高、境内外的许可协议、转让价格协议等
司法类决定因素	历史损失期限的司法决定或命令，或与法院规定相关的未来损失的期限
财务类决定因素	著作权所有者/经营者/侵权者过去的财务报表以及未来预测的财务报表
技术类决定因素	相关优先的或竞争性的著作权技术信息、生命周期度量和技术替代方面的数据等
经营类决定因素	有关鉴定证明的清单、工程图、产品/服务的流程图、计算机软件的资料编码等
其他类决定因素	一些惯用数据、数据总结资料等

（三）经济寿命分析

根据《著作权法》的规定，著作权享有相当长的经济寿命，我国的著作权法规定“作品的发表权、使用权和获得报酬权的保护期为作者终生及其死亡后50年”。

事实上，多数时候，著作权的经济寿命远不及法律寿命的长度，而且在有效经济寿命期间，著作权的收益分配很难均匀。著作权的经济寿命通常取决于主要作品本身的种类特征和具体的开发利用方式。如大多数的参考书系列，一般会在出版后几年内达到销售顶峰，随后逐渐减少。具有较高内容价值和创意价值的作品，可以享受很长的经济寿命，甚至超出法律寿命的界限。但是著作权并非一定享有较长的经济寿命，由于著作权产业具有不确定性和高风险性，处在高速变化中的文化市场和消费者难以捉摸的个性消费需求也可能使得相关著作权出现快速的文化贬值和创意贬值。正如经典和流行的差别，流行的文化创意产品，其知识产权的寿命期限可能远不及经典的长久。

总之，著作权中很多因素难以预测。在估计著作权的潜在经济寿命时需要注意以下几点：

（1）作品开发的广度很重要。如今很多作品中的故事和角色在多种媒体中出现，同时拥有一系列的衍生产品，如卡通形象出现在玩具、衣服、文具等产品的设计中，对作品本身也起到一种宣扬和拓展作用。作品本身的功能多样性也增加了作品开发的机会。

（2）永久的文化创意价值很重要。经典的迪斯尼动漫作品不断影响着一代代儿童，给人们带来的是历久弥新的文化价值和精神体验。流行未必经典，对于流行的著作权产品，其著作权的经济寿命更为保守一些。

（四）著作权经济寿命的技术预测方法

在对著作权经济寿命的预测中，除了评估师的经验法以外，有时还可以借助一些专业的技术预测方法，如生存曲线分析、资产周转率分析、费雪·普瑞预测模型、博尔里德模型等。使用这些技术预测方法需要满足模型假设及相应的数据要求。

第四节 运用市场法评估的条件要求及技术要点

一、市场法应用的前提条件

（1）需要一个充分活跃的著作权交易市场。

（2）选取的市场参照物与被评估著作权具有可比性，并且相关情况及资料是可得的。

（3）被选取的著作权资产的市场参照物必须是按公平市价进行交易的。

交易双方进行交易的环境是：①双方自愿进行著作权资产的交易，而不是由于某种原因（如隶属关系等）被强迫进行交易的；②双方都是理智的，并对该项著作权有较全面的了解；③双方对交易中的各种不利因素均有考虑。

二、参照物选择要求

首先，应该存在一个充分活跃的著作权交易市场，存在并可获得至少 3 个与目标资产具有可比性的参照物；或者能够从有关方面获得可比参照物的评估信息资料，如著作权管理机关对著作权资产评估的登记信息。

其次，可获得的参照物的价值决定因素应与目标著作权资产基本相同，并且这些决定因素的具体情况能够搜集并进行量化。

在目前我国著作权交易中，著作权是作为企业整体或部门交易中的部分形式存在的，即使存在著作权单独交易，一般很少公开披露其交易价格，市场中可获取的单独著作权交易信息也多为版税方面信息，在使用收益途径评估著作权未来可获取的收益时，可以借鉴市场上相关形式著作权的版税信息进行可比分析，这涉及市场法和收益法的相关性和互通性。根据目前国际版税市场形势分析，版税的收取方式一般有一次性固定版税收入、按固定或变动版税率从销售收入中提取版税收入、一次性固定版税收入和版税率提成版税收入相结合的方式等。合适的版税率体现了著作权的使用对于著作权产品销售收益的贡献率。

三、可比指标选择标准

影响市场法评估著作权资产价值的主要差异指标包括：

（1）交易时间。著作权的价值具有较强的时效性，不同时点的价值可能有很大差异。参照著作权的交易时间，如果距离评估基准日较长，必须通过交易时间调整系数进行相应的调整。

（2）权利种类。著作权权属关系复杂，权利种类多样，比如电影著作权就包括放映权、发行权、剧本著作权、片尾曲著作权等多种权利。因此，必须比较参照著作权的权利束与被评估著作权权利束的差异，并进行相应的调整。

（3）交易限制条件。公平市场条件下的交易价格与特定条件下的交易价格有很大差别。因此，运用市场法评估时，应特别关注参照著作权资产的交易条件，并对非市场化的交易进行相应的调整。

（4）交易方的关系。如果参照著作权交易的双方是关联方，那么关联方之间的交易价值不能被认为是公允价值，需要进行相应的修正。

（5）剩余经济寿命。著作权都是有经济寿命的，处在不同寿命阶段，其价值差异巨大。因此，要根据参照著作权与被评估著作权的经济寿命的差异进行调整。

（6）风险程度。由于参照著作权的交易价格形成条件不可能与被评估著作权完全相同，因此需要评估人员关注参照著作权交易时的市场利率、供求关系等风险因素，并与评估基准日相对应的风险状况进行对比，在此基础上进行相应的调整。

四、对比分析量化要点

（一）指标量化方法的选用

在运用市场法评估著作权时，非结构化指标的合理量化十分重要，但又具有一定的难度，比如对书画艺术价值指标的量化就十分重要，但又很难量化。现阶段比较常用的非结构指标的量化方法包括层次分析法、灰关联分析法、回归分析法等多种方法，但每种方法都有一定的适用条件，在量化指标时，应根据具体情况，合理选用。

（二）经验数据的运用

在著作权资产评估中，需要对许多主观影响因素进行量化处理。现阶段，对于主观因素的量化处理大多借助专家的经验和判断，因此通过一定数据的积累，形成相关的经验数据用来指导相关的数据测算，能够大大提高评估的准确性和经济性。例如，在用收益法评估著作权价值时，可以借鉴已有的著作权许可费率统计数据来进行估算。

五、初步结果筛选与评估结论确定

经过上述交易时间修正、交易限制修正等，就可以得到在评估基准日的待估对象的若干个价格，如果交易实例选取五个，就可能得到五个价格。通过计算公式求取的若干个价格可能不完全一致，而被估对象的价值只能有一个。在评估实务中求取最终的待估对象的价值经常采用的分析方法有以下几种：

（1）平均值法。即取各个可比对象的平均值或加权平均值作为被评估对象的价值。

（2）中间值和众数法。以可比对象的最大值和最小值的平均值作为被评估对象的价值；或以可比对象出现次数最多的价值作为被评估对象的价值。

（3）回归分析法。回归分析法是选取某一个或多个影响价值的指标，采用回归分析的方法建立一个回归公式。利用回归公式估算被评估对象的价值。

第五节 运用成本法评估的条件要求及技术要点

一、成本法应用的前提条件

成本法的经济原理基础是替代性原则，使用成本法评估著作权的价值是著作权的自愿买主为目标知识产权支付的价格不会高于取得同等效用的替代著作权的价格。成本法应用的前提条件是重置成本及相关贬值要素能够可靠的计量。

成本法在资产评估中经常被采用，但应用于著作权评估存在一定的难度，因为活劳动所占比例大，而确定活劳动的成本是困难的；而且著作权作为一种权利，其损耗为无形损耗，确定它也比较困难；再者创造著作权的费用通常并不与评估值相对应。尽管如此，它仍不失为一种可参考的评估方法。对于为记账和摊销服务时，应用此法是合理的。当著作权的成本构成合理、清晰时，此法的评估结果可作为一种参考。使用成本法评估著作权时，应从重置成本和损耗这两个要素的确定入手，结合具体情况进行评估。成本法的基本公式为：

$$\text{著作权评估值} = \text{著作权重置成本} - \text{著作权功能性贬值} - \text{著作权经济性贬值} \quad （式 6-1）$$

或 $$= \text{著作权重置成本} \times \text{著作权成新率} \quad （式 6-2）$$

使用成本法评估著作权价值，同有形资产类似，首先需要计算著作权的重置成本，然后是分析和量化各项贬值要素，随后得出评估价值。

二、重置成本估测要点

（1）当实际成本有据可寻时，可采用财务核算法、指数调整法。

①财务核算法。财务核算法是以创制著作权资产实际消耗的物化劳动和活劳动费用作为重置成本。其计算公式为：

$$\text{重置成本} = \text{材料成本} + \text{人工成本} + \text{间接成本} + \text{开发商利润} + \text{企业家奖励} \quad （式 6-3）$$

式中：材料成本包括开发过程中的必要损耗，如图纸、计算机磁盘等；人工成本在著作权开发总成本中占很大比重；间接成本包括相关税费、管理监督费等；开发商利润和企业家奖励等。企业家奖励是对相关参与著作权开发者的风险补偿。

此法特别适用于评估自创著作权的重置成本，因为相关数据较容易得到。

②指数调整法。此法是根据著作权的历史成本并用适合的价格趋势指数转化为现时成本水平，从而得到重置成本。其计算公式为：

重置成本 = 实际总成本 × 综合价格指数 （式6-4）

或 = 实际物质材料成本 × 生产资料物价指数 + 实际人工成本 × 生活费用指数 （式6-5）

使用公式6-4时，综合价格指数可按两种费用的大致比例，用生产资料物价指数与生活费用指数加权得到，或选择行业价格指数。

（2）当著作权的实际成本无法找到时，一般不采用成本法，但是如果著作权的成本构成清晰并且在市场上有类似的成本价格，可以用市价类比法确定重置成本作为评估值的参考。

三、各种贬值及成新率估测要点

（一）各种贬值估测要点

同有形资产一样，著作权的贬值包括功能性贬值和经济性贬值。功能性贬值是指由于著作权无法完成其最初设计功能，随着时间的推移，著作权无法像过去一样成功地发挥效用，从而使价值降低。功能（技术）性贬值是由于技术进步导致著作权价值降低，由于设计或工程技术的改进，新的重置著作权资产能比目标著作权资产产生更大的效用，这时就会产生功能（技术）性贬值。著作权作品可能会因为技术过时而产生技术性贬值，也可能会因为形式或风格的变化发生功能性贬值。

对于功能性贬值和技术性贬值的估算，需要考虑超额开发成本和超额经营成本两个要素。经济性贬值（又称外部贬值）是指由于著作权现行使用以外的事件或条件、无法控制的影响造成目标著作权价值降低，如国家相关发展政策的影响、市场需求的变化等。经济性贬值对于著作权价值评估而言，是连接成本法和其他收益法的重要纽带，由于成本法很难直接考虑到著作权的收益、风险、市场竞争等因素对价值的影响，因此经济性贬值的量化就显得十分重要，然而问题是经济性贬值很难单独计算和准确量化。

激烈的市场竞争可能会使得著作权的价值受到损害。如2010年12月8日当当网在美国上市后，中国两大电子商务企业京东网和当当网展开一场激烈的价格大战，图书价格大打折扣，在对消费者降低图书价格的同时，他们实际上也在压缩图书出版商的利润，如此一来，图书出版商的利润降低、成本上升，必然会影响到一些图书著作权的价值，市场竞争的变化最终损害的是图书著作权的市场价值，造成著作权的经济性贬值。

著作权的价值体现在与之维系的产品或服务的销售业绩上，当产品在市场上出现过时现象，消费者对其需求明显降低，与之相关的著作权价值可能也会出现贬值。预测著作权的收益时，其中一项很重要的工作是预测与之相关的产品/服务生命周期，当产品/服务的生命周期结束时，著作权的价值降低，如果著作权未能有其他的用途开发和转移，其生命也随之结束。

另外，著作权总是和一定的科技、文化创意因素相联系的，尤其对于文化创意产业而言，著作权作为文化创意的载体，其中的文化创意若出现过时的现象，著作权也很难持久。

一般情况下，经济性贬值的确定和量化可以在重置成本减去物理性贬值、功能性贬值和技术性贬值后的评估值基础上，估算目标著作权是否能在预期剩余使用寿命期间内产生合理的报酬率，如果可以，则表明没有明显的经济性贬值，反之，则明显存在经济性贬值。

（二）成新率估测要点

著作权不存在有形损耗，而只有功能性和经济性损耗，因此用直接的方法是十分困难的。可采用下述一些间接方法来确定成新率。

（1）预测尚可使用年限法。可通过其经济寿命及评估人员经验、调查研究等方法确定其尚可使用年限。当假定损耗线性分布，即摊销期内每年的摊销额是一样时，其计算公式如下：

成新率 = 尚可使用年限/（已使用年限 + 尚可使用年限）　（式 6－6）

（2）摊销余额法。在以成本摊销为目的的评估中，成新率测算公式如下：

成新率 = 摊销余额/应摊销总额（即原始成本）　（式 6－7）

（3）合同期限法。其计算公式如下：

成新率 = 剩余合同年限/总合同年限　（式 6－8）

四、评估值的确定

在重置成本、各种贬值及成新率估算完成的基础上，将相关数据带入成本法的计算公式即可得到评估值。虽然从理论上讲可以采用成本法评估著作权价值，但运用成本法的第一个困难是，作品的重置成本对应作品的全部著作权利，当需要评估全部著作权财产权利中的某一个或某几项权利组合价值时，如何将重置成本对应的全部权利价值分配到相关权利上是一个较为困难的事情。第二个困难是很多个人创作作品并没有完整的投入成本资料记录，因此会出现实际成本难以反映其实际投入，或没有原始证据支持的重置成本难以被各方采信的情况。第三个困难是著作权贬值额的确定没有成熟、公认的标准，容易引起各方质疑。因此，成本法并不是著作权评估首选方法。

思考题

1. 著作权资产的特点是什么？
2. 著作权资产的价值影响因素是什么？
3. 用收益法进行著作权评估时应注意的关键点有哪些？
4. 著作权资产的主要成本有哪些？

第七章 其他无形资产评估

【学习目的与要求】

通过本章的学习，了解商誉、人力资本、合同类无形资产以及客户类无形资产的评估特点，熟悉这些无形资产评估程序，掌握这些无形资产评估对象的界定要求，掌握三种评估方法应用于其他无形资产的技术要点。

随着社会经济发展和人们对无形资产认知的深入，无形资产的内涵和外延也在不断变化，无形资产的类型也是动态发展的。除了传统的经典无形资产，如与技术、艺术相关的无形资产，商标与商号等标识类无形资产，以及各种权利类无形资产，一些新型无形资产正逐步从商誉中分离出来，在大量经济活动中被确定为可确指无形资产独立进行评估。本章将结合理论与实践中的最新发展，探讨商誉、人力资本、合同权益等新型无形资产的价值评估问题。

第一节 商誉评估

一、商誉概述

关于商誉的解释，通常可以分为会计学和经济学两大类①。经济学视角更强调商誉的价值内涵和价值来源，而会计学领域则重视商誉的确认和计量。在资产评估中，评估人员应当重视从经济学视角分析商誉价值产生和存在的基础，但从操作上讲，又应当与会计实

① 罗伯特·F. 赖利、罗伯特·P. 施韦斯著，俞兴保译：《无形资产评估》，中国大百科全书出版社 2001 年版，第 315 页。

践紧密结合。本节首先介绍相关准则关于商誉的界定，讨论商誉价值构成要素和分类，然后讨论商誉价值评估涉及的相关问题，最后演示一个商誉价值评估的案例。

（一）商誉的定义

根据国际评估准则委员会（IVSB）2011 年发布的国际评估准则（IVS）——《无形资产评估准则》（IVS210），“任何与企业或资产组相联系的，且不可辨认的无形资产通称为商誉”。该准则指出，在计量上，商誉的价值是从企业价值中扣除所有可辨认的有形资产、无形资产与货币资产，以及调整后的实际或潜在负债的价值后剩余的金额。中国资产评估协会发布的《资产评估准则——无形资产（2009）》中指出：“不可辨认的无形资产是指商誉。”

英国《第 22 号标准会计惯例公告》（SSAP22）《商誉会计》中将商誉定义为：“企业的总体价值与企业可分离净资产公允价值总额之差。”澳大利亚《第 18 号会计准则公告》（SAS18）将商誉定义为：“不可辨认资产所能带来的未来利益。”

上述准则对商誉的定义是从能给企业带来的经济利益和不可辨认性角度进行界定的。另外一些会计准则对商誉的界定，仅限于企业并购活动。美国会计准则委员会《第 17 号意见书》（APB Opinion No. 17）中将商誉定义为：“收购方购买公司的成本超过被收购企业可辨认净资产价值的差额。”《国际财务报告准则》（IFRS 3）中，认为商誉是“企业并购中买方支付的收购价格与被收购方的可辨认净资产的公允价值之间的差额”。中国财政部颁布的《企业会计准则第 20 号——企业合并》规定：“购买方对合并成本大于合并中取得的被购买方可辨认净资产公允价值份额的差额，应当确认为商誉。”这种把商誉仅限定于企业并购活动是基于会计计量和确认原则，仅考虑了企业外购商誉的确认，而不考虑企业自创商誉。中国财政部颁布的《企业会计准则第 6 号——无形资产》也明确规定，企业自创商誉不应确认为无形资产。《国际评估准则》中关于商誉的定义，并不把商誉的存在与企业特定活动相关联，而是强调商誉是与企业或企业资产组关联的一类无形资产，不论其是外购的，还是企业自创的。

（二）商誉价值的来源

虽然在会计和评估准则中通常从企业价值与可确指资产价值的差额角度来进行商誉价值的计量，但是评估人员还应当从经济学角度理解商誉的价值内涵。企业商誉的价值是其拥有的不可确指的可预期的未来超额收益能力的资本化价值。评估人员在评估商誉价值时，应当关注企业未来超额收益能力的来源。《国际评估准则（2011）》指出，商誉是产生于企业、企业权益或不可分离的资产组的未来经济利益，这些经济利益包括：企业合并产生的协同效应，例如，经营成本的降低或其他资产价值中没有反映的规模经济；增长机遇，例如，在不同市场的扩张；组织资本，例如，产生于集合网络的利益。

国际会计准则委员会（IASC）在 1998 年修订的《第 22 号国际会计准则》（IAS 22）《企业并购》中指出：“购买企业时产生的商誉所代表的是购买企业指望取得未来经济利益而发生的支出。该项经济利益可能由于购买的可辨认资产的协同作用而形成，也可能形成于某些资产，这些资产在单个考虑时并不符合财务报表中加以确认的标准，而购买企业却准备在购买企业时为之发生支出。”

中国《资产评估准则——无形资产》释义指出：“企业由于拥有有利条件，或历史悠久积累了从事本业的丰富经验，或产品质量优异，或组织得当、服务周到以及生产经营效率较高等综合性因素，使企业在同行业中处于较为优越的地位，因而在客户中享有良好声誉，并具有获得超额收益的能力。这种能力的价值便是商誉的价值。”①

由于商誉价值来源的复杂性，因而一直受到理论与实务界的关注。美国财务会计准则委员会（FASB）提出了商誉构成要素的概念，认为商誉的价值有六个来源：①被收购企业净资产在收购日的公允价值大于其账面价值的差额；②被收购企业未确认的其他净资产的公允价值；③被收购企业存续业务“持续经营”价值；④收购企业与被收购企业净资产和业务结合的预期协同效应的公允价值；⑤收购企业由于计量收购报价的错误而多计量的金额；⑥收购企业多支付或少支付的金额。其中，来源③反映了被收购企业净资产的“超额组合价值”，表示被收购企业事先存在的自创商誉或以前从企业兼并中收购的商誉；来源④与收购方和被收购的结合有关，反映了由于合并而创造的“超额组合价值”，即收购方和被收购企业经营结合所产生的协同效应。上述两种来源的价值属于“核心商誉”。刘德运等总结了国内外会计学界对商誉构成要素的不同观点，这些观点归纳起来，认为商誉的价值通常来源于以下因素：优越的地理位置、悠久的历史、良好的社会关系、管理者和员工素质、顾客关系、组织和管理能力、社会形象和信誉等②。这些商誉构成要素的分析，反映了企业拥有的对其盈利能力有所贡献、但又无法单独确认为可辨认无形资产的经营要素。评估人员在分析企业的商誉价值时，应当关注企业是否存在这些影响企业商誉价值的要素。

（三）商誉的特点

1. 商誉的依附性

企业的商誉是企业所有资产共同起作用的结果，离开了企业（包括可确指的有形资产和无形资产），也就无商誉可言。商誉也不像商标权、专利权、特许权那样可与企业分离而独立存在，且分离后不影响其使用价值。因此，必须把商誉看成是一种组合无形资产，并且只有在企业继续经营的条件下，企业的商誉才有价值，如不继续经营下去，企业的商誉没有价值。

2. 商誉的累积性

企业的商誉不是一天形成的，而是企业长期经营管理的结果。一个企业在长期经营中形成一种自己的独具特色的经营管理方式，这种独特的经营管理方式必然会在社会上形成一种形象，使顾客和用户产生信任和好感，企业因此取得比同行一般企业高得多的收益。

3. 商誉的持续性与不确定性

商誉的存续依赖于企业的持续经营。就商誉自身寿命而言，除了受到企业存续状态的限制，其寿命周期具有不确定性。企业良好的商誉能够长期存在，没有法定的时间限制

---

① 中国注册会计师协会：《资产评估准则——无形资产释义》，经济科学出版社 2002 年版。

② 刘德运：《无形资产评估》，中国财政经济出版社 2010 年版，第 413 页。

性。虽然良好的商誉能够长期持续存在，但评估人员也应当注意商誉的高度不确定性，企业经营不善可能导致长期持续累积的商誉毁于一旦。如三鹿集团因为“三聚氰胺事件”而破产，企业长期经营过程中形成的商誉也随之消散。

4. 商誉的动态性

商誉是不可确指的无形资产，但可确指和不可确指是相对的，从而商誉的内涵是动态的。随着人们观念的转变、分析计量技术的进步以及法制的不断完善，过去可能属于不可确指的无形资产，现在可能变为可确指的无形资产。例如，能为企业带来超额收益的先进技术、秘密配方、品牌等，随着知识产权制度的完善，逐步形成了专利权、商标权、专有技术和计算机软件（版权）等，这些知识产权逐步从商誉中独立出来，成为可确指的无形资产。现在仍然保留在商誉之中的不可确指无形资产，不久的将来也许也会成为可确指的无形资产而独立出来。但无论如何，商誉这种不可确指的无形资产不会在无形资产领域消失。这是由于科学技术的进步会有越来越多的新的无形资产形成，而这些无形资产不可能全部确指，因为管理中许多复杂因素难以明确确指。

二、商誉价值评估的准备工作

（一）商誉评估目的与范围的确定

实施商誉评估与分析的目的很多，不同的评估目的和分析，可能会限定商誉评估或分析所适用的环境条件。国际评估准则委员会发布的《无形资产评估准则》（IVS210）特别指出，在特定的财务报告或税收制度下，对商誉概念的定义是不同的，当基于这些目的实施商誉价值评估时，应当注意反映这些差异。因此，在实施商誉价值评估时，首先需要明确评估商誉价值的原因①。根据评估实务和相关会计准则的规定，可以把商誉价值评估和分析的原因分为以下几类：

1. 以企业会计确认和计量为目的的评估

以企业会计确认和计量为目的的评估通常发生在企业合并活动中，对合并形成的商誉的价值进行确认和分摊，以及合并后的减值测试。由于企业合并后的价值分摊会影响企业的税收和每股盈余，因此需要仔细分析商誉的价值来源，准确地把企业可确指资产从合并对价分离出来确认为单项资产，从而最后确定合并产生的商誉价值。企业合并后，根据我国会计准则的规定，商誉价值不需要摊销，但每年要进行减值测试，通过评估商誉价值来确定其是否减值，以及减值的数额。

2. 税务目的的评估

企业经营活动中经常会涉及纳税问题。国家的税收法规对不同的资产、不同的经营活动制定相关的纳税条款。不论是同一控制下的公司之间的企业权益转让、企业性质的变化，还是企业资产或权益交易过程中的税收问题，都需要考虑企业商誉价值变化的税收影响。

3. 商誉损害分析目的的评估

① 罗伯特·F. 赖利和罗伯特·P. 施韦斯分析了商誉价值评估的十余种原因，详见罗伯特·F. 赖利、罗伯特·P. 施韦斯著，俞兴保译：《无形资产评估》，中国大百科全书出版社 2001 年版，第 317～319 页。

当一个企业或专业机构由于他人的诋毁和破坏行为而使其声誉、信用或企业形象受到损害时，衡量损害的方法之一就是依据这种行为对公司商誉价值造成的贬损程度；当企业因罚没、征用或政府行为而使企业权益受到损害时，商誉的价值评估是损害分析中一项非常关键的评估项目。这类评估是通过对破坏行为发生前后企业商誉价值的比较来进行的①。

4. 企业经营决策目的的评估

企业制定经营决策过程中，经常会遇到需要了解企业商誉价值的情形，如企业进行偿债能力的测试、破产还是重组的决策等。企业在融资或财务重组过程中，需要特别关注企业的偿债能力，以检验借款企业是否存在欺诈，因而需要对其商誉价值进行评估，以确定公司是否存在资不抵债。在确定企业是否值得重组时，在分析企业可辨认资产价值的基础上，分析企业商誉的价值对选择破产还是重组的决策具有重要意义。

在实践中，进行商誉价值评估的原因除了上述常见的原因外，可能还有很多。评估人员应当根据具体的经济行为，明确评估目的，从而清楚商誉价值评估的目标和所依赖的约束条件。

（二）商誉评估的信息资料搜集与准备工作

任何一项资产评估都需做信息资料搜集与准备工作，商誉评估也不例外。评估人员在进行商誉评估之前，应当对与企业商誉相关的信息资料进行搜集并做好以下准备工作：

（1）调查核实企业的可辨认的有形资产和无形资产的存续情况和运用情况，包括营运资本、不动产、有形资产和各类无形资产的详细清单，以及这些可辨认资产在企业中发挥的作用程度。如果这些资产已有评估记录，需要搜集各类资产最近的评估资料。

（2）搜集企业过去的经营状况和未来经营成果预测资料，包括各种财务报表数据、现行的预算、计划、预测和为其他目的编制的项目计划等。

（3）分析企业盈利能力以及影响其盈利能力的因素，分析它们对企业预期收益的影响。

（4）搜集行业同类企业的经营财务数据，确定企业在行业中的地位和经营水平。

（5）利用行业比较或其他方法，检验分析企业的历史及现在是否存在超额收益，验证企业商誉的存在性。

（6）研究评估商誉价值的标准和方法，制定相应的评估程序。

三、商誉评估方法

由于商誉的不可确指性及构成要素的多样性，国际评估界很少采用成本法和市场法评估商誉价值，一般采用收益法对商誉进行评估。在商誉价值评估实践中，在收益法中两种最常用的具体评估方法是割差法（也称“企业剩余价值法”）和超额收益法。

---

① 罗伯特·F. 赖利、罗伯特·P. 施韦斯著，俞兴保译：《无形资产评估》，中国大百科全书出版社 2001 年版，第 317 页。

（一）割差法

割差法的思路就是将企业的总体价值减去可确指的各单项资产的价值，其差额就是商誉的价值。其基本公式是：

商誉的评估值＝企业整体资产评估值－企业的各单项可确指资产评估值之和（含可确指无形资产）

企业整体资产评估值可以通过多种途径和方法进行评估，如现金流量折现法、市场法和资产加和法等。这里需注意的是：企业的整体资产评估值是企业全部资产组合成一体所具有的价值。企业的各项可确指资产，包括有形资产和可确指无形资产，其评估价值是指其独立续用的贡献价值或独立转让价值。在不同企业中，由于各项可确指资产不同的组合，处于不同的使用情况和管理水平之下的运行效果不同，导致其组合而成的企业整体价值不同。各种单项资产组合后产生的超过各项单项资产价值之和的价值，即为商誉的价值。

（二）超额收益法

超额收益法是指对目标企业获取的超额经济收益进行本金化或者折现而得到商誉价值的一种评估具体方法。在实际评估中，根据被评估企业的具体情况不同又可分为超额收益资本化法和超额收益折现法。

1. 超额收益资本化法

超额收益资本化法是把被评估企业的超额收益进行资本化还原来确定该企业商誉价值的一种方法，它适用于经营状况一直较好、超额收益比较稳定的企业。超额收益资本化法的计算公式为：

$$\text{商誉的价值}=\frac{\text{企业预期年收益额}-\text{行业平均收益率}\times\text{该企业的单项资产评估值之和}}{\text{适用的资本化率}} \qquad (\text{式}7-1)$$

$$\text{或}=\frac{\text{被评估企业单项资产评估价值之和}\times\left(\text{被评估企业预期收益率}-\text{行业平均收益率}\right)}{\text{适用的资本化率}} \qquad (\text{式}7-2)$$

式中：

$$\text{被评估企业预期收益率}=\frac{\text{企业预期年收益额}}{\text{企业的单项资产评估价值之和}}\times100\% \qquad (\text{式}7-3)$$

2. 超额收益折现法

超额收益折现法是把企业可预测的若干年预期超额收益进行折现来确定为企业商誉价值的一种方法。其计算公式为：

$$\text{商誉的价值}=\sum_{i=1}^{n}\frac{R_i}{(1+r)^i} \qquad (\text{式}7-4)$$

式中：R_i 为第 i 年企业预期超额收益；r 为折现率；n 为收益年限。

超额收益折现法适用于评估超额收益只能维持有限期的企业。

四、商誉价值评估中应注意的问题

（一）关于商誉的确认

商誉只存在那些长期具有超额收益的企业之中，这种超额收益应具有一定的稳定性。对那些偶然的超额收益，不应确认为由商誉带来的。确认一个企业是否存在商誉，不能按会计学中根据企业并购中实际支付的价格与被并购企业公允市场价值的差额来确定，而应对企业各种能带来超额利润的因素进行具体分析，并与同行业企业相比较，看其具备哪些有利条件，这些有利条件的稳定性如何。

（二）关于评估方法和评估技术参数的选择

由于影响商誉价值的因素众多，商誉未来的收益能力具有很大的不确定性，因此，在选择商誉的评估方法和技术参数时，应当注意商誉存续年限和商誉存续期间对应的风险因素。

（1）对商誉服务期限的选择。目前的商誉一般应在未来数年内逐渐消耗殆尽，故其收益年限不应太长（也有特殊情况下可认为商誉具有无限期的收益年限）。对企业超额盈利能力持续的期限，从 Stephan H. Penman（1991）的实证研究中可以发现一些代表性的规律。Penman 在其研究中，把所选择的企业按其在 1969—1985 年间的净资产收益率（ROE）分成规模相等的 20 组，再计算其后 15 年的净资产收益率，结果如图 7 - 1 所示[①]。

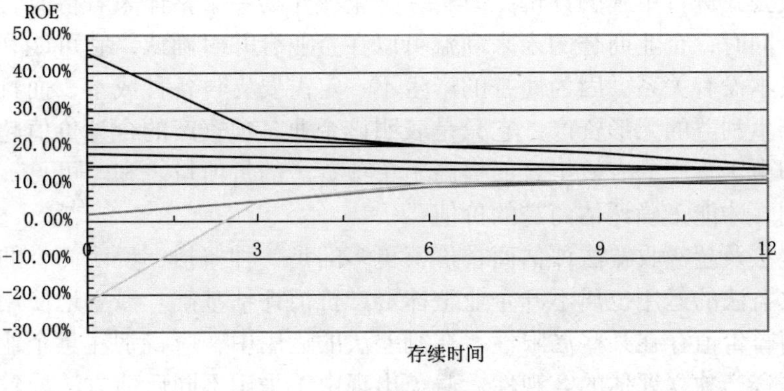

图 7 - 1

从 Penman 的研究结果可以发现，企业目前的超额盈利能力可在未来大约 5 年的时间里得以保持，随后慢慢趋向于市场平均值。在实际评估中，以 5 年为限来衡量企业的商誉不失为一种较为合理的选择，但同时也应结合企业的具体情况进行适当调整。

（2）要选择适当的折现率或资本化率。折现率或资本化率是资产获得未来收益所面临的风险的反映。评估人员通常选择行业平均利润率作为适当的折现率或资本化率，这并

① 于越冬："人力资本与企业商誉的经济实质"，《会计研究》，2000 年第 2 期。

不是最佳的选择。因为当行业平均利润率高于市场平均利润率时，该行业单位净资产所获平均利润大于市场平均值。这种整个行业的平均盈利能力仍然不可单独辨认，无法脱离行业出售，因而仍应归结为商誉的范畴。从理论上讲，用市场平均利润率作为折现率或资本化率可能更合适。

（三）关于企业负债、负债规模与企业商誉

有观点认为，企业负债累累就不具有商誉。这种认识是偏颇的。市场经济条件下，负债经营是企业融资策略之一。从财务学原理分析，企业负债不影响资产收益率，而影响投资者收益率，即资本金收益率。资本金收益率与资产收益率的关系可以表述为：

资本金收益率 = 资产收益率/（1 – 资产负债率） （式 7 – 5）

在资产收益率一定且超过负债资金成本的条件下，增大负债比率，可以增加资本金收益率，并不直接影响资产收益率。资产收益率高低受制于投资方向、规模以及投资过程中的组织管理措施。商誉评估值取决于预期资产收益率，而非资本金收益率。当然，资产负债率应保持一定限度，负债比例增大会增加企业风险，最终会对资产收益率产生影响。评估商誉时应有所考虑，但不能因此得出负债企业就没有商誉的结论。

（四）关于商誉评估与企业整体价值评估的关系①

商誉的评估离不开企业整体资产评估。一方面，企业的商誉不能离开整体的企业而单独存在，也不能与企业可确指的各项资产分开出售；另一方面，形成商誉的个别因素不能用任何方法或公式进行单独的计价，只有在把企业作为一个整体来看待时，其价值能按总额加以确定。同时，企业商誉的未来利益可以在企业合并时确认，它可能和建立商誉过程中所发生的成本没有关系。因为商誉的产生不一定需要支付各种成本，而且商誉本身也不是一项单独产生利益的无形资产，它只是表明该企业各项资产的合计价值超过了其个别价值的总和，即由于资产的有机组合而提高了单项资产的价值量之和。可见，只有利用整体资产评估原则，才能正确评估商誉的价值。

采用割差法及超额收益法评估商誉价值更多的是一种概括，说明商誉的形成来源。割差法及超额收益法的运用也离不开企业整体资产价值评估基础。孤立地使用割差法及超额收益法评估商誉价值存在某些局限性。在割差法的运用中，应特别注意企业整体资产价值评估和各单项资产独立评估的客观性，避免出现由于采用不同评估方法导致的误差，使得割差后的价值无法反映商誉的真正内涵价值。运用超额收益法时，应当清楚，超额收益法通常是假定被评估企业的其他资产按行业平均收益率来确定其收益水平，但行业平均收益率可能已包含了其他企业的商誉的回报，在实践中无法剔除该因素，因而有可能低估被评估企业的商誉价值。

---

① 于鸿君：《资产评估教程》，北京大学出版社 2006 年版，第 228 ~ 229 页。

五、商誉评估案例

委托方：A 公司
评估对象：A 公司商誉
评估目的：A 公司股份制改造
评估基准日：2008 年 7 月 31 日
评估方法：割差法

在实施了对 A 公司提供的法律性文件与会计记录以及相关资料的验证审核后，评估按公认的产权界定原则对 A 公司提交的资产清单进行了必要的产权验证及对资产实地察看与核对。在进行了必要的市场调查和交易价格比较的基础上，对 A 公司所指定的全部资产在 2008 年 7 月 31 日所表现的市场价值从总体上做出客观、公允的评估意见，继而对公司的商誉做出公允的判断。

（一）评估方法

首先，运用收益法对 A 公司的全部资产进行评估，然后扣除用重置成本法或现行市价法评出的 A 公司的各项有形资产及可确指的无形资产，其剩余额即可判断为 A 公司商誉之价格，此方法即为割差法。

收益法是指通过估算被评估资产的未来预期收益并折算成现值，借以确定被评估资产价格的一种资产评估方法，其基本步骤如下：

（1）确定被评估资产的未来收益期。根据 A 公司主要生产设备的运行周期，我们确定 A 公司的被评估资产的未来预期收益期为 10 年。

（2）对未来收益做出预测。对未来收益，即未来现金流量（包括未来营业利润、未来提取的折旧额、收益期末预期固定资产残值及目前营运流动资金的预期回收数）做出预测。其具体步骤如下：

第一步：A 公司的产品主要有 X、Y 两种，产品系工业品的最主要原料。根据 A 公司利润表提供的最近 5 年产品销售量资料及全国工业品及产品销售市场预测，运用移动加权平均法和指数法确定未来销售量；根据 A 公司提供的最近 5 年产品销售价格资料、未来市场供需关系、通货膨胀及原材料价格的预测，运用移动加权平均法与指数法确定未来销售价格；根据目前 A 公司销售税费的平均负担率及未来国家税制改革的趋向，确定未来销售税率。据此，编制未来 3 年销售收入和税金预测表。

第二步：根据 A 公司主要产品单位产品成本表和有关消耗定额统计表提供的直接材料、燃料及动力的单位消耗及单位价格的历史资料，并考虑企业技术改造和降低消耗、未来市场价格变动、中国加入 WTO 后进出口关税税率的变化等因素的影响，运用回归分析法和指数调整法确定未来产品直接材料和燃料动力的单位成本，据以编制未来 3 年产品直接材料、燃料动力单位成本预测表；根据 A 公司主要产品单位产品成本表和车间经费及企业管理费明细表提供的工资费用、车间经费的历史资料，按股份制试点企业会计制度的要求做一定的调整后，运用指数调整法和移动加权平均法确定直接人工和制造费用的单位成本。据此编制未来 3 年生产成本预测表。

第三步：根据A公司车间经费和企业管理费明细表、银行借款明细表提供的企业管理费、销售费用和银行贷款余额的历史资料，按财政部发布的股份制试点企业会计制度的要求做一定的调整后，考虑未来企业管理费用和销售费用的变化趋势，运用移动加权平均法和指数调整法，确定未来3年管理费用、销售费用和财务费用，据以编制未来3年管理费用、销售费用和财务费用预测表。

第四步：运用以上销售收入及税金预测表，生产成本预测表，管理费用、销售费用和财务费用预测表提供的数据，并根据该公司利润表提供的其他业务利润的历史资料，运用指数调整法确定未来3年其他业务利润，据以编制未来3年营业利润预测表。

第五步：在未来3年营业利润的基础上，运用移动加权平均法和指数调整法，综合确定未来10年收益期的营业利润。

第六步：根据A公司资金平衡表及有关固定资产分类账提供的扣除生活性固定资产部分后的固定资产原值和净值资料，运用直线法确定未来10年的预期平均年折旧额和10年后的预计固定资产残值。

第七步：将A公司2007年资金平衡表提供的自有流动资金数作为10年后流动资金残值数。

（3）综合考虑同行业平均资金利润率、社会资金最低平均收益率确定收益现值法的折现率。在A公司收益法评估中，采用8.5%的折现率。

（4）根据上述现金流量预测和所确定的折现率，编制A公司未来10年现金流量预测及收益现值法资产评估表。（考虑到A公司中由银行借款利息支出和汇兑损失构成的财务费用有其历史原因，因而，扣除财务费用的未来3年的营业利润并不能准确反映其实际资产的收益水平，所以，在确定现金流量时，将营业利润加上财务费用形成现金流量中的利润数。）

（二）评估结果

在实施了上述资产评估程序和方法后，得出A公司于改组成股份有限公司之日的全部资产的收益法评估值，扣除根据重置成本法及现行市价法评出的有形资产及可确指的无形资产评估值，可以评估出A公司的商誉在2008年7月30日的市场价值为3 250万元（取整），如表7-1所示。

表7-1　　A公司商誉评估汇总表　　单位：万元

评估内容	数　值
收益法评估全部资产总值	141 442
有形资产及可确指无形资产评估值	138 191
A公司商誉评估值	3 251

第二节

人力资本类无形资产价值评估

一、人力资本类无形资产概述

（一）人力资源、人力资本及人力资本类无形资产的概念

在对人力资本类无形资产进行评估前，要先理解人力资源、人力资本及人力资本类无形资产的区别与联系。三者是含义不同的概念，它们之间既有一定的区别，又有着密切的联系。

就人力资源来看，对于整个社会，它是指其中全体人口所拥有的劳动能力的集合，受社会的政治、经济、文化和心理等各种因素的制约，并反过来对上述诸因素施加至关重要的影响。对于一个企业而言，它仅指其所拥有或控制的、在一定时期内可以使用的全体人口的劳动能力。人力资源属静态的概念范畴。

人力资本所强调的是人力资源在生产过程中的使用，需要从动态的意义上加以理解。当人力资源用以作为赚取利润的手段时，即被赋予了人力资本的内涵。同时，由于人力资本“不可分割地属于其载体”[①]（周其仁），所以，人力资本的所有者只能是其所依附的人。

根据获得广泛认同的美国财务会计准则委员会的第6号《财务会计概念公报》中下的定义，“资产是特定个体由于过去已发生的交易或事项而拥有或控制的可以用于提供未来经济利益的经济资源”。人力资本在本质上符合会计上“资产”要素的内涵，是企业的一项可单独确认的资产。同时，它不同于企业的有形资产，具有无形资产的一般属性，应归入无形资产，形成企业的人力资本类无形资产。可见，人力资本类无形资产是指企业所拥有或控制的，可望给企业带来未来经济利益的人力资本。虽然我国人力资源会计研究有了较大发展，但目前我国会计准则还没有对人力资本类无形资产进行确认。然而，随着知识经济的发展，人力资本资产在企业经营中发挥着越来越重要的作用，尤其是高新技术企业，人力资本类无形资产在其资产中占有很大比重。要准确评估企业的价值，必须正确揭示这些企业所拥有的人力资本类无形资产的价值。

（二）人力资本类无形资产及其特点

人力资本能否作为企业的一项资产是目前引起广泛争论的一个问题。从人力资源会计的发展及知识经济的兴起来看，人力资本不仅是企业的一项资产，而且是最重要的资产。人力资本可以确认为企业的一项无形资产，是基于以下理由：

（1）人力资本符合无形资产的定义。国际会计准则委员会1998年10月1日发布的

---

① 周其仁：《市场里的企业：一个人力资本与非人力资本的特别合约》，《经济研究》，1996年第6期。

《国际会计准则第38号——无形资产》，将无形资产定义为："用于商品或劳务的生产或供应、出租给他单位或管理目的而持有的、没有实物形态的、可辨认的非货币资产。"我国《企业会计准则》的定义是："资产是企业所拥有或者控制的能以货币计量的经济资源，包括各种财产、债权和其他权利。"人力资本在本质上符合无形资产的内涵，可确认为企业一项资产。首先，人力资本能够创造出大于其自身的新价值，会给企业带来经济效益，即能够"提供未来经济利益"；其次，企业通过契约等形式取得或控制了人力资本的使用权，满足为特定主体所"拥有或控制"；最后，人力资本的取得和其他资产的取得一样，必须花费相应的成本。

（2）从商誉及其他无形资产的确认过程来看，人力资本单独确认为一项资产具有可行性。早期的商誉是用以记录在企业交易过程中实际交易价格与企业账面价格的差额，它所代表的是企业有形资产之外的所有无形资产。进入20世纪后，随着知识得到法律的认可并受到保护，专利权、商标权、著作权、专有技术等一系列无形资产要素得到辨认并从原先笼统的"商誉"概念中剥离出来。由此可见，资产要素随着环境的变化，内容不断变化，范围不断扩大。在人力资源能够得到广泛关注并单独确认之前，人力资本往往被看成是形成商誉的一个要素，其价值被（模糊地）揉入到商誉的确认与计量中。随着人力资源会计的发展，有必要从商誉中分离出人力资本单独确认。

（3）按照得到普遍接受的商誉计量理论之一——商誉是未来预期的超额盈利的折现值，而根据美国注册会计师协会（AICPA）的会计研究论文集第10号（ARS. No.10）"商誉会计"列举的形成企业超额盈利能力的15项要素中，其中有一半以上与人力资本有着直接或间接的关系。商誉与人力资本之间存在着诸多联系从一个侧面佐证了两者之间存在着某些同质性，人力资本类似于商誉，是企业的一项无形资产。

（4）随着知识经济的兴起，作为创造知识主体的人力资本在企业中具有越来越重要的地位。知识的创新、知识资本的增长，很大程度上取决于人力资本的能动性、智力性及创造性的发挥。人力资本是企业获得竞争优势，赚取超额利润的根本。微软（中国）区人力资源总监张铭称："在微软只有两种财富是最宝贵的：一是微软的知识产权，另外则是微软的人力资本。"①

（5）现实经济中出现了大量人力资本同其他资产一样参与分配的实例。如我国南京联创公司已将人力资本作价186万元（占总股份的23.3%）入股，有效地体现了人力资本的价值；还有体育产业中球员的转会定价等。现实中的这些实证案例不仅对人力资本确认为企业一项资产提出了现实要求，而且也为把人力资本确认为企业一项资产提供了实证依据。

人力资本作为企业的一项无形资产，除了有一般无形资产的特点外，还具有其自身的特殊性。其主要表现为：

第一，与其所有者的不可分离性。人力资本的一个显著特性是其"不可分割地属于其载体"。对此，美国著名经济学家西奥多·W. 舒尔茨也指出："人力资本的显著标志是它属于人的一部分"，"没有人能把他同他所拥有的人力资本分开，他必将始终带着自己

① 张东生：《人力资本为微软铺路》，《21世纪经济报道》，2001年10月1日。

的人力资本，无论这笔资产用于生产还是用于消费。"①

第二，能动的创造性。人力资产与企业其他资产相比，其最大的特性是人的能动创造性。人在处理问题时，主观上都存在着积极与消极、作为与不作为的选择。这便导致企业对于人力资源控制的不完全性，企业可以通过一纸合同强制职员"在职"，却无法保证其"尽职"。同时，这种能动的创造性也是企业能获得超额收益的源泉。

第三，非同质性。由于每个人的个人禀赋是有差异的，人们的接受能力、完成工作的能力以及创造力等都不同，这就导致人力资本在使用中会发挥不同的作用，其价值有很大的差别。

第四，社会性。人力资本的物质载体是人本身，而人生存于特定的社会环境中，受各种社会条件制约，因而人力资本的变化，除受各种经济条件和人类生育条件的明显约束外，主要受社会条件和特定生产方式的制约，使人力资本具有鲜明的社会属性。

（三）人力资本类无形资产的分类

由于个人禀赋的差异使人力资本具有非同质性，根据一般能力、完成特定工作的能力、组织管理能力及资源配置能力的不对称分布，人力资本类无形资产可分为以下几种：

1. 训练有素的集合劳动力

对很多公司而言，训练有素的集合劳动力是一项价值很高的无形资产。这类训练有素的集合劳动力具有社会平均的知识存量和一般能力水平，就其接受教育的程度来看，一般是趋同的。现代经济学一般认为，对这种生产型的集合劳动力，其能力和努力程度一般置于一种基本的可观测状态，大致可以认为是一种公开的信息。在传统经济学中，这些劳动力是作为一项生产要素投入，其价值在当期由支付的工资得到补偿，被视为可变成本。根据经济学的市场价格均衡原理，由于生产型人力资本的可观察性，因此，在一个有效的完全竞争市场里，这类人力资本的价值存在着一个基本的均衡状态，其价值通常采用按现行市价进行重置的成本来计量。

2. 经营管理型人力资本

经营管理型人力资本是指企业经营管理层人力资源及企业家才能。西方经济学把企业家才能同资本、土地和劳动并列为四大生产要素。在马克思的经济理论中，只有人力资本才创造剩余价值，但如果没有企业家及经营管理人员的成功参与，人力资本的剩余价值还只是一种潜在的可能。企业家及经营管理人员的介入可极大地改善企业对包括人力资源在内的各种资源的选择、占有、管理、开发和使用，使企业的潜能得到充分的发挥。

3. 技术研发型人力资本

企业技术研发类人力资本，既不同于企业生产型人资本那样从事简单性的生产劳动，也不像企业的经营管理型人力资本那样从事资源的整合，其价值体现在其创新能力，一方面不断增加企业的技术要素数量和质量，另一方面也保证了企业产出的技术优势和持续性。由于这类人力资本的作用具有后延特性，即他们对企业盈利能力的贡献需要较长时间才能显现，而且其努力程度也很难衡量，所以对其价值的确认也可采用与经营管理类人力

---

① 于越冬：《人力资本与企业商誉的经济实质》，《会计研究》，2000年第2期，第40页。

资本类似的方式，如用股票期权等方式衡量。

二、人力资本类无形资产评估方法

人力资本的评估通常有成本法和收益法。根据前面的分析，对不同类型的人力资本，应根据其特点选择相应的评估方法。

（一）成本法

运用成本法评估人力资本类无形资产，通常采用重置成本法评估训练有素的生产型集合劳动力的价值，因为这类人力资本类无形资产通常具有可替代性，其价值与取得成本相关性较强。重置一个集合劳动力的成本包括招聘、雇用和培训替代劳动力的费用。

招聘和雇用的费用一般包括下列几项：①在招聘替代员工过程中所支付的公司员工工资和福利；②在面试替代员工过程中所支付的公司员工工资和福利；③在招聘和雇用替代员工过程中所发生的与这些员工有关的管理成本；④直接招聘和雇用支出（广告费用和应聘人员的差旅费、住宿费、安家费等）。

培训费用一般包括下列几项：①在培训替代员工过程中所支付的公司员工工资和福利；②在培训替代员工过程中所发生的与这些员工有关的管理成本；③替代员工接受培训直至上岗期间的工资和福利；④直接培训支出。

在实际评估中，招聘、雇用和培训通常按照员工全部报酬的一定比例来估算。可以对企业员工按级别进行划分，然后按照员工的级别分别估计招聘、雇用和培训费用。最后，用不同级别员工的全部历史报酬分别乘以招聘、雇用和培训的估计成本比例，就可得出企业训练有素的集合劳动力的价值。这里需要注意的是：对员工全部历史报酬要按照劳动力市场现行市价进行适当的调整。

（二）收益法

用收益法对各种类型的人力资本价值进行评估，其依据是人力资本的价值是其预期能带来的超额收益资本化价值。罗伯特·F. 赖利和罗伯特·P. 施韦斯认为，由于估计企业每个员工创造的经济收益很困难，收益途径一般比成本途径更少用于评估集合劳动力人力资本。然而，从生产要素的角度来考察，人力资本与企业其他生产要素，如技术、资本、土地等一样，对企业的未来收益产生贡献，尤其是企业家人力资本，往往是企业获得超额收益的关键原因之一。因此，企业家价值是企业家通过对企业生产要素组合而产生的社会贡献的价值体现，与企业的收益直接联系。按照 LSLP 原则，企业家及经营管理人员的人力资本同其他生产要素一样，对企业的超额收益有贡献，应按其对企业获利能力的贡献确定其价值。超额收益分成法[①]就是根据企业收益贡献标准，在被评估企业家载体（企业）持续经营的情况下产生的预期收益，考虑折现因素，引入分成率的概念来确定企业家价值的一种评估方法。其评估模型为：

---

① 《无形资产研究——全国第二届无形资产理论与实务研讨会论文集》，中国财政经济出版社 2001 年版，第 464 页。

$$P = \beta \sum_{t=1}^{n} \frac{R_t}{(1+r)^t} \qquad (式7-6)$$

式中：P 为企业家价值评估值；β 为分成率，即企业家对企业收益的贡献程度；R_t 为第 t 年预期收益；r 为折现率；n 为经营年限。

运用此模型对企业家价值进行评估，难点在于分成率（企业家对未来收益的贡献程度）的确定。可以考虑在企业家对企业经营贡献的社会平均值基础上，通过对特定企业家综合素质的评价系数进行调整得到。其具体模型为：

$$\beta = \alpha \bar{V} \qquad (式7-7)$$

式中：β 为分成率；$\bar{V}$为企业家对企业经营贡献的社会平均值；α 为企业家综合素质评价系数。

（1）企业家对企业经营贡献的社会平均值（$\bar{V}$），可以按照生产要素贡献分成法确定。

（2）企业家综合素质评价系数（α），可以采用以下方法得到：

第一，构建企业家综合素质指标体系，通常包括企业能力素质、道德品质、资历等方面，并对每一方面设置二级评价指标。

第二，确定各级指标的评分等级和评分标准，例如，可设置满分为 100 分。

第三，确定各级指标权重。

第四，确定企业家素质综合评价值 Q。其计算公式为：

$$Q = \sum_{i=1}^{n} W_1 c_i \qquad (式7-8)$$

式中：W_1 为指标权重；c_i 为各指标评分。

第五，确定企业家综合素质评价系数 $\alpha = 0.5 + Q/100$ 。

（三）股票期权评估法

股票期权是对人力资本的一种激励方式，它赋予股票期权所有者在未来一定时期内，按某一特定履约价买进或卖出其所持股票的权利。对企业家、管理层人员及研发类技术人才等类型的人力资本来说，因为其能力及工作努力程度具有难以观察性，所以，通过股票期权激励可使其价值最大化。同时，这些股票期权的价值也体现了他们自身的价值。

企业家、管理层及技术研发类人力资本资产对企业的价值可认为是一种期权价值，它赋予企业物质资本所有者权利，在期权合约到期日当天按履约价格卖出某一特定数量的相关资产，这是一个虚拟过程。如果企业家经营企业资产在一定期间内其资产价值低于某一价值，这时资产所有者有权利要求人力资本所有者按某一履约价格接受这一资产，从而把风险转换给人力资本所有者（减少人力资本价值至 0 为止，甚至为负价值）。一般来说，人力资本所有者是看跌期权的卖出者，获得权利金（它相当于人力资本价值）①。这样，

① 李忠民：《人力资本——一个理论框架及其对中国一些问题的解释》，经济科学出版社 1999 年版，第 192 页。

人力资本的价值评估就是对这种期权的定价问题。根据布莱克—斯科尔斯期权定价模型①，所评估的人力资本资产在 T 期间对企业的价值为：

$$P = \{S[N(d_1) - 1] - Xe - rT[N(d_2) - 1]\} \cdot n \quad (式7-9)$$

式中：S 为当前股票价格；X 为到期日股票价格；N 为 T 期的企业股票数量；$N(d_1)$ 为 d_1 的正态分布积分函数。

$$d_1 = \frac{\ln(S/X) + (r + \sigma^2/2) \cdot T}{\sigma\sqrt{T}}; \ d_2 = d_1 - \sigma\sqrt{T};$$

$N(d_1) = \int_{-\infty}^{d_1} f(z)dz$，$f(z)$ 是标准正态分布函数。

式中：σ 为股票价格变动率的自然对数的标准差。

一般地说，对期间 T 可考虑不同行业及评估的对象分别取值为 5 ~ 10 年。

【例 7－1】 设某公司高级管理层拥有的总股票数为 10 000 万股，$n = 10\ 000$ 万股，$S = 8$ 元/股，$X = 9$ 元/股，$r = 7\%$，$\sigma = 10\%$。该高级管理层人力资本经营期为 8 年，即 $T = 8$ 年，则有：

$$d_1 = \frac{\ln(8/9) + (7\% + 0.01/2) \cdot 8}{0.1\sqrt{8}} = 1.704$$

$$d_2 = d_1 - 0.1\sqrt{8} = 1.704 - 0.287\ 8 = 1.422$$

$$N(d_1) = 0.955\ 4$$

$$N(d_2) = 0.922\ 2$$

$$\begin{aligned} P &= \{8 \times [0.955\ 4 - 1] - 9e^{-0.07\times8}[0.922\ 2 - 1]\} \times 10\ 000 \\ &= (-0.356\ 8 + 9 \times 0.571\ 2 \times 0.077\ 8) \times 10\ 000 \\ &= 0.043\ 16 \times 10\ 000 = 431.6\ (万元) \end{aligned}$$

因此，运用股票期权评估方法，该公司高级管理层人力资本价值为 430 万元（取整）。

三、人力资本类无形资产价值评估应注意的问题

（一）劳动力与企业之间的劳务协议对人力资本价值的影响

由于人力资本与其载体的不可分割性，企业只能拥有人力资本的使用控制权，所以企业对其控制的人力资本资产并不具有完全的占有权。企业通过与人力资本的所有者签订的劳务协议来实现对人力资本资产的控制。这些协议的内容及约束力对企业所拥有的人力资本资产价值有很大影响。

（二）人力资本类无形资产的分类评估

由于人力资本的异质性，不能笼统地把企业所拥有的人力资本资产作为一个整体加以评估。在实际评估中，可参照企业的岗位设置情况对人力资本资产加以分类，对不同类型的人力资本，根据其收益特性采用相应的评估方法。例如，一般的生产型人力资本可采用

---

① F. Black and M. Scholes, "*The Pricing of Options and Corporate Liability*", *Journal of Political Economy*, Vol. 81 p631 ~654.

成本法或未来工资收益折现法评估。对经营管理层及技术研发类人力资本可采用收益分成法或股票期权法评估。没有采取股份制的企业，可参照股份制企业的人力资本价值进行估算。

（三）人力资本资产的稳定性

由于人力资本和其载体不可分割，它会随着其载体的流动而流动。不同的行业，人力资本的流动速度并不一样，例如，高新技术企业，人员流动相对较为频繁；知识技能专用性较强的人员，其流动性则会相对较弱。在评估时，应考虑企业的行业特征、企业的人员流动频率、人员结构等因素。

（四）影响人力资本价值的其他因素

对企业人力资本资产价值产生影响的因素还有企业所属行业、所处的经济体制等。不同的行业或产业，其本身的行业收益率是有差别的。有时，受所处的经济体制影响，会抑制人力资本的价值。如我国过去实行的是低工资，就不能真实地反映人力资本的价值。在政企不分的情况下，企业的经营者没有决策权，也缺乏激励机制，使经营管理人员的价值无法实现，只能是一种潜在的价值，结果导致对企业人力资本价值的低估。在我国经济转轨时期，由于人力资本的价值实现存在体制障碍，导致人力资本价值贬值，造成国有企业人力资本大量流失。

四、人力资本类无形资产评估案例

由于目前国内对人力资本类无形资产的确认还存在较大争议，也缺少相关的成熟案例，因此本书参考美国学者罗伯特·F. 赖利、罗伯特·P. 施韦斯合著的《无形资产评估》一书中的案例进行改编，对人力资本类无形资产评估方法进行具体的介绍。本案例①是评估××企业训练有素的集合劳动力价值，评估基准日为2008年12月31日，采用成本法评估。

在运用成本法评估训练有素的集合劳动力的价值时，公司集合劳动力的价值基础是招聘、雇用和培训与目标员工具有相似经验和专长的新员工所有的成本。根据为不同级别和不同工作年限的员工支付的全部报酬的一定比例来评估该项成本。在案例中，随着员工级别升高，公司为其支付的报酬总额和该员工在公司内部的责任层次也随之增加。

进行成本估算之前，评估人员需要做以下基础工作：与相应的公司管理人员进行深入探讨，对公司历史上招聘、雇用和培训成本的调查分析；然后搜集公司员工的级别、工作年限及工资总额信息，并计算出每个员工的平均报酬额；最后，根据以上搜集的信息计算集合劳动力的价值。上述分析结果如表7－2所示。

---

① 罗伯特·F. 赖利、罗伯特·P. 施韦斯著，俞兴保译：《无形资产评估》，中国大百科全书出版社2001年版，第334页，引用时略有修改，相关数据不具有真实性，仅用于说明评估方法的运用。

表 7-2　　集合劳动力的重置成本法评估汇总表

（评估基准日：2008 年 12 月 31 日）

员工级别	员工在公司工作年限	目前的员工数量	报酬总额（元）	招聘、雇用和培训的估计历史成本比率	集合劳动力的价值（元）
1	小于 1 年	30	511 350	15%	76 703
1	1～3 年	44	806 960	25%	201 740
1	4～6 年	68	1 400 528	35%	490 185
1	7～9 年	50	1 127 650	45%	507 443
1	大于或等于 10 年	30	740 730	45%	333 329
合计		**222**	**4 587 218**		**1 609 400**
2	小于 1 年	70	1 543 920	35%	540 372
2	1～3 年	94	2 230 808	45%	1 003 864
2	4～6 年	104	2 771 704	55%	1 524 437
2	7～9 年	24	700 392	65%	455 255
2	大于或等于 10 年	50	1 597 500	65%	1 038 375
合计		**342**	**8 844 324**		**4 562 303**
3	小于 1 年	44	1 663 420	45%	748 539
3	1～3 年	68	2 766 104	55%	1 521 357
3	4～6 年	50	2 284 050	65%	1 484 633
3	7～9 年	24	1 200 504	75%	900 378
3	大于或等于 10 年	28	1 533 364	75%	1 150 023
合计		**214**	**9 447 442**		**5 804 930**
4	小于 1 年	22	1 145 232	65%	744 401
4	1～3 年	30	1 680 360	75%	1 260 270
4	4～6 年	42	2 767 884	85%	2 352 701
4	7～9 年	18	1 239 786	95%	1 177 797
4	大于或等于 10 年	20	1 508 140	95%	1 432 733
合计		**132**	**8 341 402**		**6 967 902**
总计		**910**	**31 220 386**		**18 944 535**

根据上述成本估算数据，招聘、雇用和培训公司劳动力的总成本，或者说是按照成本

途径重置成本法评估出××公司的集合劳动力在 2008 年 12 月 31 日的市场价值为 18 944 535 元，取整为 18 900 000 元。

第三节 合同类无形资产价值评估

一、合同类无形资产概述

合同是平等主体的自然人、法人、其他组织之间设立、变更、终止民事权利义务关系的协议。合同的要素主要包括：有法定资格的合同各方、标的物、合法的对价、双方的约定事项和各方应承担的义务。在市场经济条件下，企业或个人从事商业交易活动离不开签订各类合同。虽然从逻辑上讲，签署合同的双方都能认识到合同为各自带来的经济利益，并在双方利益均衡的基础上达成公平的协议，但合同签订后，履行合同的外部市场环境可能发生变化，从而对现有合同未来产生的经济利益形成正面或负面的影响，某一方产生了特别的经济收益或损失。因此，基于这些合同，就会形成签署合同当事人的一项特别的资产或负债。

合同类无形资产（Contract Intangibles）是归属于个人或企业通过具有法律效力的书面合同商定事项的结果所实现的权益①。合同类无形资产的价值取决于特定时间内对合同条款进行认定和分析基础上估计目标合同所表现的受益权益的价值。

二、影响合同类无形资产价值的因素分析

影响合同类无形资产价值的主要因素有以下几个方面：

（一）合同的订立成本

对合同的订立成本进行分析是合同类无形资产的重要影响因素之一。对合同的订立成本进行分析，需要对认定和评估合同签订方的可靠性，以及协商、起草并签订目标合同所耗费的总成本进行内部分析。这些成本包括：①直接成本，如有关员工的工作时间耗费、外部律师费用等实付费用；②间接成本，如分摊的管理费用，包括辅助员工工资和其他费用。

量化和证实订立一份合同所发生的成本存在一定难度，关键在于合同往往是在某一特定时间点上一组特定的市场条件、经济条件和特定企业因素的产物，对合同成本的分析要找到一个可提供可比收益的合同成本来替代特定合同的成本是有难度的。

---

① 罗伯特·F. 赖利、罗伯特·P. 施韦斯著，俞兴保译：《无形资产评估》，中国大百科全书出版社 2001 年版，第 256 页。

（二）合同的相关收益实现和确定

合同类无形资产的价值主要在于其能为企业提供的收益，对于买方型合同来说，合同收益来自于成本或费用的节约；对于卖方型合同来说，合同收益来自于收入的增加或利润的增加。实际上，如果能对合同的收益进行清晰的分析和判断，则合同类无形资产的价值基本上能予以确定。

（三）合同收益实现的风险问题

合同的订立一般来说都会有订金等对合同风险损失进行弥补的条款或措施。但合同类无形资产收益实现的风险问题不能等同于定金问题。大多数情况下，定金只能弥补企业因合同风险所造成损失的一部分。对于一些重要的合同，如销售合同或采购合同来说，这些合同收益实现的发现与企业经营的风险存在很大的一致性和相关性。

（四）合同的条款变更和展期问题

由于每一个特定合同所面对的具体经济环境、市场条件和企业因素都是不同的，因此在不同时期订立的同一类型的合同，其条款会发生变更，条款的变更会对合同的收益确定、风险估计等价值因素产生影响，从而对合同类无形资产的价值产生影响。同时，合同还存在一个能否持续签订的问题，这就涉及对合同展期的预测。

三、合同类无形资产评估准备工作

（一）合同类无形资产的确认

对合同类无形资产进行评估前，评估人员首先需要确认基于企业的哪些合同能够确认为合同类无形资产。一般来说，合同类无形资产可以按照产生无形资产价值的收益来源予以分类。通常，按经济上优惠的费率获得商品或劳务，或与被授予企业专有权相关，可分为买方型的合同类无形资产；按经济上获益的费率提供商品或劳务，或与确保企业的未来经济收益流量或与授予别人专有权利相关的合同，归入卖方型的合同类无形资产。

表7－3是以此分类为基础的合同类无形资产列示。

表7－3　　合同类无形资产列示表

合同名称	合同类别	受益特征
1. 租赁合同	买方	低于市场租赁费率
2. 分销协议	买方	存在优惠的分售权利
3. 劳动合同	买方	能确保劳动服务
4. 非竞争协议	买方	能保护市场或客户基础
5. 融资协议	买方	能获得优惠的融资
6. 保险合同	买方	能获得优惠的保险费率

续表

合同名称	合同类别	受益特征
7. 采购合同	买方	能获得低于市场成本或优惠条件
8. 采购（货物和服务）合同	买方	能获得低于市场成本或优惠条件
9. 经营和其他市场资质合同	买方	能有效控制市场份额
10. 技术类许可权合同	买方	能保护知识产权的使用
11. 特许经营权合同	卖方	能保护市场和产品
12. 技术类许可权合同	卖方	能保护知识产权的使用
13. 销售合同	卖方	能确保未来经济收益
14. 债权协议	卖方	能保证未来债权收益
15. 抵押协议	卖方	能维护抵押资产安全
16. 服务合同	卖方	能确保未来收益的稳定实现和客户关系

注：现实中的合同类型无法一一列举，上表仅列举了典型的能够产生特别经济利益的合同类别及其受益特征。

企业经营中存在各种合同，但并非所有的合同都能够作为确认合同类无形资产的基础。能否将某类合同权益单独确定为无形资产的关键取决于以下几点：

（1）该类合同能否为企业带来稳定的未来经济收益流量或存在相应权利；

（2）该类合同能否使企业以较优惠的条件采购商品或劳务，且能确定该类优惠与合同的签订条款具有直接的相关性；

（3）由该类合同导致的相关收益是可预期和可计量的；

（4）该类合同所导致的收益在企业整体的价值创造中是不可忽略的；

（5）该类合同所导致的收益并未被其他无形资产所涵盖。

（二）合同类无形资产信息资料的搜集

除了按照资产评估程序要求搜集的一般信息外，对合同类无形资产进行评估时，应当关注以下信息资料的搜集：

（1）企业现有合同的数量和类型，合同展期和提前终止的历史记录等。

（2）合同按类别统计的平均使用年限，以及企业违约索赔的相关诉讼历史。

（3）企业内部与合同执行有关的会计和财务信息，如历史的会计报表和预算等。

（4）合同文本及合同摘要，主要包括合同目的、定价或其他与合同基础有关的重要因素，合同签署的各方，合同生效日，合同期限以及展期选择等。

（5）与企业管理人员访谈了解影响合同类无形资产价值的主要因素，包括：①合同签订时以及当前的行业和市场经济条件对合同实施的特定影响；②合同签订时以及当前与签约人有关的特定公司环境；③合同形成的历史背景和续签程序；④其他签约人所提供的替代商品或服务及有关合同条款的信息。

（6）反映行业市场环境变化的相关信息。例如，公开出版物或行业信息中反映类似合同的定价信息和限制条款，如市场上类似合同涉及的费率等。

四、合同类无形资产的评估方法

从成本途径评估合同类无形资产的价值，需要评估重新签署类似合同的可能性，并对重置当前合同所耗费的总成本进行分析，包括合同协商、起草并签订目标合同的各项成本。实践中，由于一份合同通常是在某一时点上一组独特的、相互关联的市场条件和经济条件与特定公司因素的产物，因此，重置目标合同的条件可能已不具备。正是由于合同类无形资产的上述特性，使得难以通过成本法评估合同类无形资产价值。

由于合同通常具有保密性，因此常常缺乏足够的市场交易数据的支持，使得通过市场法估计合同类无形资产的价值存在困难。

合同类无形资产的价值反映了由于合同实施环境的变化所产生的特别收益的现值，因此，运用收益法分析评估该类无形资产的价值通常具有可行性。运用收益法评估合同类无形资产价值，可以对目标合同的剩余期间及合理展期内所获得的经济收益（成本节约或收益增加额）进行折现，来估算合同类无形资产价值。

运用收益法评估合同类无形资产，需要分析确定以下主要参数：

（1）享有特别经济收益的预期时限。这一时限不仅包含合同的剩余期间，还应当考虑合同能否展期的可能性，合理确定合同类无形资产的收益期限。

（2）合同类无形资产的预期经济收益。合同类无形资产预期经济收益的确定是建立在对合同的受益特征进行分析基础之上的。通过对合同类型和合同受益特征的分析，确定在合同实施条件变化的情况下，合同能够给其权益主体带来的成本节约或收益的增加额。

（3）合理的折现率。由于多数合同类无形资产产生于企业经营的正常运转过程中，因此可以合理地假设为投资的风险因素，并与实施合同的企业的加权平均资本成本对应的风险相比较，可用享有合同特别权益的企业的加权平均资本成本作为合同类无形资产的折现率。

五、评估案例

（一）案例概况①

一家汽车生产商（M 公司）和某汽车零配件公司（A 公司）之间签订一份供应商合同。该项评估的目的是：评估供应商合同中无条件继承权益的市场价值，作为用资产基础法估计 M 汽车公司 2011 年 12 月 31 日整体价值的一部分。

假设 M 公司有 30 年的经营历史，目前年收入是 25 亿美元，生产各种型号的载重车和乘用车，其产品市场销量国内领先。

假设 M 的现行所得税率是 25%。

---

① 本案例仅用于说明合同类无形资产评估的基本思路和方法，而不是严格按照相关准则的规定实施的评估。案例中相关参数的确定，仅根据案例需要进行设计和演示，而不是真实的评估数据。案例的编写参考了罗伯特·F. 赖利、罗伯特·P. 施韦斯所著《无形资产评估》中关于合同类无形资产评估的讨论。

经过仔细分析，与公司加权平均资本成本相关的折现率是 14%。

截止到评估日，A 公司在过去 10 年内为 M 供应的零部件平均是其所需该类零部件总量的 25%，且 A 公司是 M 公司近 20 年来的长期供应商。A 公司财务状况一直良好，在该行业中位居前列。M 公司鉴于 A 公司过去良好的供应信誉以及双方的合作关系，与 A 公司签订了 5 年期的长期供应合同。在评估过程中，适当实施了与资产基础法分析有关的程序，包括审核管理部门的合同摘要及与管理人员进行广泛交谈。通过这些程序的实施，完成了对 M 司与 A 司签订的优惠供应合同的认定。

（二）优惠的供应合同描述

通过对 M 司与 A 司签订的优惠供应合同进行了解和审核，该供应合同的基本情况如下：

合同展期日期（编号）：2009 年 9 月 30 日（3）

买方：M 公司

卖方：A 公司

产品：一种汽车内饰零部件

年度合同单价：15 万件以内，每件 480 美元；之后的 9 万件，每件 450 美元；超过 24 万件，每件 430 美元。

年度供应数量：每月至少 2 万件，每年至少 24 万件；每月最多 3 万件，每年最多 36 万件。

年度平均合同单价：假定按最低需求量，通常每件 470 美元；假定按最大需求量，通常每件 450 美元。年度成本按每年 2.5% 的比率逐步递增。

生效日：2010 年 1 月 1 日

到期日：2014 年 12 月 31 日

展期选择：提前 60 天通知，根据现行市场现货单价和估计供应量，按商定的单价每 5 年可给予展期。

根据对供应合同条款和外部市场环境发生的变化的分析，A 公司拥有的该优惠供应合同具有以下受益特征：

（1）提高优惠单价的主要事件。由于汽车零部件主要生产国发生政治危机和冲突，导致供应受限制，预期约持续 3 年生产设备才能修复，生产才能恢复到正常水平。

（2）现货市场价格变动。由于外部供应市场的变化，现行市场现货单价高涨至每件 580 美元，预期市场价格将随着生产能力的恢复下降，未来 3 年每年价格按 5.5% 的比率递减。

（3）在剩余合同期限内的预期需求。根据 M 公司 2012 年预期成品销售情况，对 A 公司的供应需求可能达到最大需求水平。公司依赖其作为供应商的市场地位和良好的财务状况，具有满足 M 公司需求的生产能力。

（三）收益法评估过程

根据对 M 公司与 A 公司签订的优惠供应合同的分析，评估人员认为外部市场环境的变化，使M公司不仅获得了稳定的供应保障，而且由于采购成本的节约给M公司带来了特别的经济利益，这些经济利益能够可靠的进行预测和估计，因此，运用收益法对该合同类无形资产进行评估是适当的。收益法评估该优惠供应合同的基本思路，是对该合同约定的供应价格低于市场现货供应价格给M公司带来的成本节约额进行折现，得到供应合同类无形资产的价值。

1. 收益法评估的主要假设和技术参数

根据对M公司的分析，运用收益法评估M公司的优惠供应合同价值时，构建了以下假设：

（1）假定M公司和A公司均持续经营。通过分析，预计M公司目前享受的优惠的成本费率将持续到合同到期日；重新签订合同时，预计合同单价将接近市场单价。在合同剩余的3年经营期内，零部件的现行市场单价和合同单价之间的差异将随着供应市场的恢复和合同单价的上调而缩小。

（2）供应合同的实施，需要相关的支持性资产，没有这些资产的支持，优惠的供应合同就无法为M公司带来预期的成本节约。因此，供应合同实施所产生的总的成本节约中，应当扣除其他支持性资产所要求的回报。这些资本的回报用目标合同购入零部件的相关产品的年销售收入的百分比计算。根据M公司的分析，支持性资产的资本回报取相关销售收入的2%确定。

根据上述分析和假定，评估所采用的主要技术参数和取值见表7-4。

表7-4　　M公司与A公司签订的优惠供应合同类无形资产评估参数

评估需要分析的主要变量	评估参数取值
预计2010年的年度价格变动率——市场单价	5.5%
合同单价年度上调比率	2.5%
M基期总收入——2011年（百万美元）	2 500
M来自A公司合同的收入（百分比）	25%
估计的M收入的年度增长率	5%
估计的支持性资产的资本回报（相关收入的%）	2.0%
现行的所得税率	25%
加权平均资本成本	14.0%

2. 评估计算过程与结论

根据前面分析确定的评估参数，对M公司的优惠供应合同未来3年产生的成本节约估计见表7-5。通过对税后的净成本节约进行折现，M公司与A公司签订的优惠供应合同为M公司创造的经济收益的现值，即该合同类无形资产的公平市场价值的估计额为3 400万美元。

表 7－5　　收益法评估 M 公司的供应商合同类无形资产价值的评估表

评估变量	2012 年	2013 年	2014 年
M 公司销售收入估计（万美元）	262 500	275 625	289 406
向 A 公司购货估计数量（万件）	36	36	36
估计的市场现货单价（美元/件）	580	550	520
在市场单价基础上估计的成本（万美元）	20 880	19 800	18 720
平均合同单价（美元/件）	450	460	470
合同单价基础上的估计成本（万美元）	16 200	16 560	16 920
成本节约额	4 680	3 240	1 800
减：分配给支持性资产的资本回报（万美元）	1 313	1 378	1 447
税前成本节约（万美元）	3 368	1 862	353
所得税（25%）	842	745	141
税后成本节约额（万美元）	2 526	1 117	212
折现期	0.5	1.5	2.5
折现系数（按 14% 折现率计算）	0.877 2	0.769 5	0.675 0
折现的成本节约净值（万美元）	2 365	918	153
M 公司供应商合同的评估值（万美元）	**3 436**		
市场价值（四舍五入）（万美元）	**3 400**		

第四节　客户类无形资产价值评估

一、客户类无形资产概述

（一）客户类无形资产的内涵

目前，我国对客户类无形资产的评估还比较少，往往是作为形成商誉的一个因素考虑，其价值被模糊化到商誉的价值中。在国外评估界，对客户类无形资产进行确认并评估其价值已经引起人们的重视。其原因是客户类无形资产对企业日益重要，企业加强了对客户关系的管理，对企业的客户信息进行记录、分类整理并固化下来，不仅使企业在市场竞争中拥有比对手更大的客户优势，增强了企业获利能力，而且使客户类无形资产从商誉中分离出来成为可能。

客户资源被确认为企业的一项无形资产必须具备以下三个条件：

(1) 客户和卖方之间必须存在事实关系;

(2) 必须存在与上述关系有关的、对无形资产的买方(或使用者)有用的数据和文件;

(3) 这些客户关系能给拥有者带来一个可认定的收益流量。

上述三个条件把客户类无形资产同一般意义上的客户区别开。

(二) 客户类无形资产的分类

任何一个企业都必须有客户才可能生存,然而如前所述,只有对客户信息进行良好记录和管理的企业才可能形成有价值的客户类无形资产。根据企业与客户之间的关系,常见的客户类无形资产有以下几类:

(1) 专业服务机构的客户类无形资产。这些专业服务机构需要通过某种专业资格认证,才能向客户提供专业的服务。专业服务机构在提供服务过程中,往往能够了解和掌握客户的一些特别的个性信息,从而使得客户对专业服务机构具有一定的依赖性,形成较为稳定的客户关系。这种类型的客户关系包括医生和病人的关系、会计师事务所和委托人的关系、律师和委托人的关系等。在评估这些专业服务机构的价值时,其客户往往是其最重要的资产之一。

(2) 非专业服务机构的客户类无形资产。这一类服务机构也向客户提供服务,但服务机构及其职员通常不需要专业的职业资格认证,客户主要是向其购买无形的服务,常见的这类服务机构如理发店和美容院等。这些服务机构提供的服务与客户的消费过程同时发生。由于服务机构提供的服务质量以及客户对服务的偏好,通常也会形成稳定的客户关系。

(3) 金融服务机构的客户类无形资产。金融服务机构包括储存贷款业务的银行、金融公司、租赁公司、证券经纪公司和保险公司等,他们与客户的服务关系是建立与客户的资金或资本的关联之上,通常会形成频繁的大量交易信息。

(4) 产品提供商的客户类无形资产。对于这类企业,客户主要是购买并使用企业提供的产品,虽然也会购买服务,但这种服务是与产品相关的服务。

(5) 以产品为基础提供延迟服务的机构的客户类无形资产。这类机构提供产品,但客户购买产品的主要目的是消费基于产品的延迟服务。客户以收到产品作为他们商业交易的一部分,但是交易中所包含的服务项目通常才是客户购买的真正原因,这些服务项目往往可以赢得客户的忠诚,例如,有线电视台的订户等。

以上类型的客户类无形资产只是几种常见的类型。随着信息技术应用日益广泛,对客户信息进行信息化管理,尤其是越来越多的企业发展了电子商务,使企业与客户的信息通过网络交易从单向变为双向,从而使得过去作为商誉构成的客户转换成为企业的客户类无形资产。

二、客户类无形资产评估准备工作

(一) 客户类无形资产的确认

实施客户类无形资产评估前,首先需要确认客户类无形资产存在的条件及评估对象范围。这些条件通常包括：

（1）客户清单，包括客户名称、联系方式（如姓名、地址、电话号码）。

（2）客户历史交易信息。清查能够证明存在客户关系的文件记录，包括：①与客户签署的交易协议；②客户首次购买的日期；③历史上与客户交易的方式及支付和信用的方式；④最近一次交易的日期和金额；⑤与客户之间的应收与应付款项。

（3）客户存续年限。历史上客户可能会不断流失或消亡，因此应当有这些已流失和消亡客户的寿命记录。关系能为拥有者带来预期的收益，对这种收益的持续预测或更新应有合理的依据（可以根据其历史上的表现）。同样，对这种收益的预期年限和持续时间也应有合理的依据。

（4）客户类无形资产的交易方式。与其他可确认的无形资产一样，客户类无形资产应当能给拥有者带来可预期的经济收益，从而能够在市场上交易。评估前应当识别客户类无形资产交易的方式：①与其他资产分开出售；②与某些资产一起出售，例如，客户关系与卖方同意的非竞争性协议一起出售；③作为持续经营企业或专业机构的一部分出售，即作为一揽子有形资产和无形资产的一部分出售。

（二）客户类无形资产评估的信息搜集

进行客户类无形资产评估之前，评估人员首先需要搜集以下相关资料：

（1）与客户签订的交易协议。

（2）每个现有客户关系的已存在年限。

（3）每个已终止的客户关系的寿命。

（4）获取客户的相关活动及其成本信息，以及维护客户关系的成本信息。

（5）为每一位客户提供服务（货物或产品）的成本。

（6）每个客户关系所产生的收益。

（7）从客户获得收入的过程中使用或消耗的其他资产的性质和价值，包括资本性支出、净营运资本与客户收入的关系信息。

（8）与客户类无形资产相联系的资本成本。

三、客户类无形资产评估方法

同其他类型的无形资产的评估一样，客户类无形资产的评估通常也可以通过成本法、市场法和收益法来分析，但是市场法很少用于评估客户相关的资产，因为这些资产通常在公开市场上没有活跃的交易，相反，它们与其他资产进行交易，只是作为业务合并或收购资产的一部分，这使得市场法在实践中很难应用。不过，也有某些类型客户的相关资产可能会采用市场法。例如，客户或订阅名单经常大量出售，能以每名称价格或每字段价格为基础进行评估；药店处方数据和清单经常用来交易且能作为市场公允价值评估的可靠依据。因为客户相关资产的交易通常是不明显的，也不发生在活跃的市场中，所以我们认为这种方法将很少用到。当以市场为基础的价值指标不存在或者不可靠时，评估专家应该使用成本法（途径）或者收益法。

（一）成本法

用成本法对客户类无形资产进行评估，基本方法同前面介绍的一样，这里主要分析运用成本法评估客户类无形资产时应考虑的相关成本。

（1）取得目标客户的成本。这种成本包括通过走访、广告、招揽、邮寄或以其他方式与潜在客户沟通所需要的历史成本。

（2）维持现有客户至现阶段的成本。这种成本包括现有客户在第一次成为客户之后发生的走访、广告、应酬等全部成本支出，还包括为留住现有客户而支付的促销、折扣、交易或其他让利开支。

（3）建立客户档案和记录的成本。这种成本包括在与每一位客户保持关系的整个期间内，与建立客户销售记录、信用记录、应收账款和付款记录等有关的记账和管理成本。

（4）机会成本。这里的机会成本是指自行建立当前客户关系期间损失的收益，与从竞争对手处购买的现成的客户类无形资产所获取的收益之间的差额。

在客户相关资产能在短期内被替换且发生相对较小的机会成本，或者整个重置成本容易评估的情况下，成本法是最好的评估方法。在更新客户相关资产需要很长时间且发生很大机会成本，或者重置成本很难评估的情况下，应该采用其他的评估方法。

（二）收益法

对客户类无形资产进行最常用的方法就是从收益法进行分析，即估计客户关系在剩余年限内产生的预期收益的现值。评估时，常用的是对客户类无形资产能带来的未来预期收益进行估计，然后以适当的折现率折现成现值，就得到该客户类无形资产的价值。其具体计算公式如下：

$$P = \sum_{t=1}^{n} \frac{R_t}{(1+r)^t} \qquad \text{（式 7-10）}$$

式中：P 为客户类无形资产的评估价值；r 为所选取的折现率；n 为收益年限，通常根据历史数据估计客户关系的寿命期限；R_t 为客户类无形资产在第 t 年带来的预期收益。

根据搜集的客户相关的3～5年的历史交易数据，可以估计客户类无形资产的年平均收益及增长率，在此基础上估计其未来能带来的预期收益。从企业已终止的客户关系资料中还可分析企业客户寿命周期规律，从而预测现存客户的收益年限。

对于折现率的选取，通常可根据不同行业的具体情况，采用行业加权平均资本成本作为适用的折现率。

四、客户类无形资产评估应注意的问题

（一）分清客户类无形资产与商誉的关系

过去，客户类无形资产往往被当作商誉的一个形成因素，其价值也被模糊化；现在从商誉无形资产中分离出来单独确认评估，首先就要分清其与商誉的关系，以免评估时重复计价。从客户方面来说，商誉通常与不确定的、未知的、易变动的客户惠顾有关，对它进

行分析时常考虑的是在未来一段时间内能为卖方带来一定收益的回头客，而不考虑以下因素：

（1）单个的客户是谁。

（2）商誉卖方及买方怎样与客户取得联系。

（3）商誉的所有者激励与客户继续开展业务或扩大业务。

（4）客户收益流量的预期剩余年限等。

从客户被确认为一项无形资产必须具备的三个条件来看，分析客户类无形资产要对上述每一个因素进行考虑。举例来说，每天都有数百万顾客走进麦当劳店的大门，可认为它拥有商誉，但该项业务并不具有客户类无形资产的性质。因为麦当劳公司对其顾客整体了解很多，但对顾客个人所知甚少，不具备客户类无形资产所要求的在客户及卖方之间存在双向关系。

（二）对客户类无形资产的确认

对于企业是否存在客户类无形资产，赖利和施韦斯给出的几个条件是较好的判断标准，但是，随着企业信息化和客户关系管理的发展，企业对其客户信息做了详细的记录、整理及分析，从这些经分析后的客户信息中可了解客户的需求、消费倾向及消费习惯等，可使企业在竞争中获取更多优势，从而获得更大的利润，因而它也是企业一项重要的资产，并可单独在市场上交易。然而，这些客户信息资料常常被确认为信息数据库的一部分，但从其性质上看，把它归为客户类无形资产更恰当一些。在评估实践中应注意这一问题，并根据具体情况灵活恰当的处理。

（三）客户资产预期剩余寿命的估计

在客户类无形资产的评估中，客户预期剩余寿命年限是一个很关键的参数，它代表企业能从客户身上获取的经济利益还剩多少年。估计客户剩余年限的关键是计算每个客户（关系）的可能寿命。客户关系的可能寿命减去其目前的年限，就可得出剩余年限。在估计客户资产预期寿命中，生存曲线理论可提供有益的帮助，它采用历史数据为样本，预测一组相似的对象在某一年限的死亡率和衰退情况，绘制客户类无形资产的生存曲线图（见图7－2），进而估计客户类无形资产的未来变化。在生存曲线图中，x轴代表数据的年限，y轴代表在某特定年限存续的原始数据占的生存百分比。

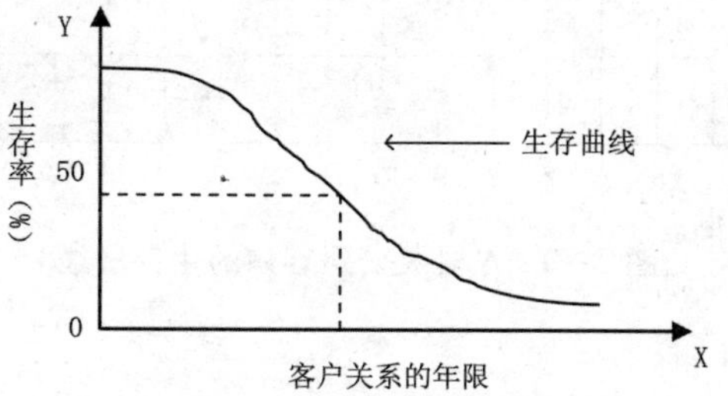

图7－2 客户类无形资产生存曲线图

这种方法常常采用较复杂的模型对数据分析并修正。在实际评估中，可采用已到寿命期的客户样本的平均寿命作为该类客户的预期寿命周期，用这个可能寿命减去客户的目前年限就是该客户的预期剩余年限。

五、客户类无形资产评估案例

（一）背景介绍和假设

A 公司是 A 市一家著名的乳业公司，在 A 市拥有大量的乳品订户。B 公司拟收购 A 乳业公司，从而需要对 A 乳业公司拥有的客户类无形资产价值进行评估。评估目的是估计 A 乳业公司乳制品客户关系的市场价值，为 B 公司收购 A 乳业公司提供价值判断依据。评估基准日为 2007 年 12 月 31 日。

（二）客户类无形资产的确认

经过对 A 乳业公司业务和经营情况分析发现，家庭配送订户是乳品企业持续经营收入的重要来源之一。A 乳业公司与家庭配送客户之间建立的客户关系，对该公司持续经营业务的预测具有重要作用，具有不同于商标无形资产的独特价值。A 乳业公司为这些家庭订户建立有档案，并通过订单记录了订户的联系方式、地址、购买历史等信息；这些客户代表了公司可预计的未来业务，并给企业带来与这些客户关系直接相关的未来收益；同时，这些客户关系也有一定的寿命，并会随着时间的推移而发生变化和流失。因此，此类客户关系的寿命具有有限性。通过对客户历史档案进行分析，可以预计已建立的客户关系的预期平均剩余年限。根据对 A 乳业公司客户历史数据的分析，其新客户的平均总寿命（年限）是 5 年。根据寿命周期理论对 A 乳业公司历史订户数据资料进行分析，确定其新客户的平均总寿命（年限）是 5 年。图 7－3 描述了 A 乳业公司客户的生存曲线。根据 A 乳业公司客户生存曲线的分析，公司评估基准日所拥有的客户未来的存续状态见表 7－6。

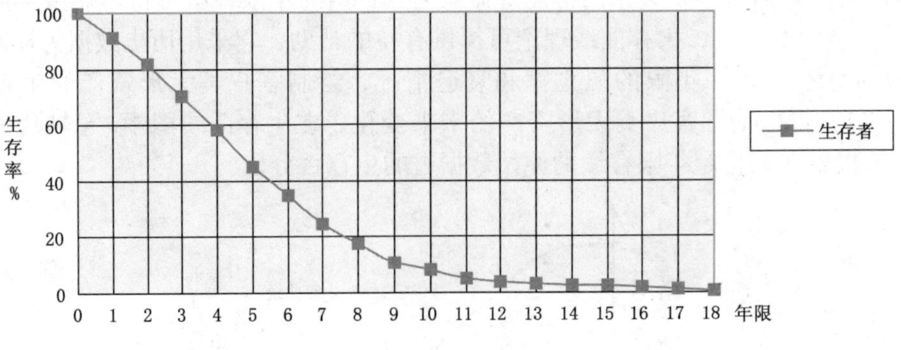

图 7－3　A 乳业公司客户的生存曲线

（三）评估假设与参数

（1）来自客户的实际收入。根据过去 3 年的客户数据，计算出单位客户所产生的平均

表 7－6　　A 乳业公司乳品订购客户寿命生存表　　单位：个

客户类型：乳品订户

曲线类型：Iowa 型，左 0.0 型

评估日期：2007 年 12 月 31 日

平均寿命（新客户）：5.0

客户平均剩余年限：4.2

客户年龄段	截止到评估基准日	2008	2009	2010	2011	2012	2013	2014	2015	2016	2017	2018	2019	2020	2021	2022	2023	2024	2025
00－01	40 962	39 217	34 664	29 422	24 251	19 366	14 934	11 080	7 874	5 331	3 416	2 055	1 147	586	269	107	35	9	1
01－02	27 073	25 397	21 718	17 901	14 295	11 024	8 179	5 812	3 935	2 522	1 517	847	433	198	79	26	6	1	0
02－03	22 732	21 025	17 486	13 964	10 768	7 989	5 678	3 844	2 463	1 481	827	43	194	77	25	6	1	0	0
03－04	19 342	17 652	14 245	10 985	8 150	5 792	3 921	2 513	1 511	844	431	198	79	26	6	1	0	0	0
04－05	3 525	3 170	2 474	1 836	1 305	883	566	340	190	97	45	18	6	1	0	0	0	0	0
05－06	163	144	109	77	52	33	20	11	6	3	1	0	0	0	0	0	0	0	0
06－07	7	6	4	3	2	1	1	0	0	0	0	0	0	0	0	0	0	0	0
07－08	0	0	0	0	0	0	0	0	0	0	0	0	0	0	0	0	0	0	0
08－09	0	0	0	0	0	0	0	0	0	0	0	0	0	0	0	0	0	0	0
09－10	0	0	0	0	0	0	0	0	0	0	0	0	0	0	0	0	0	0	0
合计	113 804	106 611	90 700	74 188	58 823	45 088	33 299	23 600	15 979	10 278	6 237	3 541	1 859	888	379	140	42	10	1

年收入为568元，作为基准日后第一年的单位客户收入。

（2）客户收入增长率，是指在预期剩余年限内来自单位目标客户的收入预期增长（萎缩）率。通过分析历史收入数据及与企业的调查等相关情况，确定增长率。

2008年，增长率为10%；

2009—2011年，增长率为6%；

2012年开始，增长率维持在5%。

（3）销售成本。通过历史趋势分析和行业分析，确定销售成本占销售收入的75%。

（4）销售与管理费用。通过历史趋势分析和行业分析，并结合相关调查，确定销售与管理费用占销售收入的15%。

（5）相关固定资产和净营运资本的回报。本案例中，我们取销售收入的4%作为相关固定资产和净营运资本的回报。

（6）折现率。折现率可以根据目标行业合理的预期资本结构计算目标加权平均资本成本。考虑客户类无形资产的特有风险，在加权平均资本基础上，增加一个无形资产风险回报补偿。本案例中，根据分析，确定折现率为15%。

（四）评估结论

考虑客户类无形资产价值摊销的影响，根据前述确定的评估参数，对A乳业公司在评估基准日的客户无形资产的未来预期收益进行折现，得到A乳业公司客户类无形资产在评估基准日的市场价值（四舍五入）为7 000 000元。具体的计算见表7－7。

思考题

1. 商誉的内涵是什么，常见的商誉价值评估目的有哪些？

2. 运用成本法（途径）评估集合劳动力价值时需要考虑哪些因素？

3. 合同权益被单独确认为无形资产的条件是什么？影响合同类无形资产价值的因素有哪些？

4. 客户类无形资产与商誉有何区别？

5. 客户类无形资产的确认条件是什么？常见的分类有哪些？

6. 用收益法评估客户类无形资产价值时，需要搜集哪些信息？常用的评估参数和假设有哪些？

表 7-7　　A 乳业公司客户类无形资产价值评估计算表

年　　份	2007	2008	2009	2010	2011	2012	2013	2014	2015
存续客户（个）	106 611	90 700	74 188	58 823	45 088	33 299	23 600	15 979	10 278
单位客户收入	568	625	662	702	744	781	820	861	905
单位客户收入/增长率		10%	6%	6%	6%	5%	5%	5%	5%
收入合计	**60 555 048**	**56 669 360**	**49 133 822**	**41 295 233**	**33 552 091**	**26 018 311**	**19 361 956**	**13 764 997**	**9 296 606**
销售成本	45 416 286	42 502 020	36 850 367	30 971 425	25 164 068	19 513 734	14 521 467	10 323 748	6 972 455
销售成本/销售收入	75%	75%	75%	75%	75%	75%	75%	75%	75%
销售与管理费用	9 083 257	8 500 404	7 370 073	6 194 285	5 032 814	3 902 747	2 904 293	2 064 750	1 394 491
销售与管理费用/销售收入	15%	15%	15%	15%	15%	15%	15%	15%	15%
摊销费用	692 230	692 230	692 230	692 230	692 230	692 230	692 230	692 230	692 230
费用合计	**55 191 773**	**51 694 654**	**44 912 670**	**37 857 940**	**30 889 112**	**24 108 710**	**18 117 990**	**13 080 727**	**9 059 175**
税前利润	5 363 275	4 974 706	4 221 152	3 437 293	2 662 979	1 909 601	1 243 966	684 270	237 431
所得税费用（33%）	1 769 881	1 641 653	1 392 980	1 134 307	878 783	630 168	410 509	225 809	78 352
税后利润	3 593 394	3 333 053	2 828 172	2 302 987	1 784 196	1 279 433	833 457	458 461	159 079
摊销费用	692 230	692 230	692 230	692 230	692 230	692 230	692 230	692 230	692 230
资本回报	2 422 202	2 266 774	1 965 353	1 651 809	1 342 084	1 040 732	774 478	550 600	371 864
净现金流量	1 863 422	1 758 509	1 555 049	1 343 407	1 134 342	930 930	751 209	600 091	479 444
折现率	15%	15%	15%	15%	15%	15%	15%	15%	15%
折现期	0.5	1.5	2.5	3.5	4.5	5.5	6.5	7.5	8.5
现值折现系数	0.9325	0.8109	0.7051	0.6131	0.5332	0.4636	0.4031	0.3506	0.3048
折现的净现金流量	1 737 650	1 425 928	1 096 477	823 693	604 789	431 598	302 848	210 370	146 153

续表

年　　份	2016	2017	2018	2019	2020	2021	2022	2023	2024
存续客户（个）	6 237	3 541	1 859	888	379	140	42	10	1
单位客户收入	950	997	1 047	1 099	1 154	1 212	1 273	1 336	1 403
单位客户收入/增长率	5%	5%	5%	5%	5%	5%	5%	5%	5%
收入合计	**5 923 534**	**3 531 184**	**1 946 539**	**976 306**	**437 524**	**169 699**	**53 455**	**13 364**	**1 403**
销售成本	4 442 650	2 648 388	1 459 904	732 230	328 143	127 274	40 091	10 023	1 052
销售成本/销售收入	75%	75%	75%	75%	75%	75%	75%	75%	75%
销售与管理费用	888 530	529 678	291 981	146 446	65 629	25 455	8 018	2 005	210
销售与管理费用/销售收入	15%	15%	15%	15%	15%	15%	15%	15%	15%
摊销费用	692 230	0	0	0	0	0			
费用合计	**6 023 410**	**3 178 066**	**1 751 885**	**878 675**	**393 771**	**152 729**	**48 110**	**12 027**	**1 263**
税前利润	−99 877	353 118	194 654	97 631	43 752	16 970	5 346	1 336	140
所得税费用（33%）	−32 959	116 529	64 236	32 218	14 438	5 600	1 764	441	46
税后利润	−66 917	236 589	130 418	65 413	29 314	11 370	3 582	895	94
摊销费用	692 230	0	0	0	0	0			
资本回报	236 941	141 247	77 862	39 052	17 501	6 788	2 138	535	56
净现金流量	388 371	95 342	52 557	26 360	11 813	4 582	1 443	361	38
折现率	15%	15%	15%	15%	15%	15%	15%	15%	15%
折现期	9.5	10.5	11.5	12.5	13.5	14.5	15.5	16.5	17.5
现值折现系数	0.2651	0.2305	0.2004	0.1743	0.1516	0.1318	0.1146	0.0997	0.0867
折现的净现金流量	102 948	21 976	10 534	4 594	1 790	604	165	36	3
折现现金流合计	**6 922 157**								
市场价值（四舍五入）	**7 000 000**								

第八章 无形资产评估信息披露

【学习目的与要求】

通过本章的学习，熟悉无形资产评估信息披露相关规范，掌握无形资产评估报告的形式要件和贬值要点，以及无形资产评估信息披露的重点内容，使无形资产评估信息披露能够成为客户了解无形资产评估的重要渠道。

第一节 无形资产评估信息披露相关规范

一、《资产评估准则——评估报告》中的披露要求

（一）总体要求

各类资产评估报告的撰写及相关信息披露，都应遵循《资产评估准则——评估报告》。该准则对资产评估报告及信息披露的总体要求如下：

（1）注册资产评估师应当清晰、准确地陈述评估报告内容，不得使用误导性的表述。

（2）注册资产评估师应当在评估报告中提供必要信息，使评估报告使用者能够合理理解评估结论。

（3）注册资产评估师执行资产评估业务，可以根据评估对象的复杂程度、委托方要求，合理确定评估报告的详略程度。

（4）注册资产评估师执行资产评估业务，评估程序受到限制且无法排除，经与委托方协商后仍需出具评估报告的，应当在评估报告中说明评估程序受限情况及其对评估结论的影响，并明确评估报告的使用限制。

（5）评估报告应当由两名以上注册资产评估师签字盖章，并由评估机构盖章。有限责任公司制评估机构的法定代表人或者合伙制评估机构负责该评估业务的合伙人应当在评估报告上签字。

（6）评估报告应当使用中文撰写。需要同时出具外文评估报告的，以中文评估报告为准。

评估报告一般以人民币为计量币种，使用其他币种计量的，应当注明该币种与人民币的汇率。

（7）评估报告应当明确评估报告的使用有效期。通常，只有当评估基准日与经济行为实现日相距不超过一年时，才可以使用评估报告。

（二）信息披露内容要求

根据《资产评估准则——评估报告》，资产评估报告一般应包括以下基本信息：

（1）资产评估报告编号和类型信息。要写明资产评估报告的编号，以明确资产评估报告所属期间；明确说明资产评估报告的类型，以使信息使用者明确资产评估报告的基本格式和内容。

（2）资产评估主体的声明信息。在资产评估报告正文之前，要附加注册资产评估师及评估机构的声明信息，主要内容包括注册资产评估师恪守独立、客观和公正的原则以及遵循有关法律、法规和资产评估准则的规定，并提醒评估报告使用者关注评估报告特别事项说明和使用限制。注册资产评估师及评估机构应对声明的信息承担责任。

（3）资产评估结论摘要信息。资产评估结论的摘要信息应在详细的资产评估报告正文之前披露。资产评估结论的摘要与资产评估报告书正文一样具有同等法律效力。

（4）资产评估对象、委托方及其他信息使用者的详细信息。资产评估对象、委托方及信息使用者是资产评估的最基本的信息。详细说明评估对象的具体情况、明确资产占有方、委托方及其他信息使用者的详细信息，将形成清晰的资产评估背景信息，帮助信息使用者判断明确评估报告的主要指向。

（5）评估目的、评估原则的详细信息。明确评估目的是资产评估业务的起点。特定的无形资产评估业务的目的是具体的，在资产评估报告中应详细而明确地说明无形资产评估的直接的、唯一的特定目的，帮助信息使用者理解资产评估价值的起点和终点。在明确评估目的的同时，还要说明注册资产评估师及评估机构在资产评估业务中采用的基本工作原则和经济原则，帮助信息使用者判断资产评估信息的质量。

（6）评估过程和评估结论的详细信息。详细的资产评估过程包括资产评估价值类型的判断和定义，评估假设的分析和使用，资产评估方法的选择，资产评估基准日的确定和取价依据获取途径，资产评估模型和参数的获取方法，资产评估结果测算过程、分析过程及最终的资产评估结论。这些详细的信息可以帮助信息使用者更好地理解资产评估结论，减少对于资产评估结论的疑虑和误解。

（7）资产评估相关的说明性信息。无形资产评估的说明性信息包括特殊事项说明和评估报告使用限制说明。这两个部分的说明性信息主要提醒信息使用者关注无形资产评估中的特殊事项和资产评估结论成立的条件，以进一步理解资产评估结论，并合理使用资产评估结果进行相关的经济决策。

（8）评估报告提交时间信息。在资产评估报告中应披露资产评估报告提交的时间，以使信息使用者明确资产评估结果对应的时间范围。

（9）与评估相关的附加信息。资产评估的附加信息主要包括资产评估相关的证明资料、承诺信息以及资产清查信息等，帮助信息使用者进一步判断评估结果的可靠性。

二、《资产评估准则——无形资产》的相关规定

（一）总体要求

《资产评估准则——无形资产》第二十九条规定，注册资产评估师执行无形资产评估业务，应当在履行必要的评估程序后，根据《资产评估准则——评估报告》编制评估报告，并进行恰当披露。

第三十条规定，注册资产评估师执行无形资产评估业务，应当在评估报告中披露必要信息，使评估报告使用者能够合理理解评估结论。

（二）披露内容要求

《资产评估准则——无形资产》第三十一条规定，注册资产评估师应当在评估报告中明确说明下列内容：

（1）无形资产的性质、权利状况及限制条件；

（2）无形资产实施的地域限制、领域限制及法律法规限制条件；

（3）宏观经济和行业的前景；

（4）无形资产的历史、现实状况与发展前景；

（5）无形资产的获利期限；

（6）评估依据的信息来源；

（7）其他必要信息。

（三）重要事项的披露要求

第三十二条规定，注册资产评估师应当在评估报告中明确说明无形资产评估的价值类型及其定义。

第三十三条规定，注册资产评估师应当在评估报告中明确说明有关评估方法的下列内容：

（1）评估方法的选择及其理由；

（2）各重要参数的来源、分析、比较与测算过程；

（3）对初步评估结论进行分析，形成最终评估结论的过程；

（4）评估结论成立的假设前提和限制条件。

第二节
无形资产评估报告形式要件与编制要求

无形资产评估报告是无形资产评估信息的主要载体，无形资产评估报告的撰写质量和水平很大程度上影响着无形资产评估信息披露的质量。

无形资产评估报告包括两个层面的含义：其一，是指评估机构按照评估工作制度的有关规定，在完成无形资产评估工作后向委托方提交的说明评估过程和结果的书面报告，是按照一定格式和内容来反映评估目的、假设、程序、标准、依据、方法、结果及适用条件等基本情况的报告书，是评估机构履行评估合同情况的总结，是评估机构与资产评估人员为资产评估项目承担相应的法律责任的证明文件；其二，是指无形资产评估报告作为整个无形资产评估过程的最终总结性步骤，是对无形资产评估中所搜集、整理和归纳的关于所评估资产价值信息的揭示和表达过程。就此层面而言，无形资产评估报告是无形资产评估信息披露的关键性环节，其质量高低直接决定了整个无形资产评估信息披露的质量。就无形资产评估报告的质量而言，满足资产评估报告规范要求的形式要件是保证其质量的基本条件。

一、无形资产评估报告基本要素

无形资产评估报告基本要素与其他资产评估报告基本要素并无差别。根据2007年颁布的《资产评估准则——评估报告》，评估报告应当包括标题及文号、声明、摘要、正文和附件等五部分，这也是对无形资产评估报告的最基本的要求。

（一）资产评估报告的标题及文号

评估报告的标题应当简明清晰，一般采用“企业名称＋经济行为关键词＋评估对象＋评估报告”的形式。评估报告文号包括评估机构特征字、种类特征字、年份、报告序号。

（二）资产评估报告的声明

评估报告的声明应当包括以下内容：

（1）注册资产评估师恪守独立、客观和公正的原则，遵循有关法律、法规和资产评估准则的规定，并承担相应的责任；

（2）提醒评估报告使用者关注评估报告特别事项说明和使用限制；

（3）其他需要声明的内容。

（三）资产评估报告的摘要

评估报告摘要应当提供评估业务的主要信息及评估结论。

（四）资产评估报告的正文

（1）委托方、产权持有者和委托方以外的其他评估报告使用者。报告书正文的委托方与资产占有方简介应较为详细地分别介绍委托方、资产占有方的情况，当委托方和资产占有方相同时，可作为资产占有方介绍，也要写明委托方和资产占有方之间的隶属关系或经济关系。无隶属关系或经济关系的，应写明发生评估的原因，当资产占有方为多家企业时，还须逐一介绍。

（2）评估目的。报告书正文的评估目的应写明本次资产评估是为了满足委托方的何种需要及其所对应的经济行为类型，并简要准确说明该经济行为是否经过批准。若已获批准，应将批准文件的名称、批准单位、批准日期及文号写出。评估报告载明的评估目的应当唯一，表述应当明确、清晰。

（3）评估对象和评估范围。这部分应写明纳入评估范围的资产及其类型．并具体描述评估对象的基本情况，通常包括法律权属状况、经济状况、物理状况。评估资产为多家占有的，应说明各自的份额及对应资产类型。

（4）价值类型及其定义。评估报告应当明确价值类型及其定义，并说明选择价值类型的理由。

（5）评估基准日。评估报告应当载明评估基准日，并与业务约定书约定的评估基准日保持一致。评估报告应当说明选取评估基准日时重点考虑的因素。评估基准日可以是现在时点，也可以是过去或者将来的时点。

（6）评估依据。应在这部分中列示评估依据，包括行为依据、法律法规依据、产权依据和取价依据等。对评估中采用的特殊依据应做相应的披露。

（7）评估方法。应在这部分中说明评估过程所选择、使用的评估方法和选择评估方法的依据或原因。对某项资产评估采用一种以上评估方法的，还应说明原因并说明资产价值确定方法。对选择特殊评估方法的，也应介绍其原理与适用范围。

（8）评估程序实施过程和情况。这部分应反映评估机构自接受评估项目委托起至提交评估报告的全过程，包括接受委托过程中确定评估目的、对象及范围，基准日和拟定评估方案的过程，资产清查中指导资产占有方清查、搜集准备资料、检查与验证过程；评估估算中的现场检测与鉴定、评估方法选择、市场调查与分析过程；评估汇总中的结果汇总、评估结论分析、撰写报告与说明、内部复核过程，以及提交评估报告等过程。

（9）评估假设。评估报告应当披露评估假设及其对评估结论的影响。

（10）评估结论。注册资产评估师应当在评估报告中以文字和数字形式清晰说明评估结论。这部分是报告正文的重要部分，应使用表述性文字完整地叙述评估机构对评估结果发表的结论，对资产、负债、净资产的账面价值、调整后账面价值、评估价值及其增减幅度进行表述；还应单独列示不纳入评估汇总表的评估结果。

(11) 特殊事项说明。评估报告的特别事项说明通常包括下列内容：①产权瑕疵；②未决事项、法律纠纷等不确定因素；③重大期后事项；④在不违背资产评估准则基本要求的情况下，采用的不同于资产评估准则规定的程序和方法。

注册资产评估师应当说明特别事项可能对评估结论产生的影响，并重点提示评估报告使用者予以关注。

(12) 评估报告使用限制说明。评估报告的使用限制说明通常包括下列内容：①评估报告只能用于评估报告载明的评估目的和用途；②评估报告只能由评估报告载明的评估报告使用者使用；③未征得出具评估报告的评估机构同意，评估报告的内容不得被摘抄、引用或披露于公开媒体，法律、法规规定，以及相关当事方另有约定的除外；④评估报告的使用有效期；⑤因评估程序受限造成的评估报告的使用限制。

(13) 评估报告日。评估报告载明的评估报告日通常为注册资产评估师形成最终专业意见的日期。

(14) 注册资产评估师签字盖章、评估机构盖章和法定代表人或者合伙人签字。这部分应写明出具评估报告书的机构名称并加盖公章，还要由评估机构法定代表人和至少两名负责评估的注册资产评估师签名盖章。

(五) 资产评估报告的附件

评估报告附件通常包括：①评估对象所涉及的主要权属证明资料；②委托方和相关当事方的承诺函；③评估机构及签字注册资产评估师资质、资格证明文件；④评估对象涉及的资产清单或资产汇总表。

二、无形资产评估报告的编制

(一) 无形资产评估报告编制的步骤

1. 整理工作底稿和归集有关资料

资产评估现场工作结束后，有关评估人员必须着手对现场工作底稿进行整理和分类，同时对有关询证函、被评估资产背景材料、技术鉴定情况和价格取证等有关资料进行归集和登记。对现场未予确定的事项，还需进一步落实和查核。这些现场工作底稿和有关资料都是编制资产评估报告的基础。

2. 汇总评估数据和评估明细表的数字

完成现场工作底稿和有关资料的归集任务后，评估人员应着手进行评估数据的汇总，如果评估对象是整体资产评估，评估人员还应着手评估明细表的数字汇总。明细表的数字汇总应根据明细表的不同级次先明细表汇总，然后分类汇总，再到资产负债表式的汇总。不具备采用计算机软件汇总的评估机构，在数字汇总过程中应反复核对各有关表格的数字的关联性和各表格栏目之间数字的勾稽关系，防止出错。

3. 分析和讨论评估的初步数据

在完成评估数据和评估明细表的数字汇总后，应召集参与评估工作过程的有关人员，对评估报告的初步数据结论进行分析和讨论，比较各有关评估数据，对存在作价不合理的部分评估数据进行调整。

4. 编写资产评估报告

编写资产评估报告又可分为以下两个具体步骤：

第一步：在完成资产评估初步数据和数字的分析与讨论，并对有关部分的数据进行调整后，由具体参加评估的各组负责人员草拟出各自负责评估部分资产的评估说明，同时提交全面负责、熟悉本项目评估具体情况的项目负责人草拟出资产评估报告。

第二步：将评估基本情况和评估报告书初稿的初步结论与委托方交换意见，听取委托方的反馈意见后，在坚持独立、客观、公正的前提下，认真分析委托方提出的问题和建议，考虑是否应该修改评估报告书，对评估报告中存在的疏忽、遗漏和错误之处进行修正，待修改完毕，即可撰写正式的资产评估报告。

5. 资产评估报告的签发与送交

评估机构撰写出资产评估正式报告书后，经审核无误，按以下程序进行签名盖章：先由负责该项目的注册评估师签章（两名或两名以上），再送复核人审核签章，最后送评估机构负责人审定签章并加盖机构公章。

资产评估报告签发盖章后，即可连同评估说明及评估明细表送交委托单位。

（二）资产评估报告的编制要求

资产评估报告的编制要求是指在资产评估报告制作过程中的主要技能要求，具体包括文字表达、格式与内容方面的技能要求，以及复核与反馈等方面的技能要求等。

1. 文字表达方面的技能要求

资产评估报告既是一份对被评估资产价值有咨询性和公证性作用的文书，又是一份用来明确资产评估机构和评估人员工作责任的文字依据，所以它的文字表达既要清楚、准确，又要提供充分的依据说明，还要全面地叙述整个评估的具体过程。其文字表达必须准确，不得使用模棱两可的措辞。其陈述既要简明扼要，又要把有关问题说明清楚，不得带有任何诱导、恭维和推荐性的陈述。在文字表达上也不能带有“大包大揽”的语句，尤其是涉及承担责任条款的部分。

2. 格式与内容方面的技能要求

对资产评估报告格式与内容方面的技术要求，按照现行制度规定，应该遵循中国资产评估协会颁发的《资产评估准则——评估报告》以及相关部门制定的评估报告规范。

3. 复核与反馈方面的技能要求

对资产评估报告书的复核与反馈是指在正式出具资产评估报告之前，通过对工作底稿、评估说明、评估明细表和报告书正文的文字、格式及内容的复核和反馈，以检查评估报告中是否存在有关错误和遗漏等问题，并在出具正式报告之前给予修正。

对资产评估报告必须建立起多级复核和交叉复核的制度，明确复核人的职责，防止流于形式的复核。搜集反馈意见主要是通过委托方或资产占有方熟悉资产具体情况的人员。对委托方或资产占有方意见的反馈信息，应谨慎对待，应本着独立、客观、公正的态度去看待其反馈意见。

第三节 无形资产评估信息披露重点内容

一、无形资产评估信息披露的一般要求

就无形资产评估信息披露的一般要求而言，与其他资产评估的信息披露要求基本趋同，主要体现在以下几个方面：

（1）实事求是的要求。无形资产评估信息披露必须建立在真实、客观的基础上，不能脱离实际情况，更不能无中生有。报告拟定人应是参与该项目并较全面了解该项目情况的主要评估人员。

（2）一致性要求。无形资产评估信息内容前后要一致，摘要、正文、评估说明、评估明细表内容与格式、数据要一致。

（3）及时性要求。在正式完成无形资产评估工作后，应按业务约定书的约定时间及时将评估报告书送交委托方。

（4）无形资产评估结论的可理解性要求。无形资产评估信息披露本身并不直接意味着信息透明度和可理解性。清晰可理解的资产评估信息才真正具有信息的价值。无形资产与有形资产不同，其非实体性而又与有形资产紧密联系的特点、价值与成本之间的弱对应性等，往往使评估结论与信息使用者对无形资产价值的一般判断有出入。为此，无形资产评估报告披露信息的可理解性至关重要。

二、无形资产评估信息披露的特殊要求

根据《资产评估准则——无形资产》第十四条至第十八条关于明确无形资产评估对象的要求，以及第二十九条至第三十三条关于无形资产评估信息披露的相关要求，考虑到无形资产本身的非实体性以及发挥作用的方式和过程的复杂性，在无形资产评估报告的信息披露中，需要对以下内容的披露做特别的说明：

（一）评估特定目的

对评估特定目的的说明是要求评估报告出具者不仅要在评估报告中列示引起无形资产评估的经济事项本身，而且需要对引起无形资产评估的经济事项做必要的说明，为评估报告使用者理解评估价值目标、价值定义和评估过程提供帮助。

（二）评估对象

无形资产的可分性与共享性特点、某一无形资产发挥作用需要依附有形资产或其他无形资产的特点等，使无形资产评估对象的界定相对于有形资产评估对象的界定更为复杂，

非专业的评估报告使用者和相关当事人对此很容易产生误解。因此，应当对无形资产评估对象及其特征加以说明，包括：①评估对象无形资产的具体属性，即可辨认无形资产或不可辨认无形资产、单项无形资产或无形资产组合；②评估对无形资产的具体类型，即专利权、商标权、著作权、专有技术、销售网络、客户关系、特许经营权、合同权益等；③无形资产评估对象的权利状况及法律、经济、技术等具体特征。

（三）评估假设

无形资产在整个社会经济生活中的重要地位和作用，以及在企业中的重要地位和作用都是不言而喻的。但是，无形资产发挥作用以及为企业和社会创造价值却与有形资产或其他资产的配合紧密相关；有些无形资产发挥作用的大小又与它的法律状态和法律执行力紧密相连；所有的无形资产的作用发挥又都离不开相关市场的活跃程度和发育状况；还有许多因素能够影响无形资产效用的发挥和价值的实现。上述各种影响无形资产效用发挥和价值实现的因素并不都是确定的，需要评估师利用评估假设加以设定。从某种意义上讲，评估假设设定的合理性将直接影响评估结论的合理性。对无形资产评估中所做假设做必要的说明至关重要，它不仅能够解释评估结论成立的前提和条件，也能给评估报告使用者理解评估结论以很大帮助。

（四）评估价值类型

资产评估价值类型或资产评估价值定义是关于资产评估结论内涵、性质和合理性指向的概要说明。恰当理解无形资产评估价值类型，对于正确理解和使用评估结论至关重要。在无形资产评估中，由于无形资产评估价值类型种类较多，价值定义相对抽象，具有很强的专业性，相对于大多数评估报告使用者而言，真正理解无形资产评估的价值类型还是比较困难的。在无形资产评估报告中对评估价值类型以及选择的依据做出必要的解释和说明，有助于评估报告使用者恰当理解评估结论和使用评估结论。

（五）评估方法

从理论上讲，无形资产评估可以采用任何一种传统的评估方法进行评估。事实上，评估师在评估无形资产时都会有选择地使用评估技术方法。在无形资产评估实践中，收益法的使用频率最高。对无形资产评估所采用的评估技术方法的理由进行必要的说明，有助于评估报告使用者恰当理解评估过程和评估结论。

（六）评估主要技术参数

评估主要技术参数是评估无形资产的直接依据，直接影响甚至决定了无形资产的评估结论。如利用收益法评估无形资产涉及的无形资产超额收益、折现率和收益期限的确定；利用市场法评估无形资产涉及的参照物的选择和可比因素的确定，以及评估对象与参照物差异的调整；利用成本法评估无形资产涉及的无形资产重置成本和各种贬值的测算等。对无形资产评估主要技术参数进行必要的说明有助于评估报告使用者恰当理解评估过程和评估结论。

（七）评估中的特别事项

在特定的时间内及特定条件下完成无形资产评估，可能会遇到许多困难，包括执行评估程序受限，相关信息资料局限，或受其他限制性因素的影响等，而使无形资产评估过程和结论存在瑕疵。评估师需要对可能影响无形资产评估结论而又不是评估师自身能够克服的特别事项进行必要的说明，以提醒评估报告使用者对评估结论有恰当的认识和理解，以便准确地使用评估报告和评估结论。

（八）评估结论说明

评估结论是评估报告的核心内容，也是评估报告使用者最为关心的问题。由于评估特定目的的原因、评估对象界定的情况、评估假设的设定、评估价值类型的选择、评估技术方法的应用、评估技术参数的选取，以及评估过程中遇到的种种情况等，使得无形资产评估结论的内涵比较丰富。要使评估报告使用者能够清晰地理解评估结论，评估师对评估结论做出必要的说明是十分必要的。

虽然以上内容在资产评估报告准则中都有披露要求，但由于评估对象的差异，在披露的程度方面的要求也是有差异的。在无形资产评估信息披露中，上述内容应给予格外的重视，以保证评估报告使用者能够准确理解和使用无形资产评估报告。

三、无形资产评估信息重点披露内容

无形资产自身的特点决定了无形资产评估的信息披露存在着特别要求。这些特别要求突出体现在信息披露的重点内容中。

（一）评估特定目的披露的重点内容

评估特定目的是所评估资产即将发生的经济行为或管理的目的，这种经济行为通常应当是经过批准的。对于国有企业来说，与资产相关的经济行为的批准权在其上级主管机关；按照《公司法》设立的企业——有限责任公司和股份有限公司，这类经济行为的批准权限在董事会。资产评估人员应根据相应的批准文件，对所批准的经济行为和资产评估所起的作用做出明确的说明。

评估特定目的披露的重点内容主要包括以下几个方面：①引起无形资产评估的具体经济行为以及此经济行为需要遵守的相关法律、法规或规定；②评估结论的具体用途；③评估结论的期望使用者。例如，对以质押融资为目的的评估，需要披露与质押融资相关的法律法规和有关制度规定，以及它们对质押融资评估的条件约束。如质押融资将受到担保法和物权法相关规定制约，也会受到金融机构相关规定对质押评估的条件约束。

对质押融资评估目的，必须披露质押融资评估的评估结论服务于融资保证，强调评估结论用途对质押物条件的限制，也即对评估对象的个体特征有较大的约束。

对质押融资评估目的必须披露质押融资评估的评估结论使用者包括了金融机构及其相关融资企业等，说明质押融资评估需要发挥价值发现和风险揭示的双重作用。

（二）评估对象披露的重点内容

评估对象披露的重点内容主要包括以下几个方面：①引起无形资产评估的具体经济行为涉及的具体无形资产，即评估对象界定；②评估对象的法律状态；③评估对象的经济、技术特征；④评估对象发挥作用的方式及相关条件等。

在无形资产评估报告中明确评估对象，即无形资产的种类非常重要，不同的无形资产无论是在评估技术应用还是在评估结论都会存在较大差异。作为评估对象，无形资产可能是专利权、专有技术、生产许可证、特许经营权租赁权、商标权、著作权（版权）、计算机软件等。明确本次评估的具体对象是何种无形资产（单一无形资产），或无形资产组合，以及评估对象的资产特征和价值特征，是非常有意义的。假如引起无形资产评估的具体经济行为是专利权转让，评估对象相关信息披露的重点内容之一是要说明拟转让的专利权的种类及其基本情况，即评估对象界定和评估对象的基本情况；如评估对象是发明专利、实用新型或外观设计，以及评估对象的大致描述，披露的内容至少包括无形资产的法定名称或约定名称、无形资产的法定标识、无形资产的有效范围、无形资产的内涵与特点。

评估对象相关信息披露的另一重点内容是评估对象的法律状态和权利状况，包括评估对象的权属特征和权利状态。还以拟转让专利权为例，需要说明拟转让专利权的法律状态，即评估对象是已经取得政府授权的专利权还是专利申请权，或处于申请之中的专利权；拟转让专利权的权利状态是所有权还是使用权；拟转让专利权的法定期限、剩余法律保护年限等。

无形资产的产权具有多重性和可分离性，即无形资产的权利是其所有权具体权能的不同排列与组合，而这些权利既可以属于同一权利人，也可以分属不同权利人。在无形资产评估报告中明确无形资产的权利权益范围十分重要，不同的权利及权益将直接决定评估对象的评估结论。例如，专利权包含所有权和使用权，而使用权包含独占使用权、独家使用权和普通使用权等，明确被评估专利权的权利类型非常重要，这是界定评估对象的组成部分。另外，评估人员应当根据评估特定目的以及经济行为各方所签订的协议、合同中的有关条款，对被评估无形资产的具体权利范围做出详细的说明。

评估对象的经济、技术特征也是评估对象相关信息披露的一个重点内容。仍以拟转让的专利权为例，需要说明拟转让专利权的种类及其应用领域、拟转让专利权的技术特点和技术水平、拟转让专利权以往的竞争能力和获利能力等。

说明和披露评估对象发挥作用的方式及相关辅助条件也十分重要。有些专利权可以相对独立地发挥作用，而有些专利权可能需要借助于其他无形资产或有形资产才能发挥作用。说明评估对象发挥作用对相关资产的依赖程度，包括对有形资产的依附情况和对其他无形资产的关联性，不仅是恰当界定评估对象所必须的，也是评估和理解其价值需要掌握的。

（三）评估假设披露的重点内容

在无形资产评估中，评估的前提与一般性假设属于概括性的限制条件，如理性经济人假设、市场有效性假设、交易假设等，它们影响着评估过程中评估程序及其环节的设定，以及评估方法使用中的各种参数的选择。

资产评估中除了一般性假设之外，还存在许多具体性假设。这些具体性的假设是指对所评估资产不确定的物理、法律、经济方面的特性和资产的外部环境所进行的具体假设，如对市场环境和市场趋势的设定、评估对象使用方式和状态的设定，以及评估分析所使用数据依据的完整性、真实性所进行的假设。

评估假设的本质是评估条件的设定，即使是同一评估对象，如果在不同的评估条件下，也会有不一样的评估结果。由于同一无形资产可以同时被多个主体使用或利用，同一无形资产的效用和效益可能会因无形资产的不同使用方式和使用程度而发生改变。所以，无形资产评估条件的设定，即评估假设的使用，对无形资产评估影响极大。在无形资产评估报告中，对于评估假设相关信息披露的重点内容主要包括以下几个方面：①评估对象使用方式的设定，如在用续用、改用需用或变现；②评估对象的使用主体及其发挥作用的载体情况设定，如专利权特许使用方利用专利权的基本能力和利用专利权程度的设定；③评估依据的市场条件和市场空间设定，如专利产品市场空间、范围、容量的设定，专利权特许市场交易状况及行情的设定等；④无形资产评估所依据的宏观、行业和微观环境设定等，如国家的知识技术创新政策、产业振兴政策、税收政策、行业发展规划、相关企业管理水平及利用技术能力等。

（四）评估价值类型披露的重点内容

评估价值类型是对评估结论价值属性、价值内涵和价值合理性指向的概括，表明了无形资产评估结果是一种什么样的价值和对谁合理的价值。评估价值类型披露的重点内容主要包括以下几个方面：①评估价值定义，即评估结果属于市场价值、投资价值、在用价值、清算价值或其他什么价值；②对于评估价值定义（类型）给予必要的解释，包括评估价值基于的评估立场或视角，即市场整体的立场或视角，还是基于个别市场主体的评估立场或视角等；③对于评估结论合理性及与评估目的的匹配性的必要说明，如专利权特许使用目的下的市场价值是评估师针对受让主体在现有生产经营能力基础上利用专利技术所能获得的超额收益，以及站在市场参与者的视角和立场所认同的标准所做的判断；还是考虑了受让主体在现有生产经营能力基础上经过合理改进后利用专利技术所能获得的超额收益，并站在市场参与者的视角和立场所认同的标准所做的判断等；④对评估价值类型选择的依据做必要的解释和说明，例如，在知识产权质押评估中选择了市场价值作为评估结果的价值类型，其理由是：一方面是基于国际惯例，另一方面也基于银行有能力充分行使质押率设定权利以控制质押物的担保风险。

（五）评估方法披露的重点内容

评估技术方法是评估无形资产价值的直接手段和工具。由于不同的评估技术方法基于不同的价值衡量理论，采用不同的估值路径，在市场非充分有效的情况下，不同评估技术方法的选择可能会对评估结论有一定的影响。因此，在无形资产评估报告中，评估方法相关信息披露的重点内容主要包括以下几个方面：①评估方法选择的依据及其适用性分析；

②评估方法的主要技术思路及其具体分析推理方式；③评估方法使用中的局限性。

无形资产评估所选择和使用的评估方法，应根据评估目的、评估假设、评估技术方法所依据资料的可获得程度等相关条件来确定。

根据特定的评估目的和相应的假设，无形资产的评估可选用一种或一种以上的评估方法，但某些方法可能受实际条件所限而无法采用。因此，评估人员除了应对采用的评估方法和理由进行说明外，还应对未采用的方法及其理由进行说明和披露。例如，选择了评估拟投资入股的专利权时，评估师选择了收益法，其理由是：①收益法是根据被评估专利权的未来获利能力来评估其价值，符合专利权拟投资入股的评估目的；②被评估专利权非常成熟，已有多年的生产经营历史和经营业绩以及相关市场数据，能够满足收益法评估拟投资入股专利权的基本条件要求。

评估方法的主要技术思路也可以理解为评估技术方法的技术路线，如采用收益法评估专利权的基本技术路线包括：确定专利权超额收益的思路和具体方法、专利权风险分析程序以及折现率估测的基本过程、专利权剩余经济寿命判断方法等。

评估方法中的运算和逻辑推理方式是指资产评估人员将所采用的各种信息、数据，经演算而导出评估结果的思路与过程。披露这个分析演算的过程是否符合公认的评估方法和计算模式的要求，使评估报告使用者对评估结果合理性和科学性有一个直观的判断。

评估方法使用中的局限性，包括评估方法使用过程中相关技术分析模型的适用性问题、评估方法使用条件欠缺问题等。如果在无形资产评估技术方法应用过程中遇到了技术问题，需要在评估报告中做出说明和解释。

（六）评估主要技术参数披露的重点内容

评估技术参数是无形资产评估最直接的依据，评估技术参数的质量决定着评估结论的合理性和质量。因此，在无形资产评估报告中对于评估主要技术参数相关信息披露的重点内容主要包括以下几个方面：①评估主要技术参数选择或确定的依据，如收益法中无形资产的超额收益、分成率、折现率的确定依据；成本法中无形资产重置成本和功能性贬值的确定依据；市场法中参照物选择的依据等。②评估主要技术参数的确定（分析计算）过程，如无形资产超额收益、分成率、折现率、重置成本和功能性贬值的测算方法，评估对象剩余经济寿命的测算过程和技术方法等。③评估主要技术参数测算过程中需要说明的相关问题。例如，评估师采用“四分法”确定专利权的收益分成率，评估师需要说明他所采用的“四分法”依据是依据历史上无形资产收益分成率的国际惯例，还是采用精算或数学模型方式确定的结果。“四分法”的应用对评估结果有着重要的影响，资产评估人员应对此等重要参数的出处和计算方法做出说明。④评估主要技术参数获取方式及其可靠性，如在专利权评估中利用了相关专家对专利权技术寿命的分析测算结果，评估师对此分析测算结果及可靠性的认识要进行披露和说明。

（七）评估特别事项披露的重点内容

按照评估报告准则的要求，评估报告特别事项需要披露的主要内容包括：①评估对象存在的产权瑕疵；②与评估对象有关的未决事项和法律纠纷等不确定因素；③评估基准日后可能出现或已经出现的重大期后事项；④在没有违背资产评估准则基本要求的情况下，评估师采用了不同于资产评估准则规定的程序和方法的说明；⑤特别事项可能对评估结论产生的影响，以及提醒评估报告使用者应该关注的相关问题等。

在某些情况下，无形资产评估对象可能会存在着产权瑕疵。例如，评估对象属于申请中的专利，专利是否能够获批存在着不确定因素；再如著作权资产评估对象的相关权属存在着归属争议，在此等情况下，评估师必须对评估对象产权瑕疵进行信息披露，告诫评估报告使用者注意评估对象存在的产权瑕疵，以及提醒评估报告使用者评估对象产权瑕疵可能会对评估价值和专利权产权变动产生影响。

当无形资产评估对象涉及相关未决事项和法律纠纷等时，例如，某专利权评估对象在权利归属方面涉及个人发明和职务发明的法律纠纷时，评估师必须披露此信息，提醒评估报告使用者注意评估对象权属存在的法律纠纷及其对评估价值和专利权产权变动可能产生的影响。

当评估项目在评估基准日后可能出现或已经出现的重大期后事项的情况下，如评估机构对5年期的商标许可权进行评估，而标的商标已经注册了8年，1~2年后商标权利将面临续展问题。评估师应当充分披露标的商标将面临商标权利续展的情况，提醒评估报告使用者关注这个因素可能产生的影响，以及评估机构对此种情况在评估过程中所做的假设设定及其理由。

如果评估师采用了不同于资产评估准则规定的程序和方法，尽管这种做法并没有背离资产评估准则的基本要求，并符合评估行业惯例，但是，评估师必须对此种情况做出充分的说明，包括：证明评估师所采用的程序和方法并不会影响评估结论的合理性；给出采取这种做法的理由或原因，以及实施资产评估准则规定的程序和方法的困难，使评估报告使用者有理由相信评估师的行为和评估结论的得出是合理的和有根据的。

无形资产评估中的特别事项都可能对评估结论产生或大或小的影响。如果在无形资产评估中出现了特别事项，评估师都需要对特别事项可能会对评估过程和结论产生的影响加以说明和披露，提醒评估报告使用者关注特别事项以及可能产生的后果，以便恰当理解评估过程和评估结论。

（八）评估结论披露的重点内容

评估结论是无形资产评估的结果，也是评估机构提供专业服务最终产品的核心内容。作为评估机构专业服务最终产品的核心内容，评估结论不仅仅是一个数值或数字，它包含了评估结果的内涵、属性、合理性指向、业务适用范围和使用者适用范围等。因此，评估师需要对评估结论给出明确的价值定义，对评估结论的价值前提、成立条件、适用业务范围和使用者范围等做出明确的说明，避免评估结论被误解和误用的现象发生。

如果评估师采用了一种以上的评估方法评估无形资产价值，评估师所使用的各种评估方法有可能得出不同的评估初步结论。评估师应该就不同评估初步评估结论之间的差异、调整的理由、调整方法以及最终评估值得出的合理性进行说明。

当然，无形资产评估需要披露的信息还有许多，像影响被评估无形资产价值的各种因素、评估报告的使用方式、评估过程中的重要环节等，这里不一一列举。对于涉及无形资产评估对象及其拥有者商业秘密的内容，评估师可以说明对此类相关信息的处理情况，以及未在评估报告之中做详细披露的理由。在尽可能披露无形资产评估信息的前提下，保护无形资产相关当事人的合法权益。

另外，关于无形资产评估信息披露的具体形式，评估师可以依据2007年发布的《资产评估准则——评估报告》的基本要求，根据具体的评估业务，决定无形资产评估报告的详略程度。评估准则规范了资产评估报告的基本内容和一般格式，但并没有规定评估报告的具体形式和风格。所以，无形资产评估报告可以根据具体的评估业务，采用不同的风格和繁简形式。在无形资产的信息披露中，对于专利技术、专利权以及非专利技术等无形资产或商业秘密如果进行充分披露，可能会对委估方或资产占有方带来重大的影响，也可能导致其经济利益受到损失，在这种情况下，评估师应考虑更恰当的信息披露具体形式和内容。

四、无形资产评估信息披露注意事项

在无形资产评估信息披露过程中应该注意以下问题：

（1）无形资产评估信息披露的相对完整性。无形资产评估信息不但应能完整反映现实价值状况，还要提供资产的价值和风险信息。有效的无形资产评估信息披露应能很好地解释无形资产潜在价值与交易价值的差异，并指出无形价值的决定因素及其与有形资产的关联，以及在评估过程中如何确定、分析和判断这些因素变动对无形资产价值的影响。

（2）无形资产评估信息披露应能满足相关当事人的信息需求。无形资产评估可能会涉及许多当事人，他们基于各自不同的利益关系和立场，对无形资产评估信息的需求可能有着不同的要求。无形资产评估信息披露应能相对满足与无形资产评估相关各类当事人对有关信息的需求，并尽可能保证这些信息不会被信息使用者误解或误用，即能够将恰当的信息及时完整地传达给评估报告使用者。

（3）在无形资产信息披露中，注册资产评估师应该保持职业关注，使报告不存在虚假性陈述、重大遗漏等事项，为报告使用者合理做出决策提供参考。

（4）无形资产评估是以评估基准日为基础进行评估，但无形资产的收益具有不确定性和波动性，随着宏观经济以及外部环境的变化，无形资产的收益状况、价值等都可能会发生显著变化。在无形资产评估信息披露时，评估师有责任提醒评估报告使用者有关评估价值的有效时点，以及报告日后发生的事项可能会对评估结论产生影响。

规范的无形资产评估信息披露所要求的相对完整性包含诸多要求，其中，最主要的是评估报告形式要求和评估披露实质内容要求两个方面。资产评估报告准则关于评估报告的形式要求是无形资产评估报告的最基本要求。而无形资产评估的实质性内容披露，则需要结合无形资产评估具体项目有针对性的揭示。不论是无形资产评估报告的形式要求，还是无形资产评估信息披露实质内容要求，其目的都是帮助信息使用者更好地理解无形资产评估结论。

第四节

无形资产评估信息披露示例——“南方”系列商标权评估报告节选

本无形资产评估信息披露示例采用的是一个真实的无形资产评估报告中的部分内容，因具体评估项目的原因，以及评估报告使用者的要求差异，其无形资产评估信息披露的内容可能并不具有典型意义，只供读者参考。

一、评估目的

南方食品集团股份有限公司拟收购黑五类食品集团有限责任公司关于“第 732132 号商标权”等 35 项商标权。为此，需对委估的商标权价值进行评估，为本次收购提供价值参考依据。

二、评估基准日

本次评估基准日为 2010 年 6 月 30 日。本基准日由委托方确定。

三、评估对象与范围

本次资产评估对象及评估范围为黑五类食品集团有限责任公司拥有的“第 732132 号商标权”等 35 项商标权。

四、评估价值前提与价值类型

本次评估以持续使用和公开市场假设为前提。结合委托评估对象的实际情况，综合考虑各种影响因素，本次评估的价值类型为市场价值。

市场价值是指自愿买方和自愿卖方在各自理性行事且未受任何强迫压制的情况下，对在评估基准日进行正常公平交易中，某项资产应当进行交易的价值估计数额。市场价值反映了市场整体而不是市场中某些主体对资产价值的认识和判断。

五、评估方法

本次评估以持续使用和公开市场假设为前提。结合委托评估对象的实际情况，综合考虑各种影响因素，本次评估采用收益现值法进行。

根据此次评估的目的和委托无形资产——商标权的特点，本次采用收益现值法进行评估。

（一）采用收益现值法的理由

根据评估人员调查分析，委估无形资产——商标权运用生产的产品销量和价格及风险等因素能够较准确预测，因此本次评估采用收益现值法。

（二）收益现值法的步骤和计算公式

收益现值法的运用一般含有以下步骤：

（1）预测委估无形资产——商标权在其规定使用年限内的利润贡献；

（2）估计收益的风险，求出折现率；

（3）对各年利润折现为现值，求取现值和。

收益现值法的计算公式如式 8 - 1 所示。

$$P = \sum_{i=1}^{n} \frac{a_i}{(1+r)^i} + \frac{a_n}{r(1+r)^n} \qquad \text{（式 8 - 1）}$$

式中：i 为年期；n 为预测期数；a_i 为年超额收益；r 为折现率；P 为评估现值。

（三）预测期间及收益期的确定

委估的 35 项无形资产——商标权剩余注册有效期限约为 5 ~ 9 年，自申请之日算起。考虑到商标权可以到期续展，故本次评估的预测期为 2010 年 7 月 1 日至 2015 年 12 月 31 日，预测期共 5 年半。收益期按永续确定。

（四）利润分成率的确定

本次评估采用超额利润率测算无形资产商标权的资产收益额。其中：超额利润率 =（标的公司净利润率 - 行业平均净利润率）/行业平均净利润率。

（五）折现率的预测

委托无形资产——商标权的折现率应反映目标产品所在行业的风险以及该技术特有的风险。由于以净利润作为收益指标，因此对应地，我们以股权资本回报率及委估无形资产——商标权的特定风险附加率之和作为该委托无形资产——商标权的折现率。

为了确定股权资本的回报率，我们采用了资本资产估价模型（CAPM）。CAPM 模型是普遍应用的估算投资者股权资本成本的办法。CAPM 模型可用下列数学公式表示：

$$R = R_f + \beta \times (R_m - R_f) + R_c \qquad \text{（式 8 - 2）}$$

式中：R_f 为无风险报酬率；β 为企业风险系数；R_m 为市场平均投资报酬率；R_c 为委估无形资产——商标权的特定风险调整系数。

六、评估假设及限定条件

（一）一般假设和限定条件

（1）由委托方及资产占有方提供的与评估相关的产权证明文件、财务资料及其他有关资料是形成本报告的基础。委托方、资产占有方和相关当事人应对所提供的以上评估原始资料的真实性、合法性和完整性承担责任。

（2）对存在的可能影响资产评估值的瑕疵事项、或有事项或其他事项，如资产占方等有关方应评估人员要求提供而未提供，而评估人员已履行评估程序仍无法获知的情况下，评估机构及评估人员不承担相关责任。

（3）本评估报告没有考虑将来可能出现的因拍卖、变卖抵（质）押物对评估价值的影响，也未考虑发生产权变动时特殊的交易方可能追加付出的价格等对评估价值的影响，以及国家宏观经济政策发生变化、遇有自然力和其他不可抗力对资产价格的影响。

（4）在执行本次评估程序过程中，对资产的法律权属，评估师进行了必要的、独立的核实工作，但并不表示评估师对评估对象法律权属进行了确认或发表了意见。评估师执行资产评估业务的目的只是对评估对象价值进行估算并发表专业意见。

（5）本评估报告仅供项目约定书中明确的报告使用人使用，不得被任何第三方使用或依赖。本评估公司对任何个人或单位违反此条款的不当使用不承担任何责任。

（6）本评估假定近期内国家现行利率、汇率、税收政策等无重大改变。

（7）本评估假定近期内国家产业政策无重大变化。

（二）特殊假设和限定条件

（1）企业管理团队未来年度经营方式按照规划方案持续经营无重大变化。

（2）本评估假定商标受让方保持现有市场营销能力，市场销售状况符合正常的发展趋势。

（3）本评估遵循持续经营的假设，即被评估资产按照目前的用途和使用的方式、规模频度、环境等继续使用，并相应确定评估方法、参数和依据。

（4）本评估结果为评估对象在评估基准日持续经营假设的市场价值，如改变经营方向，本评估结果会发生较大的变化。

（5）委托评估的商标权使用年期可无限续展。

（6）本次评估假定企业年末获取现金流。

七、评估结论

根据上述评定估算程序，得出如下评估结论：

采用收益现值法，于评估基准日 2010 年 6 月 30 日，南方食品集团股份有限公司拟收购黑五类食品集团有限责任公司关于“第 732132 号商标权” 等 35 项“南方”系列商标权评估值为 4 066.06 万元，大写为人民币“ 肆仟零陆拾陆万零陆佰元整”。

八、特别事项说明

本次评估人员在评估过程中未发现可能影响评估结论的有关事项。

九、评估报告使用限制说明

（1）评估报告只能用于评估报告载明的评估目的和用途。

（2）评估报告只能由评估报告载明的评估报告使用者使用。

（3）未征得出具报告的评估机构同意，评估报告不得被摘抄、引用或披露于公开媒体，法律、法规规定以及相关当事方另有约定的除外。

（4）本评估报告在评估机构签字盖章后，依据法律法规的有关规定发生法律效力。

（5）本评估报告如需提交相关管理机构进行备案，在完成备案程序后方可正式使用。

（6）本评估报告包含若干附件及资产评估说明，所有附件及资产评估说明亦构成本报告之重要组成部分，与本报告正文具有同等的法律效力。

（7）本资产评估报告结论使用有效期为一年，自评估基准日 2010 年 6 月 30 日起，至 2011 年 6 月 29 日止。

（8）本评估报告的结论仅供委托方为本报告书所列明的评估目的使用，以及送交审查使用。未经委托方许可，评估公司将不向他人提供或公开。

（9）本报告评估所揭示的评估结论是评估基准日所评估资产价值的公允反映。评估机构对评估基准日以后该资产价值发生的重大变化不承担任何责任。

思考题

1. 《资产评估准则——评估报告》中关于评估信息披露的要求有哪些？
2. 《资产评估准则——无形资产》中关于评估信息披露的要求有哪些？
3. 无形资产评估对象披露的重点内容有哪些？
4. 无形资产评估价值类型披露的重点内容有哪些？
5. 无形资产评估信息披露过程中的注意事项是什么？
6. 无形资产评估信息披露应当满足哪些要求？

参考文献

References

［1］张晓明，王家新，章建刚，中国文化产业发展报告（2012—2013）．社会科学文献出版社，2013.

［2］戈登·史密斯，罗素·帕尔，周淑敏译．知识产权价值评估：开发与侵权赔偿．电子工业出版社，2012.

［3］理查德·拉兹盖蒂斯．评估和交易以技术为基础的知识产权：原理、方法和工具．北京：电子工业出版社，2012.

［4］郑雄伟．全球文化产业发展报告．2012.

［5］韩晗．经验借鉴、共同问题与危机处理：比较视野下的中德出版业考察．出版广角，2012.

［6］文资办．国有文化企业发展报告（2012）．北京：经济科学出版社，2012.

［7］叶朗．中国文化产业年度发展报告．北京：北京大学出版社，2012.

［8］黄海峰．知识产权的话语与现实：版权、专利与商标史论．湖北：华中科技大学出版社，2011.

［9］王家新．完善文化企业国有资产监管与资产评估．中国会计报，2011.

［10］赵立新，刘萍等．中国上市公司并购重组企业价值评估和定价研究．北京：中国金融出版社，2011.

［11］艾斯沃斯·达摩达兰．达摩达兰论估价：面向投资和公司理财的证券分析．辽宁：东北财经大学出版社，2010.

［12］高凌霁．文化产业投融资模式研究．中南大学硕士论文（部分引用），2010.

［13］迈克尔 J. 玛德，詹姆斯 R. 海齐纳，史蒂芬 D. 海登著．李杰，梦想军译．财务报告中的估值：无形资产、商誉及减值的公允价值计量与报告．辽宁：大连出版社，2010.

［14］李玉菊，张秋生，谢纪刚．商誉会计的困惑、思考与展望：商誉会计专题学术研讨会观点综述，会计研究，2010（8）.

［15］刘德运．无形资产评估．北京：中国财政经济出版社，2010.

［16］罗纳德 V. 贝蒂格著．沈国麟，韩绍伟译．版权文化：知识产权的政治经济学．北京：清华大学出版社，2009.

［17］霍步刚．国外文化产业发展比较研究．东北财经大学博士论文，2009.

［18］韦斯顿·安森编著．李艳译．知识产权价值评估基础．北京：知识产权出版

社，2008.

［19］章淑君．我国电影产业链问题与对策研究．厦门大学硕士论文，2007.

［20］约翰贝利著．陈江华译．无形资产的有形战略：管理公司六大无形资产的制胜法宝．北京：知识产权出版社，2006.

［21］万丽慧．德国出版产业概况．出版参考，2006.

［22］于鸿君．资产评估教程．北京：北京大学出版社，2006.

［23］罗伯特 F. 赖利，罗伯特 P. 施韦斯著．伍颖，李浩敏，李刚，谷晓燕等译．商业价值评估和知识产权分析手册．北京：中国人民大学出版社，2006.

［24］列弗著．王志台等译．无形资产：管理、计量和呈报．北京：中国劳动社会保障出版社，2003.

［25］汪海粟．无形资产评估．北京：中国人民大学出版社，2002.

［26］汪海粟，王毅．无形资产评估实务．北京：中国财政经济出版社，2002.

［27］中国注册会计师协会．资产评估准则：无形资产释义．北京：经济科学出版社，2002.

［28］张东生．人力资本为微软铺路．21 世纪经济报道，2001.

［29］无形资产研究论文集编委会．无形资产研究：全国第二届无形资产理论与实务研讨会论文集．北京：中国财政经济出版社，2001.

［30］苑泽明．现代企业无形资产价值管理研究．辽宁：东北财经大学出版社，2001.